BRIDESHEAD REVISITED
A Novel
by
EVELYN WAUGH

NOTE
This edition is issued privately for the author's friends; no copies are for sale. Messrs. Chapman & Hall earnestly request that until their sponsors the publication of the ordinary edition in the early part of 1945, copies will not be kept outside the circle for which they are intended, and no reference will appear to the book in the Press.

DORIAN · GRAY

D. H. Lawrence's New Novel

SONS AND LOVERS

M^R. D. H. LAWRENCE'S new novel covers a wide field: life in a colliery on a farm, in a manufacturing centre. It is concerned with the contrasted outlook on life of two generations. The title, "Sons and Lovers," indicates the conflicting claims of a young man's mother and sweetheart for predominance.

Author of "The Trespasser."

Confederacy of Dunces
Novel by John Kennedy Toole
Foreword by Walker Percy

ANIMAL FARM
A FAIRY STORY
by
GEORGE ORWELL

THREE STORIES
Up in Michigan
Out of Season
My Old Man
& TEN POEMS
Mitraigliatrice
Oklahoma
Oily Weather
Roosevelt
Captives
Champs d'Honneur
Riparto d'Assalto
Montparnasse
Along With Youth
Chapter Heading
ERNEST HEMINGWAY

HARRY POTTER
and the Philosopher's Stone
J.K. ROWLING
HOGWARTS EXPRESS
9¾

Sylvia Plath
The Colossus and other poems

ULYSSES
BY
JAMES JOYCE

— 아주 특별한 책들의 이력서

TOLKIEN'S GOWN & Other Stories of Great Authors and Rare Books
Copyright ⓒ Rick Gekoski, 2004
All rights reserved.
Korean Translation Copyright ⓒ 2007 by Renaissance Publishing Co.
Korean translation rights arranged with Rogers, Coleridge & White Ltd. through EYA(Eric Yang Agency).

이 책의 한국어판 저작권은 EYA(Eric Yang Agency)를 통한 Rogers, Coleridge & White Ltd.사와의 독점계약으로 도서출판 르네상스에 있습니다. 저작권법에 의해 한국 내에서 보호를 받는 저작물이므로 무단전재와 무단복제를 금합니다.

_아주 특별한 책들의 이력서

릭 게코스키 지음
차익종 옮김

르네상스

:: 감사의 말

이 책은 BBC 제4라디오에서 방송한 연속 강연 '희귀한 책, 기막힌 사람들(Rare Books, Rare People)'을 바탕으로 씌어졌다. 끈기 있게 나를 이끌어준 프로듀서 리사 오스본과 이반 하울레트에게 감사드린다. 나를 격려해준 파이어 프로덕션의 피터 호어 씨에게도 고마움을 전한다.

출판을 위해 원고를 새로 쓰는 동안에도 많은 분들이 도와주었다. 콘스티블 엔드 로빈슨 사의 개롤 오브라이언은 뛰어난 편집 역량을 발휘해주었고, 엘리노어 호지슨, 피터 그로건, 피터 스트라우스, 폴 라쌈 등은 문학사 연구 방면에서 사실 관계와 판단을 바로잡고 표현을 정확히 하는 데 큰 도움을 주었다. 책 사진을 찍어준 클라이브 허쉬혼, 나탈리 갈루수타얀, 폼 해링턴, 조디 윌리엄슨에게도 감사드린다.

본문 중 실비아 플라스의 시와 T. S. 엘리엇의 시를 인용하도록 허락해준 페이버 앤드 페이버(Faber and Faber) 출판사에도 감사드린다. 그레이엄 그린의 시를 인용하게 해준 저작권 대행사 하이햄 사와 필립 라킨의 시를 인용하도록 허락해준 영국작가협회에도 고맙다는 말씀을 드린다.

이 책은 온전히 아내 벨린다 키친 덕택에 출간될 수 있었다. 이 자리에서 고마움을 표시한다고 해도 그 빚을 다 갚을 수는 없다.

이 책을 집필하는 동안 내 친구이자 저작권 관리자인 가일스 고든이 비극적 사고로 세상을 떠났다. 사업 능력과 성격이 모두 호방했던 그는 최고로 정력적인 인물이었다. 그가 있어 주변의 모든 사람은 풍요로움을 느꼈다. 그가 없는 지금 우리들의 삶은 그만큼 가난해졌다.

차례

• 감사의 말_5 • 서문_11

01 | 올랭피아 출판사의 유일한 걸작
롤리타_ 블라디미르 나보코프 ··· 021

02 | "원고 값으로 100만 파운드를 가져오시오"
파리대왕_ 윌리엄 골딩 ··· 039

03 | 은둔 작가를 세상에 나오게 한 저작권 소송
호밀밭의 파수꾼_ J. D. 샐린저 ··· 055

04 | 내용에 대한 형식의 승리
지혜의 일곱 기둥_ T. E. 로렌스 ··· 071

05 | 스스로 호빗을 자처한 톨킨
호빗_ J. R. 톨킨 ··· 087

06 | 저자, 역자, 출판인 모두에게 내려진 사형선고
악마의 시_ 살만 루슈디 ··· 105

07 | 자살한 작가의 어머니가 살려낸 희비극
　　　바보들의 연합_ 존 케네디 툴 … 121

08 | 서평 한 꼭지의 힘
　　　길 위에서_ 잭 케루액 … 137

09 | 금서 출간을 밀어붙인 용감한 여성들
　　　율리시즈_ 제임스 조이스 … 153

10 | 천재를 파멸로 이끈 위험한 사랑
　　　도리언 그레이의 초상_ 오스카 와일드 … 169

11 | 영국 출판사들도 출간을 겁먹다
　　　동물농장_ 조지 오웰 … 185

12 | "초판이건 41판이건 무슨 상관인가?"
　　　아들과 연인_ D. H. 로렌스 … 201

13 | 아내의 헌정 시집을 시장에 내다 판 남편
　　　거상(巨像)_ 실비아 플라스 … 217

14 | 열세 번째 출판사에서야 초판 500부를 발행하다
해리포터와 현자의 돌_ J. K. 롤링 … 233

15 | 원화 한 장에 10만 파운드?
피터 래빗 이야기_ 베아트릭스 포터 … 249

16 | 누구나 데뷔는 고단하다
세 편의 단편과 열 편의 시_ 어니스트 헤밍웨이 … 267

17 | 버지니아 울프가 손으로 인쇄한 책
시(詩)들_ T. S. 엘리엇 … 281

18 | 초판 50부
다시 찾은 브라이즈헤드_ 이블린 워 … 299

19 | 연인을 위한 선물이 희귀본으로
2년 후_ 그레이엄 그린 … 315

20 | 편지에 휘갈긴 시도 수집의 대상?
높은 창_ 필립 라킨 … 331

• 옮기고 나서_ 349

일러두기

1. 각주는 모두 옮긴이의 주이다.
2. 본문 중 파운드화-달러화 환율은 원저자가 쓴 2004년 기준 그대로이다.

:: 서문

친구 방에서 그 책들을 처음 보고 첫눈에 반해버렸다. 1969년 내 나이 스물넷, 그러니까 대학원에서 영문학 박사학위 논문을 준비하던 때였다. 지금 생각해도 그때는 모든 것이 짜릿하던 시기였다. 나는 한편은 옥스퍼드 생활이 주는 자극으로, 또 한편으로는 1960년대 후반 서구를 휩쓸던 시대적 흥취로 젖어 있었다. 그렇지만 과도기적 시기를 보내고 있었던 당시 내 생활에는 사이키델릭한 정도의 황홀함보다는 오히려 따분함이 그득했다. 그런데 전공교재와 헌책 들이 뒤죽박죽 쌓여 있는 친구의 책꽂이 한 편에서 갈색 천으로 제본된 스무 권짜리 찰스 디킨스 전집이 내 눈에 번쩍 들어오고만 것이다.

낡아빠진 황갈색 겉표지로 된 초라한 전집을 보고 왜 그런 충격을 받았는지 지금도 설명하기가 어렵다. 부모님은 책을 항상 곁에 두는 분위기에서 나를 키우셨지만, 집안에 전집을 들여놓는 일은 없었다. 그런 것은 우리와 거리가 멀었다. 전집이 놓일 곳은 도서관이지 가정집이 아니었으니까. 그런데 이플리 가(Iffley Road)[1] 뒷길, 눈에 뜨이지도 않을 셋방 문간에 이런 전집이 놓여 있다니! 나는 들뜬 마음에 그 자리에 못 박힌 듯 꼼짝할 수가 없었다. 새로운 세계가 눈앞에 열린 셈이랄까. '이 친구 녀석도 디킨스 전집을 들여놓는데 나라고 못할쏘냐. 앤서니 트롤로프(Anthony Trollope)[2]도 갖다 놓을까? 조지 엘리엇은? 조나단 스위프트는? 새뮤얼 존슨은? 이 사람들의 저작집이 내 책꽂이에 있다면 얼마나 품위 있어 보일까? 얼마나 세련되어 보일까? 별 볼일 없는 책들을 아무렇게나 모아두는 게 아니라, 나만의 서재를 만들 수 있잖아. 저녁 무렵에는 서재에 앉아 곰방대를 입에 물고 있는 거야, 의젓한 학자가 되는 거지. 아니, 신사다운 모습을 보여주는 거지.'

다음 날 아침이 밝자마자 내가 사는 코울리 가(Cowley Road)[3]의 동네 서점을 찾았다. 그리고 횡재했다. 스무 권짜리 디킨스 전집이 이 서점에 있는 것은 물론, 오렌지색 바탕에 금박으로 장식된 산뜻한 겉표지를 입고 있어 친구 녀석 것보다 훨씬 멋졌다. 10파운드(18달러)를 치른 나는(친구 녀석은 3파운드, 즉 5달러 50센트짜리였다) 곧바로 집으로 책을 끌고 와서 책꽂이 제일 좋은 자리에 꽂아놓았다. 이날

---

1) 옥스퍼드 시 중부에서 동남부에 걸친 거리. 옥스퍼드 대학의 체육행사가 벌어지는 곳으로도 유명하다.
2) 19세기 영국의 소설가.
3) 옥스퍼드 시 동부의 거리. 쇼핑과 문화의 거리이자, 아시아, 아프리카 등 다양한 인종이 섞여 사는 곳이다.

부터 몇 주 동안은 보기만 해도 흥이 절로 났다. 물론 내가 그중 한 권이라도 펴본 기억은 없다. 하물며 읽었을 리는 만무였을 테고.

그러나 알고 보니 나는 그때 생각을 잘못해도 한참 잘못했다. 며칠 있으면 크리스마스라, 나는 여자 친구에게 아프가니스탄 산 코트를 사줄 생각이었다. 당시는 겉감에 수를 놓고, 특이한 야크 털 냄새가 코를 찌르던 아프가니스탄 코트가 유행하고 있었다. 단지 값이 30파운드(55달러)나 나간다는 것이 문제였다. 이 시절 30파운드면 내가 한 주일을 풍족하게 살 수 있는 돈이었다. 그런데 디킨스에 빠져서 크리스마스 용돈을 날려버리다니. 눈물을 머금고 신사 노릇을 포기해야 했다. 나는 디킨스 전집을 짐수레에 싣고 블랙웰(Blackwell) 서점의 희귀도서 매매부를 찾아 판매를 문의했다. 놀랍게도 그들이 제시한 매입가는 20파운드(36달러)였다. 나는 몇 주 사이에 투자금의 두 배를 건진 셈이었다. 천기누설이 따로 없지 않은가. '정말, 정말이지, 이번 일이 소 뒷걸음질로 쥐 잡은 셈이라 치자. 그렇다면 처음부터 궁리를 잘하면 훨씬 나은 수입을 올릴 수 있지 않을까?'

그 다음 한 해 동안 나는 이런저런 시도를 해보았다. 철사를 박아 넣은 제본에 빅토리아 시대에 만들어진 것으로 짐작되는 책을 샀을 때는 "누가 이런 것들을 사겠어요, 손님?"이란 말을 들었다. 찰스 레버(Charles Lever),[4] 래드클리프 홀(Radclyffe Hall),[5] 존 메이스필드(John Masefield)[6]의 초판본 책들도 샀다. 파는 이들은 "진짜 구닥다리들이죠?"라는 말을 건넸다. 우습게도 나는 결국 서재 비슷한 것을 갖춰놓긴 한 셈이었다. 희망에 부풀어 샀다가 보기만 해도 골치가 지끈거리는 책이 쌓인 서재 말이다.

이런 일을 겪으면서 나도 조금씩 도가 통했다. 워릭 대학 (University of Warwick)에서 영문학 강사로 첫발을 내딛는 가운데에도 꾸준히 책을 사고팔았다. 형편없는 강사 봉급을 벌충하는 이득도 있었다. 나는 '업자(runner)'가 되었다. 상업적 목적으로 책을 구입하여 판매하는 '꾼'의 대열에 들어간 것이다. 재미가 넘쳤다. 비용보다 수입이 더 많은 취미가 주는 매력에 흠뻑 빠져들었다. 1980년대 중반이 되자 내가 한 해에 이 일로 벌어들이는 수입이 몇 천 파운드까지 올라갔다. 살기 빠듯한 때에 꽤나 보탬이 되는 수입이었다. 그때쯤 나는 강사 생활에 이력이 났고, 좁은 세계에 갇혀 사는 꽁생원 같은 대학생활에 적응할 수가 없었다. 이때 내게 힘을 준 사람은 두 사람, 즉 내 아내와 대처 수상이었다. 아내는 나를 격려해주었고, 대처는 퇴직수당으로 내게 27,000파운드(49,000달러)를 준 것이다. 나는 대학을 떠났다. 20세기에 발간된 초판본과 원고(manuscript)를 전문으로 다루는 희귀본 거래업자로 나섰다. 내가 조기 퇴직을 결심했다는 소문이 나자 동료 한 사람이 연구실 문을 가만히 열고 들어와서 말했

---

4) 아일랜드 태생의 영국 소설가(1806~1872).
5) 영국의 시인, 소설가(1880~1943). 레즈비언 소설로 알려진 작품 *The Well of Loneliness*로 유명하다.
6) 영국의 소설가이자 계관 시인(1878~1967).

다. "아주 용감하군." 그래서 말해주었다. "앞으로 강사 생활만 25년을 해야 한다고 생각하면, 대학에 남아 있는 자네가 더 용감한 거지." 그는 내 말을 농담으로 듣는 눈치가 아니었다.

사실 나의 결정이 무모하긴 했다. 아이가 둘이나 있었으니까. 그렇지만 일은 잘 풀려갔다. 남 눈치를 보지 않는 사업이라 더욱 마음에 들어 희귀본을 사고파느라 발품을 파는 게 힘든 줄 몰랐다. 첫해, 수입은 강사 시절의 두 배였지만, 재미로 말하면 수백 배는 되었다.

처음부터 나는 운이 좋았다. 당시 희귀본 거래업자들은 주로 저가(低價)의 책들을 쌓아놓는 것이 관행이었지만, 나는 고가(高價)의 책을 거래하는 쪽에서 더 능력을 발휘했다. 내게 이런 면이 있었는지 나 스스로도 놀라곤 했다. 한 권에 수백 아니 수천 파운드나 하는 책을 보았을 때에도 이보다 훨씬 더 호가할 수 있음을 나는 한눈에 알 수 있었는데, 어떻게 그게 가능했을까. 이것은 잉여가치를 알아채는 능력의 문제였고, 놀라운 책들을 줄줄이 발견해내는 열쇠이기도 했다.

나는 내가 실제로 잘 알고 또 강의에서 다뤘던 현대 작가들의 최상급 저작본을 수집하는 데 집중했다. 헨리 제임스, 조셉 콘라드, T. S. 엘리엇, 제임스 조이스, D. H. 로렌스, 헤밍웨이, 버지니아 울프, 사무엘 베케트 등이 나의 중심 품목이었다. 매년 나는 거래목록을 발행했는데, 이런 책들을 몇 권씩 때로는 100권이나 실을 수 있었다. 생각보다 느리기는 했지만 이런 책들은 결국 다 팔려나갔다.

나는 유쾌한 세상에 살고 있는 셈이다. 세상은 제각기 다양한 성격의 사람들로 가득 찼는데, 이들의 유일한 공통점은 책을 사 모으는 열정을 지니고 있다는 것이다. 왜 그럴까. 책처럼 믿을 만하고 마음 줄 만한 것이 없기 때문이다. 시간의 흐름에 어쩔 수 없이 닳아 없어지는 것이 책의 물질적 속성이지만, 인간은 이보다 더 쉬이 변하지 않는가. 게다가 정서적으로는 책이 인간보다 훨씬 오래간다. 책은 좋은 동무가 되며, 우리의 방을 빛나게 한다. 책은 한 사람 고유의 풍경을 잘 나타내준다. 책은 언제나 변함없는 것이기에 우리를 위로해준다. 인간은 그렇지 않다. 그들은 변하기 마련이니까. 책을 처음 읽을 때면 만족하거나 실망하기도 하고, 놀라거나 안달복달하기도 하고, 눈물을 흘리거나 웃음을 터뜨리기도 한다. 하지만 책 속에서 일어난 일은 되돌릴 수 없다. 꼬마 넬(Little Nell)[7]은 언제나 죽고, 제임스 본드는 악의 무리를 무찌르는 일을 계속하고, 곰돌이 푸는 앞발을 꿀단지 안에 집어넣는 데 성공한다.

나이가 들어가면 책 읽는 기쁨은 차츰 변해 예전에 읽은 것을 다시 읽는 데에서 생겨난다. 익숙한 것을 되풀이하며 기쁨을 느끼는 어린이처럼 되어가는 것이다. 책과 함께 살아오면서 내가 느낀 또 다른 경이로움은 유명한 책들은 책 이상의 존재가 된다는 것이다.

■■■■
7) 찰스 디킨스의 작품 『골동품 가게』의 여주인공.

작가들은 강박에 휩싸인 듯 원고를 자꾸 고쳐 쓴다. 그들은 원고가 언제쯤 최종적으로 제 모습을 갖출지 확신하지 못한다. 그러다 보면 편집자와 출판업자, 때로는 주변 친구가 나서서 원고를 대폭 뜯어고치기도 한다. 그런 까닭에 일단 출판된 책은 겉에는 작가의 이름을 새겨 넣지만 사실은 여러 사람의 협동으로 태어난 경우가 심심치 않다. 책에는 책만의 이력서가 있기 때문에 책의 탄생과 그 이후 내력을 더듬어가는 일은 종종 우리에게 교훈을 안겨준다.

매년 놀랄 만큼 많은 책이 출간되지만―영국의 경우는 연간 11만 종이다―대부분의 책들은 당연하게도 곧바로 잊혀진다. 문학작품 중에는 아주, 정말로 아주 적은 수만 독자의 사랑을 받거나 칭송을 얻어서 극소수만이 다른 작가에게 영향을 끼친다. 이런 극소수의 책은 초중고등학교나 대학의 교재에 실리거나 여러 나라 말로 옮겨진다. 책은 대부분 초판 인쇄 부수가 적기 때문에 책 수집가들은 초판을 찾아 헤매고 그중 최상의 판본을 손에 넣기 위해 다툼을 벌인다. 간혹 작가의 첫 손길이 묻어 있는 진귀한 물품이 나타나기도 하고, 개중에는 작가의 헌사나 주석이 씌어 있는 경우가 있다. 그럴수록 값은 올라간다.

이 책은 초판본 수집가들이 찾아낸 20세기 중요 저서들의 내력을 다루고 있다. 여기서는 책의 내력뿐만 아니라 희귀본 거래업자의 내력도 함께 다루었다. 우리 희귀본 거래업자들은 위대한 책을 다루는 재미와 특권을 누리는 덕택에 얘깃거리가 많다. 희귀본 한 권이 손에 들어왔다가 최종적으로는 누구한테 어떤 곡절로 돌아갔는지, 그리고 사람들이 제일 흥미 있어 하는 부분, 즉 금액이 얼마까지 올라갔는지 등등.

    이 책은 BBC 제4라디오에서 강연한 시리즈 '희귀한 책, 기막힌 사람들'을 기초로 만들었다. 이 책 중 열두 장은 처음 방송되었던 내용에서 가져왔다. 그렇지만 책을 엮기 위해 내용을 대폭 바꾸고 새로 쓰다시피 했다. 프로그램이 15분짜리였던 탓에 분량이 1,400단어 정도여서 각 꼭지를 늘려 쓰고 내용도 그만큼 바꿔야 했다. 이 라디오 시리즈에서 방송된 음향자료는 BBC의 음향자료실에 보관 중인 자료를 주로 활용했다. 거기에는 가령 D. H. 로렌스의 부인 프리다가 남편이 얼마나 까다로운 사람이었는지 회고하는 내용도 있었고, 이블린 워(Evelyn Waugh)가 제임스 조이스의 소설을 평하면서 거친 'g' 발음으로 '횡설수설한다(gibberish)'고 헐뜯는 녹음 자료도 있었다. 이런 자잘한 얘깃거리에 사람들은 너나없이 흥미를 느낀다. 프리다 로렌스의 목소리를 직접 듣다니, 얼마나 재미있는가! 방송을 타는 음향자료는 주제를 넓히는 기능보다는 이처럼 그 자체가 재밋거리가 된다. 아쉽게도 이런 자료들이 책에서는 부적당한 경우가 많기 때문에 나는 이들을 삭제하고 그 자리에 적당한 회고담을 써넣었다.

    이 책이 현대 작품(『도리언 그레이의 초상』을 여기에 포함하는 것을 독자께서 양해해주신다면)만을 다룬 데에는 내 나름의 까닭이 있다. 20세기 문학이 내 전공이고, 내 사업 분야이며, 또 내가 사랑하는 주제이기 때문이다. 이 책에서 다룰 작품을 선정하는 데에는 나의 주관적 판단도 작용했음을 밝힌다. 현대의 고전이라 평가받는 작품을 주로 선정하긴 했지만, 그런 평가를 받지 못하는 작품도 많이 포함시켰다. 이것은 내가 다음과 같은 몇 가지 기준을 적용했기 때문이다. 첫째, 내력이 복잡해서 내가 흥미를 느꼈던 책이어야 하고, 둘째, 희귀본 시장에서 높이 평가 받는 책이어야 하며, 셋째, 거래업자의 입장에서 할 말이 많은 책이어야 했다. 내가 좋아하는 책이면 더 낫긴 하겠지만, 반드시 그런 책만을 고른 것은 아니다. 마음에 들지 않은 책에 대해 써보는 것도 때로는 즐거운 일이니까 말이다.

각 장의 순서는 독자에게 읽는 즐거움을 주리라는 순서대로 정해보았다. 단편소설집이나 시집을 엮는 작가의 의도와 비슷하다고 하겠다. 이런 의도가 성공을 거두었든, 아니면 완전히 허방을 쳤든, 고개를 끄덕여 주는 독자가 한 분이라도 있다면 그것도 나로서는 감사할 따름이다.

릭 게코스키
(rick@gekoski.com)

오I롤리타

올랭피아 출판사의 유일한 걸작

블라디미르 나보코프

LOLITA

내가 1988년 봄에 발행한 판매목록 제10호에서 품목 243번의 내역은 다음과 같다.

『롤리타』, 블라디미르 나보코프 저, 1959년 런던 발행. 영국판 초판, 나보코프가 사촌 페테르 드 페테르슨 부부에게 주는 헌사가 1959년 11월 5일자로 씌어 있음. 헌사 밑에는 저자 특유의 작은 나비 그림이 그려져 있음.
판매가격 : 3,250파운드(5,900달러)

목록을 발행한 지 한 달도 채 안 되어 소설가 그레이엄 그린이 내게 편지를 보내왔다. 그레이엄 그린은 수집가이기도 했기에 나는 이전부터 그에게 판매목록을 보내주고 있었다.

게코스키 선생 귀하
귀하가 소장하고 있는 『롤리타』는 이 책의 진짜 초판본이 아닌데도 3,250파운드를 붙였습니다. 그렇다면 나에게 주는 헌사가 적혀 있는 진짜 파리 초판본은 얼마나 나갈까요?

그레이엄 그린 드림

파리 초판본이라니, 굉장하군! 파리의 올랭피아 출판사(Olympia Press)판 초판본 책에 나보코프가 헌사를 써서 그레이엄 그린에게 주었단 말이지!

희귀본 사업가들이 '수택본(手澤本, association book)'이라고 부르는 것이 있는데, 저자가 또 다른 명사에게 보내는 헌사를 써놓은 책을 말하는 것이다.[1] 그린이 말한 책이 바로 그 전형이었다. 게다가 이 책은 그레이엄 그린 자체가 유명인일 뿐만 아니라, 나보코프가 소설을 출간하는 데 그가 결정적인 역할을 했다는 점에서 더욱 이채로웠다. 아무 헌사도 적혀 있지 않은 파리 초판본은 당시 권당 200파운드(360달러)가 넘었는데, 여기에 그린에게 바치는 나보코프의 친필 헌사가 더해진다면 그 값은 엄청날 것이었다.

나는 곧바로 그린에게 답장을 썼다. 내가 받은 편지 못지않게 간결하게 썼다.

그린 선생님께

값이 훨씬 나갑니다. 파실 의향이 있으신가요?

---

1) 저자가 말하는 'association book'과 '수택본'의 개념이 엄밀히 일치하지는 않는다. 엄격한 의미의 '수택본'이란 유명인이 손때가 묻을 정도로 애장한 책을 가리킨다.

릭 게코스키 드림

다시 (아주) 짧은 답신이 날아왔다. 책을 내놓을까 하는데, 헌사가 씌어진 영국판 초판본도 갖고 있기 때문에 같은 종류의 책을 두 권까지 갖고 있을 필요가 없다는 설명이었다. 파리 초판본을 내가 4,000파운드(7,200달러)에 매입할 의향이 있다고 밝히자 그는 이를 수락했고, 다음번 영국 방문 때 책을 갖고 오겠다고 했다.

그해 11월 나는 런던의 리츠 호텔로 그레이엄 그린을 찾아갔다. 문이 열렸을 때 나는 깜짝 놀랐다. 무슨 키가 그렇게 큰지. 수레국화처럼 맑고 푸른 두 눈은 또 얼마나 촉촉했던지. 곧장 보드카 한 잔씩 건배한 뒤 그는 『롤리타』를 내놓았다. 짙은 녹색 표지의 소형판 2권짜리였다. 1950년대 파리 냄새가 물씬했다. 헌사를 보는 순간 나는 숨이 멎는 듯했다.

그레이엄 그린에게
블라디미르 나보코프 드림.
1959년 11월 8일.

이어 푸른색 나비가 커다랗게 그려져 있었고 이런 글귀가 씌어 있었다.

허리께에 춤추는 푸른 호랑나비여

"믿을 수 없군요. 완벽합니다."

내가 이렇게 입을 열자 그레이엄 그린의 눈썹이, 아주 잠깐, 치켜 올라갔다. 내가 뭘 잘못한 건가?

"제대로 된 경우라면 이 헌사는 출판년도(1955년)에 씌어졌을 겁니다. 초판이 맞다고 보입니다. 그렇지만 뒤표지에 가격표가 새로 붙여져 있는 게 묘하군요."

그린은 머리를 끄덕였다. 서지학적 감식을 즐기는 사람이라는 평판대로였다.

"그렇긴 해도 정말 굉장합니다. 박물관에 모셔둘 만합니다."

"제대로 보셨소." 그제서야 그린이 입을 열었다.

"4,000파운드 드리지요."

"내 말을 오해하신 모양인데, 게코스키 선생. 선생의 말대로라면 나는 그보다 적게 받아야 할 입장이지요."

"전혀 그렇지 않습니다, 그린 선생님. 제 말씀을 오해하신 것 같은데요, 최소한 4,000파운드는 드려야 합니다."

그린은 잠시 생각에 잠기더니 입을 열었다.

"보드카 한 잔 더 하실까?"

이 다음 몇 시간이 지나도록 우리는 조셉 콘라드, 헨리 제임스에 대해 이야기를 나누었다. 내가 헨리 제임스의 작품이 재미있는데도 남들은 왜 따분하다고 하는지 모르겠다고 하자, 그린이 진지해졌다. 그는 흡족한 표정으로 맞장구를 쳐주었다. 보드카를 또 한 잔 비웠다. 배포가 척척 맞았다.

"나는 그쪽 동네 사람이 아니지." 그는 마치 깊이 생각한 끝에 진실에 도달하여 단호한 결단을 내린 사람의 태도로 말했다. "콘라드나 헨리 제임스는 A급 작가지. 나는 B급이고." 우리는 "그레이엄 그린을 위하여"라고 외치며 보드카를 또 한 잔 비웠다. B급만 되어도 존경할 만해, 이런 이심전심이었다.

그는 앞으로도 종종 연락하자고 했는데, 나중에 밝혀진 바, 이는 그저 잘 가라는 뜻으로 한 인사치레만은 아니었다. 새 친구를 사귄 흥분이 채 가시지 않은 상태에서 몇 분 후 정신을 차려보니 피카딜리 거리였다. 고맙게도 호텔 포터가 길을 안내해주었다. 내 손에는 '롤리타'가 꼭 쥐어져 있었고.

나음 날 아침 9시, 우리 집 초인종이 울렸다. 꽁지머리의 사근사근한 남자가 문 안으로 빠끔히 얼굴을 들이밀었다. 엘튼 존의 작사가인 버니 토핀(Bernie Taupin)이었다. 그는 내 기색을 살피며 입을 열었다. (나는 잠옷 차림으로 아스피린을 입에 털어 넣으려던 참이었다.) "저, 뭐 쓸 만한 것 들여놓은 거 없으세요? 아내가 저한테 줄 크리스마스 선물을 찾아서요."

숙취로 머리가 지끈지끈했지만 버니 토핀은 그냥 돌려보내면 안 되는 사람이었다. 게다가 부인이 수표책을 갖고 있다는 것 아닌

가. 나는 황급히 예, 예 했다. "아, 마침 보기 드문 게 하나 들어오긴 했습니다만……."

사실 보기 드문 정도가 아니라, 무조건 받고 보는 패였다. 버니는 그레이엄 그린 수집가였을 뿐 아니라 『롤리타』의 열렬한 찬미자였다. 일단 버니 손길이 닿은 책은 빠져나가지 못했다. '이런, 큰 실수를 했군,' 나는 직감했다. 귀한 책은 곧바로 팔면 안 되는데. 곁에 두고 묵혀서 조금씩 뜯어보고 생각을 굴려보면서 제값을 찾아야 하는데.

"얼만가요?" 토핀 부인이 옆에서 당장에라도 책을 살 태도로 물었다. '책 수집에 미친 남편의 눈에 번득이는 광기를 눈치 챘군.'

토핀 부인이 제풀에 물러나길 바라며 나는 대답했다. "9,000파운드데요."

여인은 눈꺼풀 한 번 깜빡거리지도 않았다. 깎아달라는 말도 없었다. 5분 뒤 내게는 세 가지가 남아 있었다. 하나는 수표, 또 하나는 두통, 마지막 하나는 쓰라린 후회였다. 혹시 내가 책을 값어치 이하로 판 것은 아닐까. 9,000파운드(16,200달러)는 당시에도 큰돈이었다. 그렇지만 아무리 생각해도 너무 일찍 책을 떠나보냈다. 귀중한 책은 곁에 두고 음미해야 한다. 책의 마력이 떨어질 때쯤에야 상업적 가치를 따져보는 단계로 넘어가야 하는 것이다. 아아, 불쌍한 롤리타, 그 매력을 맛보기도 전에 내보내다니.

롤리타는 1955년 출판업자이자 자칭 '제2세대 앵글로-프렌치

'포르노 사업가'인 모리스 지로디아스(Maurice Girodias)에 의해 파리에서 출간되었다. 지로디아스의 아버지 잭 캐헤인(Jack Kahane)은 오벨리스크 출판사(Obelisk Press)를 설립하여 1930년대에 헨리 밀러(Henry Miller)의 『북회귀선(Tropic of Cancer)』을 출판한 사람이다. 지로디아스는 아버지의 길을 밟아 1953년 올랭피아 출판사를 설립해서 자칭 양질의 서적, 즉 성적 묘사가 노골적인 영문 소설을 출간했다. 그의 작가들 중에는 사무엘 베케트, 윌리엄 버로우즈(William Burroughs),[2] 헨리 밀러, 장 쥬네(Jean Genet), J. P. 돈리비(J. P. Donleavy)[3] 같은 최고 수준의 작가들도 있었다. 그렇지만 다른 작가는 (가명으로 집필한 경우도 포함하여) 지로디아스 스스로도 'DB(야한 책)' 시리즈라 말할 정도로 노골적인 내용을 쏟아내는 사람들이었다. 이런 'DB' 작품들은 별도의 시리즈로 발간되었다. '길동무 시리즈(Travellers companion series)'도 그중 하나였다. 그래도 그가 발간한 책들은 비록 포르노 소설들(『기막힌 침대』, 『강간』, 『그것의 방법』, 『입을 벌리고』 등)이라 해도 필치와 구성이 제법이었다. 그중에는 크리스토퍼 로그(Christopher Logue)[4]나 알렉산더 트로키(Alexander Trocchi)[5] 같은 유명 작가들이 가명으로 쓴 작품도 적지 않았다. 로그나 트로키는 글쓰기도 재미있고 푼돈도 버는 맛에 이 일을 즐겼다.

---

2) 미국의 작가로서, 알렌 긴스버그, 잭 케루악과 함께 비트제너레이션을 대표하는 대표적 작가이다.
3) *The Ginger Man*이라는 소설로 유명한 미국의 작가.
4) 영국의 현대 시인.

블라디미르 나보코프는 이런 시점에 등장했다. 그는 미국에서 책을 몇 권 출판하여 호평을 받은 바 있었지만, 아직 문단에서 각광을 받지 못한 상태였고, 코넬 대학에서 조용하지만 실력 있는 강사 생활을 하고 있었다. 그는 새로 쓴 원고를 책으로 출판해줄 출판인을 찾느라 노심초사했다. "놀랍고 신비스럽고 가슴 찢어지는 작품, 엄청난 시행착오와 악귀 같은 수고로움을 5년 동안 마다 않은 끝에 거의 완성을 눈앞에 두고 있다. 문학사에 전례가 없는 작품이 될 것이다."

그렇지만 그는 미국의 출판사 다섯 곳에서 줄줄이 거절당했다. 유일하게 「파르티잔 리뷰(Partisan Review)」가 원고의 발췌분을 실어주겠다고 승낙했지만 조건이 있었다. 작가 이름을 실명으로 밝혀야 한다는 것이었다. 그러나 나보코프는 독자들이 일인칭 시점의 주인공을 작가와 동일시할까 우려하여 이 조건을 받아들이지 않았다.

이름 있는 출판사들은 나보코프의 원고를 높이 평가했지만 위험한 책이라고 판단했다. 주인공인 40대 중년남자 험버트 험버트(Humbert Humbert)는 12살 소녀에게 성적으로 사로잡힌다. 1962년 스탠리 큐브릭 감독이 이 소설에 기초해서 만든 영화는 수 라이온(Sue Lyon)을 출연시켜 롤리타를 사춘기 소녀로 그려놓았지만, 원작은 그렇지 않다. 원작의 롤리타는 몸무게 35킬로그램에 신체지수 27-23-

---

5) 스코틀랜드 태생의 소설가.

29인 계집아이다. 누가 봐도 어린아이일 뿐이다. 소설은 두 가지로 독자를 대경실색하게 만든다. 아동성애(paedophile)의 내면 세계를 동정적으로 그리고 있다는 점이 그 하나요, 집착 대상이 된 여자아이가 성적으로 조숙하고 도발적이라는 점이다. 어느 미국 출판업자는 이 소설을 "앞으로 천 년 동안 돌덩이에 눌러둬야 한다"고 했으니 1950년대의 보수적 분위기를 짐작할 만하다.

내가 놀란 것은 나보코프가 이런 우려에도 아랑곳하지 않고 책을 내놓았다는 사실이다. 소설의 첫 문단을 읽어보면 독자께서도 짐작하는 바가 있을 것이다.

> 롤리타, 내 인생의 빛, 내 사타구니의 불길. 나의 죄이자 나의 영혼이여, 롤-리-타. 나의 혀끝은 입 천정에서 세 번을 움직여 그 이름을 두드린다. 한 번씩 움직일 때마다 혀는 아래로 내려와 마지막 세 번째는 이를 건드린다. 롤. 리. 타.
> 그녀는 로. 아무것도 더하지 않은 채로의 로. 아침이면 양말을 신고 4피트 10인치(약 147센티미터) 키로 일어서는 로. 바지를 입으면 '롤라'가 되고, 학교에 가면 '돌리(Dolly)'가 되는 그녀, 문서에 서명하면 '돌로레스(Dolores)'가 되는 그녀, 그러나 나의 팔에 안기면 롤리타가 된다.

책이 얼마나 도발적인지 단번에 알 수 있을 것이다. 그러나 감각적 묘사가 워낙 세련된 덕택에 잔뜩 달아오른 아동성애를 찾아들게 만들었다. 서두가 워낙 강렬해서 심사를 불편하게 만든다 해도 이 작품은 그 흔한 '쓰레기'는 아니다.

실제로 이 책이 나오고 난 후 환불을 요구한 독자도 몇몇 있었다. 그 까닭인즉, 올랭피아 출판사에서 나온 다른 책들과 다르다는 것이다. 외국어로 쓰인 책도 아닌데 왜 이렇게 어렵냐는 반응이었다. 당연한 반응이다. 작가가 외국어로 쓴 작품이니까. 조셉 콘라드가 그랬듯이, 나보코프에게 영어는 제1외국어도 아니고 제2외국어였다(당시 유럽의 상류층들은 프랑스 어를 제1외국어로 구사했다). 나보코프는 처녀작들을 1920년대에 러시아어로 써서 발표했고, 다음 여러 작품은 프랑스어로 발표했다. 그는 1941년에 들어서서야 첫 영어 작품인 『세바스찬 나이트의 진정한 인생(The Real Life of Sebastian Knight)』을 발표한다. 조셉 콘라드의 영어 소설처럼 나보코프의 영어 작품들은 새로운 언어를 배울 때 맛보는 기쁨을 듬뿍 담고 있었다. 감각적인 언어 구사, 알쏭달쏭한 표현, 관용어와 상투적 문구의 뒤섞임, 전혀 상상하지 못해 감탄을 자아내는 문장구조 등이 특징이었다. 기가 막힐 정도로 새로운 표현이 만들어지곤 했다. 러시아 억양으로 말하는 것을 상상하면 이해가 더 쉬울 것이다.

『롤리타』를 발간할 배포를 갖춘 미국 내 출판업자를 더 이상 찾지 못했을 때, 나보코프는 누군가로부터 올랭피아의 지로디아스에게 원고를 보내보라는 귀띔을 받았다. 듣도 보도 못한 출판사와 편법처럼 손을 잡아야 하니, 눈물을 머금은 마지막 선택이나 다름없었다.

지로디아스는 대서양을 넘나드는 수완가이자 괴짜였다. 해마다 연초에 그는 살 냄새 물씬 풍기는 제목의 책들을 요란한 설명과 함께 근간 목록에 박아 넣었다. 목록이 발간되고 주문이 밀려들면 그제야 원고지를 채울 글쟁이들을 찾아 헤맸다. 나보코프는 이런 글쟁이들의 정반대편에 속하는 작가였다. 그는 러시아 최상류 귀족이자, 최고급 문학작품을 집필하는 작가였다.

그렇지만 지로디아스의 안목은 탁월했다. 그는 『롤리타』에 매료되어, 즉각 출판을 승낙했다.

작품의 줄거리는 내가 자주 꿈꾸면서도 끝내 찾지 못한 것을 마법처럼 풀어놓고 있다. 작가는 주인공들의 열정을 지극히 진지하게, 그러면서도 진정 올곧게 다뤄준다. 내가 느끼기로, 『롤리타』는 도덕적 검열의 무익힘을 입증하는 위대한 근대 예술 작품으로 자리매김될 것이다.

나보코프는 지로디아스가 노골적인 성애 소설을 출판하는 사람임을 잘 알고 있었기에 노파심이 가득 찬 편지를 보냈다. "당신도 아시다시피 『롤리타』는 진지한 목적으로 씌어진 진지한 작품입니다. 대중들도 이 작품을 그렇게 받아들였으면 정말 좋겠습니다. 스캔들로 유명세 얻기(succés des scandale)가 된다면 정말 당혹스러울 것입니다."

그렇지만 현실은 스캔들로 유명세를 치르게 했다. 물론 그것도 그에게는 최고의 결과를 물어다 주었지만 말이다. 순진한 대학교수 나보코프는 만인의 찬사를 얻을 것이라고 기대했을지 모르지만, 지로디아스는 달랐다. 그는 소동거리를 즐겼다. 그만큼 잘 팔릴 것 아닌가.

1955년 「선데이 타임스」의 크리스마스 판에서, 그레이엄 그린이 『롤리타』를 '올해의 책' 3권에 포함시켰다. 그때까지 묻혀 있던 작품이 이로 인해 영국의 독서 대중 눈에 뜨이게 된 것이다. 그러나 「선데이 익스프레스」의 편집자 존 고든은 그레이엄 그린의 찬사에 비난의 화살을 날리며 이 책을 최악의 작품으로 짓뭉갰다.

깊이 생각할 것도 없이 이 책은 내가 접한 것 중 최악의 추잡한 작품이다. 무엇 하나 가리지 않은 천박한 포르노그래피다. 주인공은 이른바 '요정'이라 불리는 11살에서 14살 여자아이에 탐닉하는 변태다. 이 책 전체는 그가 욕정을 발휘하고 충족하는 과정을 낱낱이, 숨김없이, 철저히, 역겨울 정도로 그려놓고 있다.

그레이엄 그린은 '존 고든 모임(John Gordon Society)'을 결성하는 것으로 대응했다. 회원에는 크리스토퍼 이셔우드(Christopher Isherwood),[6] 엥거스 윌슨(Angus Wilson),[7] A. J. 에이어(A. J. Ayer)[8] 등이 포함되어 있었다. 모임은 '저속하다고 여겨지는 온갖 책, 연극, 그림, 조각 및 공예품'을 조사하고 판단하는 데 목적을 둔다고 했다.

판매고는 내려올 줄 몰랐지만 나보코프는 책에 대한 열기가 오히려 근심스러웠다. "불쌍한 '롤리타'가 고난을 겪고 있다. 내가 만약 주인공을 남자아이로 내세웠다면, 아니 암소나 자전거로 내세웠다면 어땠을까. 가련하게도 저 속물들은 그래도 똑같이 나왔을 것이다."

나보코프는 어떻게든 코넬 대학 강사 자리를 유지하고 싶었다. 그래서 생각해낸 것이 가명으로 출판하는 것이었다. 그러나 지로디아스는 끝끝내 나보코프를 설득해냈다. 혹시 이 책이 법원의 심판 대상에 오르게 된다면, 원저자의 이름을 숨긴 책을 변호하는 일이 쉽지 않을 것이라고 하면서.

책이 출간되자 미국의 출판업자들은 새삼 눈을 떴다. 올랭피아판 롤리타가 미국으로 무수하게 수입되었을 뿐 아니라 미국 세관이 도덕기준을 내세워 문제 삼는 일도 없었던 것이다. 영국에서는 그레이엄 그린이 출간을 독려하고 나섰다. 얼마 되지 않아 나보코프는 지로디아스의 힘에 매달릴 필요가 없어졌다. 나보코프는 귀에 걸면 귀걸이 코에 걸면 코걸이 같은 지로디아스식 계약조건 때문에 넌더리를 치고 있었다. 지로디아스와 맺은 계약은 이후 다른 영어판이나

---

6) 영국 태생의 미국 소설가, 극작가(1904~1986).
7) 영국의 소설가(1913~1991).
8) 영국의 철학자(1910~1989).

번역본으로 나오는 모든 경우에 대해 수익의 1/3을 출판사가 가져가도록 부여하고 있었다. 그 수입은 상당할 것으로 여겨졌다. 나보코프는 이 계약을 해지할 방도를 백방으로 찾았지만, 허사였다.

결국 몇 차례 협의 끝에 지로디아스가 출판 수익을 몇 퍼센트 내려줌에 따라 퍼트넘(Putnam) 출판사에 미국판 발행을 맡길 수 있었다. 미국판은 출간 3주 만에 10만 권이 팔려서 『바람과 함께 사라지다』 이후 최고의 판매실적을 올렸다. 그 반대 움직임도 있었다. 텍사스 주의 '롤리타' 시는 명칭을 잭슨 시로 바꿔버렸고, 희극배우 그루초 막스(Groucho Marx)는 앞으로 6년 후 그러니까 롤리타가 18세가 되기 전까지는 책을 거들떠 보지 않겠다고 공언했다. 그러나 대부분의 평자들은 이 소설이 걸작이라고 입을 모았다. 비극과 희극의 결합이 독자를 매료시키며, 풍성한 필력이 빛난다는 것이었다. 이듬해인 1959년 11월 8일 영국판이 런던의 와이든펠드 앤드 니콜슨 출판사(Weidenfeld & Nicholson)에서 발간되었다.

이제까지를 종합해보면, 그레이엄 그린에게서 내가 입수한 올랭피아 출판사판 초판의 헌사는 바로 『롤리타』의 영국판 발행일에 씌어진 것이었다. 이 사실은 내가 책을 되팔고 난 뒤에야 알았다. 한편, 2년 전 런던 소더비 경매에 와이든펠드 앤드 니콜슨 판 『롤리타』가 매물로 나온 적이 있었다. 이 판본에 씌어진 헌사의 날짜도 발행일과 똑같은데, 그 자리에서 이 책의 진가를 알아본 사람은 나밖에 없었다. 그래서 나는 비교적 헐값에 책을 사서 비교적 후한 값에 되팔았다. 내가 처음 그레이엄 그린에게서 구입했던 프랑스판 초판본의 경우는 1992년 13,000파운드(23,500달러)에 내 손에 다시 들어왔다. 이번에는 뉴욕의 한 수집가가 이 책을 구입해갔다. 이 수집가가 지불한 가격은 헐값이나 다름없었다. 2002년 이 책이 뉴욕 크리스틴 경매장에 모습을 나타냈는데 그 호가가 26만 4천 달러였던 것이다! 그때 그 경매장에 있던 나는 놀라서 입을 다물지 못했다. 왜 그때 그 책을 팔았는지 속이 몹시 쓰렸다.

어쨌든 나도 롤리타로 약간의 재미를 본 셈이지만, 나보코프나 지로디아스에게는 미치지 못한다. 나보코프는 이 책의 인세 덕에 강사 자리를 그만두고 집필과 나비 수집에만 몰두할 수 있었다. 지로디아스는 어땠을까. 돈벼락을 맞은 그는 파리식 나이트클럽 두 개, 레스토랑 하나, 술집 세 개, 극장 하나를 열었다. 그리고 5년 만에 파산했다.

02 파리대왕

"원고 값으로 100만 파운드를 가져오시오"

윌리엄 골딩

For Rick Gekoski
with best wishes
from William Golding

BRIDESHEAD REVISITED
EVELYN WAUGH
POTTER
and the Philosopher's Stone
ON THE ROAD
THE HOBBIT
A Confederacy of Dunces
ANIMAL FARM
A FAIRY STORY
by
GEORGE ORWELL
THREE STORIES
& TEN POEMS
ERNEST HEMINGWAY
LOLITA
High Windows
Philip Larkin
POEMS
D. H. Lawrence's New Novel
SONS AND LOVERS
Sylvia Plath
The Colossus
and other poems
ULYSSES
JAMES JOYCE
SALMAN RUSHDIE
THE SATANIC
William Golding
Lord of the Flies

내게 책 수집가이자 변호사인 친구가 있다. 그는 책의 진가를 감정하는 데 탁월하고, 소송거리가 될 만한지를 판단하는 데에도 귀신이었다. 전화기 저쪽에서 들려오는 바짝 흥분한 목소리로 짐작하건대 위 두 가지가 한꺼번에 걸린 일임이 분명했다.

"그 작자 이제 제대로 걸려들었어. 식은 죽 먹기야! 그냥 무료로 봐줄게. 그 몹쓸 녀석을 이제 손봐주자고!"

그때가 1985년이었는데, 친구는 윌리엄 골딩의 신간 작품 『종이 남자들(Paper Men)』을 방금 독파했다고 했다. 작품은 작가 자신처럼 성미 급한 소설가를 주인공으로 설정하고 있는데, 이 주인공을 릭 L. 터너라는 반(反)영웅주의적 미국인이 쫓아다닌다. 거구에 털북숭이 학자인 '릭'은 골딩식의 주인공을 전기로 그려내겠다는 일념에 사로잡혀 뭔가 쓸 만한 이야깃거리를 찾겠다며 쓰레기더미를 뒤지던 중 발각되고 만다.

"자네를 중상모략 하려던 거지! 틀림없어! 명예훼손 감이야!"

소설에 나오는 미국 출신의 기생충 같은 전기 작가의 이름이 본래 '제이크(Jake)'였는데 교정 단계에서 '릭(Rick)'으로 바뀌었다는 이야기를 들려주자, 친구는 골딩을 상대로 하는 소송이 더 확실히 성립한다고 했다. 집필 문헌 목록 정리 작업을 하자는 나의 요청에 짜증이 난 골딩이 내 이름으로 바꾼 것일지도 모른다. 나로서는 이미 교정지에서 확인했고 책도 읽은 터라 친구의 발견이 새로울 것은 없었다. 내가 어떻게 대응할지도 이미 마음 먹어둔 상태였다. 슬프게도 이 노벨문학상 수상작가가 나를 깨끗이 무시한 것이다. 사실 나는 보리스 파스테르나크, 옥타비오 파스, 심지어 솔 벨로우에게도 같은 요청을 보냈지만 아무에게서도 회답을 얻지 못한 상태였다. 그러니 어느 노벨문학상 수상작가가 자기 작품 속에 나를 등장시켜주신다면야, 설혹 그것이 패러디 형식이라 해도 묵묵부답보다는 나을 것이다. 물론 내세울 일은 아니겠지만.

그 당시 나는 골딩과 함께 그의 문헌 목록을 점검하는 일에 매달려 있었다.[1] 골딩은 고집이 드세고 신랄한 사람이었다. 그는 이 일에 동의하긴 했지만 마뜩치 않게 여겼다. "이건 마치 내가 목욕한 물을 내가 다시 들이켜는 꼴 같소." 이렇게 말하며 "유고를 정리하는

---

1) 저자는 골딩의 문헌 목록을 정리하여 『윌리엄 골딩(William Golding: a Bibliography)』이라는 책을 공저로 발간했다.

것 같다"고 했다. 목록집이 1994년에 나왔으니까 실제로 유고가 된 셈이다.[2] 골딩은 내 작업을 방해하지는 않겠지만 돕지도 않겠다고 못 박았다. 그는 그래도 결국에는 트루로(Truro)[3] 외곽의 자택에 내가 정기적으로 드나들 수 있도록 허락해주었다. 그렇게 해서 나는 그의 각종 문서와 작품을 꼼꼼히 살펴볼 수 있었다.

이 일은 결코 즐거운 경험이 못 되었다. 골딩도 이를 사생활 침해로 받아들였다. 한 번은 내가 그의 초기 작품과 관련된 문서 좀 볼 수 있느냐고 묻자 머뭇거리면서도 퉁명스러운 말투가 튀어나왔다. "내 책상 서랍을 아무한테나 뒤지게 만들 줄 알고!" 이런 모습은 꼭 낯가림 심하고 교만한 유치원 교장들이 버럭 화를 낼 때를 연상케 했다. 골딩도 수줍음을 많이 탔다. 그가 편안한 모습을 보일 때란 가족이나 친구들과 어울리거나 술을 한두 잔 걸쳤을 때뿐이다.

골딩의 편집자인 찰스 몬티스(Charles Monteith)의 귀띔도 있고 해서, 나는 골딩을 방문할 때마다 퓔리니 몽라셰(Puligny Montrachet)[4] 한 두 병씩 들고 가서 점심 반주를 삼았다. 어느 날인가 빌(그는 빌이라는 이름으로 누가 불러주면 좋아했다)은 꽤 많은 와인을 들이켰다. 그는 벌떡 일어나 피아노 앞에 가더니 마음껏 건반을 두드렸다. 능숙한 연주라기보다는 열에 들뜬 행위였다. 마침 나는 그의 서재에서 일하고

■■■■
2) 골딩은 1993년에 사망했다.
3) 잉글랜드 남서부 콘월 주의 주도. 휴양지로 유명하다.
4) 부르고뉴 지방 유명 와인 중 하나이다.

있었다. 나로서는 처음 보는 소동이었다. 사실 문헌 정리란 고통스러울 정도로 무미건조한 고역인데, 이렇게 요란한 분위기는 질색이다. 그러다가 갑자기 소리가 딱 멈추더니 빌이 비틀거리며 서재로 들어왔다.

"뭐야?" 덤빌 듯이 물었다. "도대체 누가 허락했어?" 나는 침착하려 애썼다. 피아노를 두들겨 소음을 내는 것과 이렇게 따져 묻는 것, 어느 쪽이 차라리 나을까, 이런 의문이 머리에 떠올랐다. "아, 네. 선생님의 작품이 어떤 분야까지 펼쳐졌고, 언제 어떤 것을 쓰셨는지 사람들이 알게 되면 도움이 되지 않겠습니까."

"그냥 그놈의 책들만 읽으면 될 거 아뇨?"

"뭘 쓰셨는지 모르는 사람들도 있지요. 언제, 어디서 출판되었는지도 그렇고요."

그의 얼굴에 의구심이 잔뜩 피어 있었다. 그런 따위의 독자는 원하지 않는다는 것인가.

"다른 나라 말로 번역된 것이 있는지 궁금해 하는 사람도 있을 수 있지요. 뭐, 불가리아 어 같은 말로 말이죠. 문헌 목록이란 아주 유용합니다."

그는 차디찬 눈길로 쳐다보더니 물러갔다.

쿵, 쾅, 뻥. 마주르카를 연주하는 것일까. 윽박지르는 것으로 들렸다.

다음 날 아침, 이번에는 색다른 시험을 치러야 했다. 나는 골딩과 함께 트루로에 있는 그의 거래 은행에 가게 되었다. 그곳에 『파리대왕』의 자필 원고가 있으니 감정 평가 전문가로서 한번 보아달라는 부탁 때문이었다. 우리 일행이 은행에 들어서자 지점 전체가 술렁거렸다. 골딩은 분명히 이 동네 최고의 명사였다. 1988년 그가 기사 작위를 받고서 처음 이 은행에 들어섰을 때 창구의 한 젊은 여성 직원은 새빨간 얼굴에 꿀 먹은 벙어리가 되어 "안녕하세요, 골딩 경" 하고 우물거리기만 했다고 한다. 골딩은 그때 마치 자기가 중세 기사담에서 튀어나온 인물이라도 된 것 같았다고 내게 털어놓았다.

자필 원고는 은행 대여 금고에 보관되어 있었다. 놀라울 정도로 평범한 모습이었다. 그는 학생용 연습장 여러 권을 원고지로 사용했는데, 휴식 시간 중에 교무실 구석에서[5] 커피를 엎질러가며 서둘러 쓴 흔적이 남아 있었다. 그렇지만 한눈에 드러나는 놀라운 점이 있었다. 필력이 얼마나 대단했는지 손으로 쓴 원고인데도 수정한 흔적이 극히 드물있다. 나중에 *그*가 회고한 바에 따르면 그는 『파리대왕』을 집필할 때 줄거리가 머릿속에 워낙 뚜렷이 새겨 있어서 글을 짓는 것이 아니라 그냥 타자기를 두드리는 듯했다고 한다.

이런 원고를 팔 생각이라니 거래업자인 내가 오히려 충격을 받았다. 인생 후반기의 그는 그만큼 돈 걱정으로 노심초사했다. 고통스러웠던 것은 부인도 마찬가지여서, 부인은 어느 날 저녁 내게 와

---

5) 골딩은 옥스퍼드 대학을 졸업한 후 오랫동안 교사 생활을 했다.

서 남편과 원고 판매 문제를 잘 상의해보라고 끈덕지게 권유하기도 했다.

"당신은 안 될 게 없잖소? 돈이 많으니까." 골딩은 심술궂게 말했다.

현물을 보자는 말 대신 나는 현재 골딩의 재정 구조를 바꿔보는 것이 어떠냐고 말을 꺼냈다. 그러고는 오히려 마음의 문제 아니냐는 투로 이야기를 계속했다.

"진짜 문제가 무언가요. 의욕을 잃으신 건가요? 소장품을 풀어 주시고 싶으신가요? 선생님의 연배에서는 그런 마음이 흔한 법이지요."

그가 나를 뚫어지게 바라보는 통에 나는 태연한 척 애를 썼. "쓸데없는 소리 말게. 그냥 돈 때문이라니까."

그렇지만 결국 그는 재정적 문제가 있긴 한데, 세금 탈루 혐의로 징역에 갈지 모른다는 공포감 때문에 더 괴롭다고 털어놓았다.

"악몽까지 꾼다니까"

부인 앤이 입을 열었다. "릭에게 말하라니까요. 당신 근심이 얼마나 쓸데없는 건지 얘기해줄 거예요."

골딩이 털어놓았다.

"1961년에 캐나다에 갔었는데, 거기서 강연을 여러 차례 했네. 근데 어떤 대학에서 백 달러를 수표로 줬단 말이지." 그때의 일을 더 들어 말한다는 것이 힘겨운 듯, 그는 여기서 말을 끊었다.

"그래서요?"

"캐나다에 있을 때 그 수표를 현금으로 바꿨지. 그리고 써버렸어."

"그래서요?"

"그게 전부일세."

"앞으론 그런 일이 없으시겠죠?"

그는 어깨를 으쓱했다. "당연하지! 국세청에서 나를 추적해서 감옥에 넣을까봐 밤마다 뜬눈인데 어쩌겠어."

나는 웃음을 참느라 혼이 났다. 짐짓 신중한 말투를 이어갔다. "지금까지 노벨상 수상자들이 세금 탈루 때문에 감옥에 갔다는 말은 들어보지 못했습니다."

"레스터 피고트(Lester Piggott)[6]가 그랬잖나."

"그 사람은 경마 기수였잖습니까. 그것도 부가세 때문이었고요. 그 액수가 아마 4백만 파운드였다지요."

빌은 확신에 가득 차 대꾸했다.

"세금 안 낸 건 똑같잖은가."

이렇게 해서 골딩은 『파리대왕』 자필 원고를 밑천 삼아 현금을 손에 넣어야겠다고 생각하게 된 것이다. 천성이 의심 많은 그였지만 『파리대왕』을 쓰기 시작할 때부터 작품성이나 자필 원고의 가치는

---

[6] 20세기 중반 영국의 전설적 승마 기수로 통산 4,493회의 우승 기록이 있다.

전혀 의심하지 않았다. 초고를 끝내고 난 그는 언젠가 이 작품으로 "노벨상을 타게 될 것"이라고 가족들에게 선언했다. 물론 노벨문학상이 작품 하나가 아니라 작가 전체 업적에 수여되는 것이기는 하지만, 그는 옳았다.

자필 원고의 금전적 가치에 대해서도 그는 거의 의심하지 않았다. 나한테 감정을 부탁하긴 했어도 이미 마음속에 가격을 정해두었다. "돈 많은 미국인이나 일본인을 만나게 되면 100만은 되겠지." 지나가는 말투에 경멸의 표정까지 담긴 모습은 평소 그와 딴판이었다.

"100만이라니요?" 나는 약간 장난기를 담아 되물었다.

그는 잠시 생각하는 눈치였다.

"100만 파운드지, 당연히!" (감히 조지 워싱턴이 그려진 달러가 아니라 여왕님이 그려진 파운드라는 듯이)

"그런데 말이죠, 빌." 나는 최대한 차분히 입을 열었다. "20세기 들어 그 비슷한 가격을 호가한 자필 원고는 카프카의 『심판』뿐입니다."

그는 머리를 끄덕였지만, 그럴수록 자신의 견해를 확신하는 눈치였다.

"어쨌든 그렇게 지불하고 살 사람은 없습니다."

"이런 걸 갖지 못해 안달인 억만장자 수집가가 분명히 있을 걸세!"

"제가 알기로는, 물건의 가치도 가늠하지 않고 돈을 내는 사람은 억만장자가 되기 힘들지 않을까요. 부자들이란 돈의 가치로 자신을 보호하는 사람들이니까요."

그는 나를 또 노려보았다. 썩어빠진 업자군, 이런 생각을 하고 있는 게 빤히 들여다보였다.

"100만을 받아 오게. 5퍼센트를 주지."

'빌 골딩'은 솔즈베리의 비숍 워즈워스 학교에서 새내기 교사 생활을 하던 중 2차 세계대전을 맞았다. 그는 1940년 해군에 소집되었다가 6년 후 학교로 돌아왔다.

한때 나는 우리 인간이 악한 존재는 아니라고 말한 적도 있었다. 그렇지만 2차 세계대전이 끝나고 나서 나는 인간이 서로에게 어떤 짓을 했는지, 동쪽에서는 또 어떤 짓을 했는지를 알게 되었다. 그때부터 나는 좋은 책이라 불리는 것에 그려진 정상적 인간들에게서는 볼 수 없는 무엇인가를 생각하지 않을 수 없었다. 인간에는 어떤 종류의 악이 원리로 작동한다. 이 것이 내 생각이었다.

본래 자연과학도로 교육을 받았던 그는 교직으로 복귀하면서 학생들을 관찰하는 일에 골몰하게 되었다. 이들은 어떤 존재들인가? 어떤 일을 할 수 있는가? 이전만 해도 학생들에 대해서 이렇게 진지하게 생각해본 적이 없었다. 인간이 엄청난 규모의 악을 행할 수 있는 족속임을 깨달은 후 이 아이들을 바라보는 그의 시선은 어떻게 변화한 것일까? 그의 학생들은 그 변화를 알아차리지 못했다. 그렇지만 인간에 대한 인간의 비인간성에 공포를 느낀 그는 서서히 이와 관련된 새로운 주제에 관심을 두게 되었다. 그것은 아이에 대한 아이의 비인간성이었다.

그는 학생들을 제재로 하여 『파리대왕』을 썼다. 원고는 그가 다니는 학교에서 단숨에 썼다. 그러나 원고를 끝냈다고 해서 출판해줄 이를 찾는다는 보장은 없다. 알려진 바로는, 『파리대왕』은 모두 스물두 군데 출판사에서 연속 퇴짜를 맞았다고 한다. 그 다음에는 나도 믿지 못할 일이 벌어졌다. 스물세 번째로 원고를 보낸 곳이 페이버 앤드 페이버(Faber and Faber)였다고 하는데, 당시 어떤 바보가 그 출판사에 원고를 준단 말인가. 아무튼 귀퉁이가 너덜너덜한 노트뭉치에 초라한 집필취지서를 첨부하여 보낸 원고는 '뺑뺑이'를 거듭 돌고 있었다. "저는 외딴 섬에 버려진 소년 한 무리에 대한 소설을 쓰고 있습니다. 인간의 본질적 상처로 말미암아 바람직하지 않은 사회가 형성되는 과정을 다루고 있습니다. 검토하실 만합니까?"

조나단 케이프(Jonathan Cape), 앙드레 도이치(André Deutch), 프레드 워버그(Fred Warburg), 빅터 골란츠(Victor Gollancz) 같은 출판사가 이런 서투른 집필취지서에 흥이 동하지 않은 것에 새삼 놀랄 것도 없다. 1953년 9월 골딩은 원고를 페이버 앤드 페이버에 보냈다. 여기서도 원고는 즉석에서 반려될 뻔했다. 이 출판사의 젊은 편집자 찰스 몬티스는 그때를 이렇게 회상한다.

> 매주 화요일마다 출근해서 전업으로 원고를 검토해주는 여성이 한 분 있었다. 이분 이름을 미스 파킨슨이라고 하자면(실명이 아니다), 미스 파킨슨은 우리 출판사에서는 대단한 인물로 통했다. 그이는 아주, 아주 전문적인 검토자였고, 숱한 출판사들에서도 검토자로 일하고 있었다. 재빠르게 원고를 파악하는 독수리눈의 소유자이자 한 권 분량을 일목요연하게 요약하는 뛰어난 능력을 발휘해서 그 의견을 저자의 편지 위에 첨부하여 주기로 유명했다. 미스 파킨슨은 이 원고를 쓱 훑어보더니 매정한 의견을 몇 자 적었다. "시간: 미래. 식민지에 원자폭탄이 폭발해서 뉴기니 근처 정글 지대에 한 무리 아이들이 상륙한다는 허황되고 지루한 판타지. 별 볼일 없고 따분함. 요령부득."

몬티스는 이 말에 휘둘리지 않고 이 가련한 원고를 살펴보았다. 그리고 성공할 원고라고 생각했다. 시작은 형편없었다(첫 열두 페이지 동안 핵폭발에 관한 이야기를 쓰고 있었다). 그렇지만 그 다음 부분부터는 한결 나아졌다. 몬티스는 다른 동료들에게 이 원고를 추천했다. 영업 부서장은 원고를 믿지 못하고 '출판 불가'로 판단했다. 그렇지만 설립자인 조지 페이버(George Faber)는 젊은 편집자의 기를 꺾는 대신 (출판한다는 언질은 절대 주지 말고) 저자를 만나보라고 했다. 두 사람이 원고를 말끔하게 고쳐낼 수 있는지 궁리해보라는 뜻이었다.

"원고에 신학적인 사고가 뚜렷해서 저자가 젊은 목사일 것이라고 생각했지요. 지금 생각하면 저자가 교사라고 생각하는 게 맞는데 말이죠." 골딩은 콧대 높은 변덕쟁이는 아니었다. 그는 비판 받는 것만도 감지덕지였던 터라, 작품을 얼마든 다시 쓸 마음이었다. 몬티스의 주된 제안은 이랬다. "처음 열두 페이지는 삭제하고, 소년들이 처음부터 섬에 버려지는 것으로 시작합시다."

골딩과 몬티스는 본문에 대해서는 합의했지만 제목에 대해서는 의견이 엇갈렸다. 그때까지 원고의 제목은 '내부의 낯선 자들(Strangers from within)'이었는데, 어딘지 거북했다. 어떤 제목으로 바꿀 것인가? 골딩이 몇 가지를 내놓았지만 차라리 처음만 못했다. 아이들의 절규? 악몽의 섬? 섬 찾기? 절망에 빠진 몬티스는 셰익스피어의 『태풍(The Tempest)』을 펼쳐 제목의 착상을 얻고자 했다. 그런데 마지막에 페이버 출판사의 동료인 앨런 프링글이 '파리 대왕'이라는 제목을 내놓았다. 그 자리의 모두가 쾌재를 불렀다.

1954년 9월, 그러니까 원고가 페이버 앤드 페이버에 투고된 지 딱 1년 만에 『파리대왕』이 출간되었다. 출판사는 이 책을 '첼트넘 처녀소설 축제(Cheltenham Festival First Novel Competition)'에 출품했지만 후보작 명단에도 오르지 못했다. 그래도 이 책을 주목하는 서평이 하나씩 이어지기 시작했다. 특히 스티비 스미스(Stevie Smith)[7]는 열렬한 찬사를 보냈다. "아름답지만 가슴 아프다. 상식을 뛰어넘는 어떤 특별함이 있다." 그렇지만 판매고가 뛰어오른 것은 E. M. 포스터(E. M. Forster)[8]가 1954년 올해의 책으로 이 책을 꼽으면서부터였다. 포스터는 후에 이렇게 회고한 바 있다.

> 몇몇 성인 독자는 작가가 랠프를 밀어주고, '살찐 돼지'를 존중해주고, 잭을 다스려서 인간의 마음에 약간 빛을 불어넣어주면 마음이 편하고 공감이 갔을 것이라고 생각할지 모른다. 지금 나의 의견을 말한다면 이렇다. 진정 필요한 것은 '살찐 돼지'를 존경하는 것이다. 우리네 지도자들에게는 이런 덕목이 없다.

이것은 포스터가 1962년에 쓴 것이지만, 그때도 그러했듯 오늘날에도 진실이다. 그 8년 사이에 『파리대왕』은 최소한 33개 언어로 번역되었고 2,000만 부가 팔렸다. 겉표지까지 잘 보존된 초판은 오늘날 5,000파운드(9,000달러)를 호가한다.

자필 원고의 값어치에 대해서는 나도 확언하기 어렵다. 수고(手稿)는 책보다 값을 매기기가 어려운 법이어서 같은 작가의 다른 수고나 비슷한 대접을 받는 다른 작가의 수고와 빗대 판단할 수밖에 없다. 『파리대왕』은 그래도 특별한 경우다. 2차 세계대전 이후의 원

---

7) 영국의 시인, 소설가(1902~1971).
8) 영국의 소설가(1879~1970). 국내에는 『전망 좋은 방』으로 유명하다.

고들은 유명세를 얻거나 비중을 인정받는 경우가 드물기 때문이다. 물론 『호밀밭의 파수꾼』이나 『캐치 22』 같은 경우는 대단한 가격이 매겨질 것이라 기대하는 분들도 있다. 그렇지만 이들은 시장에 나오지 않았다.

그때 골딩한테서 감정 의뢰를 받은 나는 유력 거래업자들에게 자문을 구했다. 그들은 50,000파운드에서 250,000파운드(90,000달러에서 450,000달러) 정도의 가치가 있다고 했다. 이 의견을 골딩에게 진지하게 전달해주었더니 경멸하며 코웃음을 쳤다. 하긴 골딩의 서랍을 그렇게 값싸게 열어볼 순 없는 일이다. 혹시 지금이라도 돈 많은 미국인이나 일본인이 나선다면 위의 가격 중에서 뒤편에 가깝게 거래되지 않을까. 그런데 잭 캐루액의 『길 위에서(On the Road)』의 원고가 최근 200만 달러가 넘는 가격에 팔렸다. 이 가격을 지불할 만큼 특별히 마음에 두고 있는 미국 부자가 최소한 한 사람 나타난 것이다. 하긴 누가 알겠는가? 『파리대왕』도 그런 사람에게 점지될지.

03 호밀밭의 파수꾼

은둔 작가를 세상에 나오게 한 저작권 소송

J. D. 샐린저

악명 높은 은둔자, 사생활은 죽기 살기로 보호하고, 족제비처럼 심술궂은 작가 J. D. 샐린저(J. D. Salinger). 생존 문학인 중에서도 전기 작가들과 가장 궁합이 맞지 않을 사람이 바로 이 사람일 것이다. 그가 대중 앞에 모습을 드러낸 일은 손으로 꼽기도 어렵고, 인터뷰는 단연 사양이다. 샐린저를 제리(Jerry)라고 부르는 가족과 친지들 역시 사생활의 영역을 지키는 데에는 그 못지않다. 요컨대 샐린저를 제대로 아는 이는 아무도 없다. 1951년 소설 『호밀밭의 파수꾼(The Catcher in the Rye)』을 출간한 뒤 12년 동안 책 세 권을 더 내놓은 뒤 현재까지도 그는 뉴햄프셔 주에 틀어박혀 있다. 소문에 따르면 글을 쓰는 일은 지금까지도 계속하고 있다고 한다.

지극히 당연하게도, 그가 깊이 틀어박힐수록 세상의 눈에는 더욱 매력적인 인물로 비춰진다. 『호밀밭의 파수꾼』이 전후 최고의 미국 소설이라는 데에는 이론(異論)이 없다. 현대적 의미에서 J. D. 샐린저는 처음으로 청소년을 문학 작품의 주인공으로 등장시킨 것이다. 주인공 홀든 콜필드(Holden Caulfield)는 예민하고 열정적이지만 혼란에 빠져 있고 사회로부터 소외된 존재라는 점에서 D. H. 로렌스의 『아들과 연인』 주인공 폴 모렐과 같다. 그러나 홀든은 설익긴 했지만 제 나름의 판단을 지니고 있으며 가슴 속에 까닭 모를 불만을 담고 있는 존재라는 점에서 폴 모렐과 다르다. D. H. 로렌스의 폴 모렐은 젊은 '남자(man)'다. 모렐이 제 얼굴의 여드름을 짜내는 장면은 상상하기 어렵다. 반면에 홀든은 완전히 새로운 유형의 인간으로 각광받았다. 홀든이라는 인간형은 불과 몇 년 사이에 현대 문화의 한 가운데 자리를 차지했으며, 영화 『이유 없는 반항』(1955)의 제임스 딘을 통해 오늘날까지 기억되고 있다.

미문(美文)의 전기 작가로 필력을 날린 고(故) 이언 해밀턴(Ian Hamilton)이 샐린저에게도 관심을 두었다는 것은 크게 놀랄 일이 아니다. 해밀턴은 합리적이고 신랄하지만 본성은 따뜻한 사람이었다. 그는 샐린저도 전기 집필 계획에 크게 기대하리라고 믿었던 듯하다. 1985년 해밀턴은 샐린저에게 편지를 보내 집필을 위한 연구에 들어갔음을 밝히고 협조를 요청했다. 샐린저에게 글을 보낸 대부분의 사람들과 달리, 해밀턴은 극소수에게 베풀어지는 특별 대접을 받았다. '답장'을 받은 것이다. 그러나 해밀턴이 받은 회답은 이전의 극소수 사람들에게 온 것과 다르지 않았다. "노(No)." 전기를 쓴다는 계획을 포기하고 저를 제발 내버려 두십시오. 샐린저 답지 않은 간곡한 문투의 편지였다. 물론 이후 두 사람 사이에 분쟁이 벌어지면서 샐린저의 이런 태도는 자취를 감춘다.

이후 상황은 익히 알려져 있다. 해밀턴은 자신의 계획을 밀고

나가 1988년 『J. D. 샐린저: 글쓰기의 삶(J. D. Salinger: A Writing Life)』이라는 제목의 전기를 출판하려 했다. 이 빼어난 전기의 최종 교정 단계에서 샐린저가 해밀턴을 고소했다. 친구들에게 보낸 샐린저의 편지들을 해밀턴이 전기에서 인용했는데, 이것이 저작권 위반이라고 주장했다(해밀턴은 프린스턴 대학 파이어스톤 도서관(Firestone Library)에서 편지 내용을 열람했다). 사건은 뉴저지 주의 최고법원까지 올라갔다. 승소한 측은 샐린저였다.[1] 책 판매가 중지되자 해밀턴은 문제의 편지를 빼고 원고를 완전히 새로 써야 했다(이때 판매 중지된 판본은 현재 1,000파운드, 즉 1,800달러에 호가한다).

이언 해밀턴이 내 친구이긴 하지만, 내 마음은 소송 기간 내내 샐린저의 편이었다. 샐린저가 문학계의 그레타 가르보(Greta Garbo)[2]가 되기를 그토록 바란다면 당연히 남의 간섭을 받지 않을 권리를 인정해주어야 하지 않은가? 그런데 희한하게도 나까지 소송에 연루되게 되었다. 재판이 끝나갈 무렵 샐린저가 추가 소송을 제기하겠다고 위협했는데, 그 상대자가 이언 해밀턴이 아니라 바로 나였던 것이다. 나는 마음이 아팠다. 나라는 사람을 샐린저가 알 턱도 없을 테고, 게다가 나는 『호밀밭의 파수꾼』을 각별히 좋아하고 있었다. 1950년대 중반에 이 책에서 처음 만난, 괴팍한 고집불통 홀든 콜필

---

1) 작가의 편지는 소유자의 소유물일 수 있지만 그 내용은 작가에 귀속된다는 요지였다.
2) 스웨덴 출신의 전설적인 할리우드 여배우. 30대 중반에 은퇴한 후 사망하기까지 50년 동안 은둔자로 살았다.

드는 내 마음의 우상으로 내내 자리 잡아왔다.

나중에 알게 된 일이지만 홀든 콜필드는 1941년 샐린저가 발표한 단편에 처음 등장한다. 여기서 홀든은 프렙 스쿨(prep school)[3]을 자퇴하는 주인공 소년으로 나온다. 「뉴요커(New Yorker)」에 실린 이 작품은 당시 최고의 찬사를 받았지만, 이후 별도 단행본으로 나온 일은 없다(1941년은 탈주 행각을 장려하기엔 힘든 해였다). 홀든은 샐린저의 상상력 속에서 줄곧 살아 있었다. 샐린저는 홀든이 자전적인 인물임을 인정한 바 있다. 당시 샐린저의 여자 친구 하나는 샐린저가 마치 홀든이 실제 인물인 양 이야기를 하거나 홀든의 말을 자주 인용했다고 어느 인터뷰에서 말하기도 했다. 홀든이라는 소년은 1940년대 샐린저가 발표한 소설에서 여러 모습으로 출현했다. 또『호밀밭의 파수꾼』의 첫 두 장은 1945년과 1946년에 각각 다른 잡지에 먼저 실린 바 있다.

당시 샐린저는 해외에서 군인으로 복무하고 있었다. 1944년 6월 초 노르망디 상륙작전 때에는 한 손에는 총을 한 손에는 펜을 든 채 투입되었다고 하니, 밀도 있는 집필을 하기에는 어려운 시기였다. 그가 다닌 군사학교의 한 동창생은 그가 다른 병사들과는 달랐다고 회고한다. "그 친구는 술자리나 카드놀이에 끼지 않았다. 전쟁이 가장 치열하던 시기에도 그는 글을 쓰고 잡지에 기고하는 일을

---

[3] 대학 입학 준비를 중심으로 하는 고등학교.

그치지 않았다."

　이런 집중력 덕택에 샐린저는 등단하자마자 인정을 받았다. "나는 타고난 작가라고는 할 수 없지만, 타고난 전문가임은 분명하다. 나에게 작가란 직업으로 선택한 것이 아니라 이미 몸에 밴 것이다. 나는 열여덟 살 무렵부터 글을 쓰기 시작해서 한 번도 멈춘 일이 없다." 이렇게 글쓰기에만 매진했지만 고비가 찾아왔다. 전쟁이 끝날 즈음 그는 신경쇠약에 걸렸고 자신이 과연 역량이 있는지 회의에 빠졌다. "나는 단거리 체질이라 장거리에는 맞지 않는다. 장편소설은 써낼 수 없을 것 같다." 그러나 「뉴요커」와 「콜리어즈(Collier's)」[4]에 실린 작품을 본 다른 작가들이 샐린저를 높이 평가하며 힘을 북돋웠다. 1945년 프랑스가 독일군의 수중에서 해방되던 날 파리 리츠 호텔에서 그는 헤밍웨이를 만났다. 두 사람은 서로의 작품에 찬사를 보내느라 시간 가는 줄 몰랐다. (몇 년 후 헤밍웨이 전기 작가를 만난 자리에서 샐린저는 헤밍웨이에 관한 악담을 늘어놓으면서 허먼 멜빌 이래 유일한 미국 작가는 자기 한 사람뿐이라고까지 말했다.)

　주변의 평가에 고무된 샐린저는 뉴욕으로 돌아왔다. 소란한 대도시 한복판에서 그는 그동안 구상해오던 장편소설을 쓰기 시작했다. 그러나 예전처럼 강박에 들린 듯 쓰기만 해서는 작품에 집중할 수가 없었다. 그는 곧 코네티컷 주로 자리를 옮기고 주변과 접촉을

---

4) 1888년에서 1957년까지 발행된 미국의 주간지. 한때 발행부수가 200만 부를 넘기기도 했다.

끊었다. 유일한 동반자는 개 한 마리였다. "개한테는 무슨 설명을 하느라 시간을 허비할 필요도 없다. 외마디 단어도 남한테 말할 필요가 없을 때 비로소 타자기 앞에 앉을 시간이 생기는 법이다."

다음 해에 그는 장편의 초고를 탈고했다. 출판사마다 줄을 섰다. 본명으로 단편을 발표해온 그는 미국의 전도유망한 청년작가로 이미 기대를 받고 있었다. 하코트 브레이스(Harcourt Brace) 출판사의 편집장 로베르 지루는 그동안 발표한 단편을 모아 소설집을 발간하자는 제안을 했다. "몇 달째 함흥차사더니.…… 훤칠한 키, 기다란 얼굴, 깊이 박힌 검은 눈동자에 침울한 표정을 띤 청년이 사무실로 들어오더니 이렇게 입을 열었다. '단편소설보다 먼저 출판할 게 있습니다. 제가 지금 장편을 쓰는 중인데, 크리스마스 때 뉴욕 아이한테 일어나는 이야기죠.'" 그들은 즉시 출간에 합의하고 악수를 나눴다. 그런데 샐린저에게는 불쾌하고, 지루에게는 면구스러운 일이 벌어졌다. 지루의 상사인 유진 레이널(Eugene Raynal)이 이 작품을 혐오하며 중지시킨 것이다. "이 홀든 콜필드라는 주인공, 정신 나간 친구 아냐?" 혹평, 아니 멍청한 판단이었다. 극도로 심기가 불편해진 샐린저는 원고를 리틀 브라운(Little, Brown and company)으로 들고 갔고, 즉시 출판 약속을 받았다. 그러나 리틀 브라운의 이 새 작가는 출판사가 하는 일마다 못마땅해 했다. 책이 이 달의 책 클럽(Book of the Monthly Club)에서 사전 선정되어 다량 판매를 약속받은 것이나 다름없다는 소식을 전해주자, 샐린저는 책 발간이 이래서 더 늦어지는 것 아니냐고만 따졌다. 평론가들에게 교정쇄를 사전 회람시키자는 것도 거부했고, 뒤표지에 저자 사진을 넣는 것도 극구 손사래를 쳤다. 실망을 느낀 편집자는 쌀쌀맞게 쏘아붙였다. "도대체 책을 출판할 생각이 있으신가요? 그냥 인쇄만 하고 끝내자는 것인가요?"

둘 중 어느 쪽이었든 책은 1951년 7월 16일 출간되었다. 샐린저는 서평을 읽지 않으려고 아예 두 달 가량 영국으로 피신해버렸다. 상황은 염려한 것과 달랐다. 영향력 있는 서평자들 대부분이 호평해준 것이다. 「뉴욕타임스」는 처녀 장편으로는 보기 드물게 뛰어나다고 했고, 「필라델피아 인콰이어러(Philadelphia Enquirer)」는 작가가 신선하고 발랄한 재능의 소유자라고 평했다. 직설적 문체에 반기를 드는 엄숙주의적 평도 예상대로 일부 있었다. 가령 「크리스천 사이언스 모니터(Christian Science Monitor)」는 작품이 부도덕하고 비비꼬인 심사로 가득 차 있다고 혹평했다. 꼼꼼하기 그지없는 여성 독자의 투고도 실렸다. 그의 계산에 따르면, 주의 이름을 망령되이 일컫는 경우가 무려 295회에 이르며, 추잡하기 짝이 없는 표현이 무려 587번이나(페이지당 세 번씩) 출현한다는 것이었다. 물론 이런 서평들은 모두 판매에 도움을 주었다. 7월 한 달 동안 책은 다섯 번 증쇄를 했고, 8월에는 세 번, 9월에는 두 번 더 찍었다. 아무리 책을 찍고 또 찍어도 독자의 수요를 따라가기 어려웠다.

영국에서는 이 책이 1953년 해미시 해밀턴(Hamish Hamilton) 출판사에서 나왔다. 샐린저는 해미시 해밀턴과 계약한 것을 흡족하게 생각했지만 출간 초기의 반응은 미국만큼 뜨겁지는 않았다. 해미시 해밀턴이 판매부진을 염려하여 홍보 문구를 집어넣었는데 그것이 더 어색했다. "미국식 속어와 운율 때문에 대화체가 특이하지만 뛰어난 필치로 씌어졌기 때문에 영국 독자들에게는 결코 어렵지 않게 읽힌다." 영국 독자들은 어렵다는 반응을 보이지 않았다. 그렇지만 지루한 글도 읽어낼 줄 아는 고급 독자들로부터, 깊이 없고 따분하다는 반응이 놀라울 정도로 많이 쏟아졌다. 미국 것이 다 그렇지 않느냐는 뜻이었다. 「펀치(Punch)」의 평이 전형적이다. 평자는 "말랑말랑한 껍데기(soft surface)와 날카로운 속(hard core)을 선호하는 진부한 유럽 독자의 반응이겠지만"이라며 점잔을 뺀 뒤, 『호밀밭의 파수꾼』은 감상적이기 짝이 없는 소설이라고 쏘아붙였다.

그렇지만 영국의 평자가 비야냥거린 것쯤은 문제가 되지 않았다. 1953년쯤 되자 『호밀밭의 파수꾼』은 대성공을 거둔 책으로 자리 잡았다. 이미 1951년에 「뉴욕타임스」 연간 베스트셀러 4위에 올랐던 책은 다음 10년 동안 꾸준히 판매고를 늘려나갔다. 1961년의 연간 판매고가 무려 12만 5천부였는데, 오늘날에는 그 두 배가 팔리고 있다.

샐린저도 처음에는 이런 소식을 흐뭇하게 여겼지만 즐거움은 차차 시들해졌다. "눈코 뜰 새 없는 날이 끝없이 계속되는 가운데 나는 작가로서나 인간으로서나 점차 타락하고 있다. 뒤표지에 확대사진으로 박혀 있는 내 모습과 마주치는 것이 짜증스럽다. 이러다가는 뉴욕 렉싱턴 에비뉴(Lexington Avenue) 가로등마다 내 얼굴이 들어간 깃발이 휘날릴지도 모를 지경이다.……" 결국 저자 사진은 책의 3쇄 이후부터 뒤표지에서 사라졌다. 까다로운 인상의 이 사진으로 인해 누구나 담박 샐린저의 얼굴을 알아보게 되었으니 샐린저가 전혀 바라던 바는 아니었다. 그는 개 한 마리와 타자기 한 대 외에는 제발 그 누구도 얼씬하지 않기를 바랐다.

꽤 오랜 세월이 흘렀다 해도 그가 이언 해밀턴의 편지를 달갑게 여기지 않았을 것임은 당연하다. 남의 글의 소재가 되거나 무엇인가 분석을 당하고 비밀을 들추이는 일은 그가 원하는 바가 아니었다. 아예 자신을 소재로 하는 전기가 나온다고 하자 샐린저는 전전긍긍했다. 당연히, 이제는 해밀턴이 씁쓸함을 맛볼 차례였다. 1989년 해밀턴은 전기 집필 자료를 팔겠노라고 내게 제안했다. 그의 자료에는 편지, 녹음테이프, 인터뷰 기록, 노트, 자필 원고, 소송 문서 들이 포함되어 있었다. 내단한 값어치가 나갈 물건늘이었다. 워낙 유명한 책과 관련된 기록이니만큼, 관심을 보일 대학 도서관이 하나둘이 아닐 것임이 틀림없었다. 나는 해밀턴의 제안을 수락하고 미국 어느 대학의 원고자료 수집담당 사서(manuscript librarian)에게 매매 의사를 흘렸다. 사서는 즉시 대금을 지불했고, 문헌집은 며칠 못 되어 미국행 배에 실렸다.

소포 발송 엿새 만에 미국의 구매자가 펄펄 날뛰는 목소리로 전화를 걸어왔다. 문서를 수령하는 것과 거의 같은 시각에 샐린저의 변호사가 보낸 편지를 받았다는 것이다. 해밀턴이 집필하는 전기 관련 소송 문서 일체를 반환할 것을 요구하는 내용이었다.

"그래 어떻게 하실 생각이십니까?" 이렇게 묻는 내 심사는 은근히 초조했다. 고맙게도 그는 결정을 딱 내린 말투였다. "전부 당신에게 즉각 되돌려 보내드리죠."

문서가 되돌아온 것과 동시에 샐린저의 저작권 대행사인 해럴드 오버(Harold Ober Associates)에서 전화가 걸려왔다. 전화선 너머의 담당 여자는 담배를 입에 문 채 잔뜩 성을 냈다. 바다괴물 오크(Orc)의 피도 얼어붙게 만들 만큼 오싹한 목소리였다. 나는 단단히 걸려든 셈이었다. 샐린저의 변호사가 나를 손봐줄 채비이고 뉴저지 주의 최고법원은 법정 모욕죄로 나를 벼르고 있다는 것이다.

나는 어안이 벙벙하고 씁쓸하기만 했다. 나는 뉴저지에서 살아본 일도 없다. 누구를 모욕한 일도 없다. 주 최고법원에 대해서는 더 말할 나위도 없다. 요컨대 나의 혐의는 과장이거나 허위였다. 그런데 해밀턴이 내게 판 소송 서류 중에, 샐린저의 진술서가 포함되어 있었던 모양이다. 전기 집필을 반대하는 이유와 자신의 글쓰기 기법과 생활관을 진술한 200여 쪽의 문서라 했다. 여느 법정 기록이 그렇듯 이 진술서는 '봉인'으로 분류되어 있었다. 어떤 방식으로든 공개되어서는 안 되는 것이다.

샐린저는 변호사를 거의 한 군단쯤 산 듯했다. 서류에 서류가 이어지고 팩스에 팩스가 줄줄이 들어오고 전화벨이 쉴 새 없이 울렸다. 그들은 뉴욕과 런던 사이의 시차를 깡그리 무시했다. 해밀턴 측 변호인과 오랫동안 협의한 끝에 나는 서글픈 결론에 도달했다. 미국 변호사들의 주장이 옳았다. 해밀턴은 소송 관계 문서를 팔 권리가 없었다.

　내 편으로 말하면 그저 선의에서 구입한 것이므로 영국에 있는 나를 강제할 미국의 법조항은 딱히 꼬집을 만한 것이 없었다. 나는 이 점을 내세워 상대 변호사들에 기를 세워 보였다. 나를 소송에 엮기가 쉽지 않음을 그들도 인정할 수밖에 없었다. 그 대신 그들은 해밀턴의 미국 내 수입을 압류하고, 앞으로 해밀턴이 미국에 입국할 경우 감옥 맛을 보여주겠다고 다짐해 보였다. 이 말을 내가 해밀턴에 전해주자 그는 놀랍도록 태연자약하게 내 마음껏 대응해도 좋다고 했다. 그렇지만 승부는 결정된 것이나 다름없었다. 나는 도끼날 목소리를 내는 샐린저 측 대리인에게 타협을 제안했다.

　"니가 사대를 인지하고 행한 행위가 아니라고 할 수 있지요. 게다가 진술서를 돌려드린다면 나는 꼼짝없이 돈을 날리게 됩니다." 이렇게 운을 뗐다.

　"물론, 물론이죠." 여자는 마지못해 인정했다.

　"샐린저 선생은 나의 우상입니다. 그분에게 근심을 안겨드릴 생각은 눈곱만치도 없습니다."

　"호……."

　"그래서 제안을 드리고 싶은데, 제가 진술서를 반환할 테니 그

답례로 샐린저 선생께서 제가 소장한 『호밀밭의 파수꾼』 초판본에 서명을 해주시면 어떨까요." 책에 헌사를 쓰는 일에 샐린저가 질색할 것임은 쉽게 짐작할 만했다. 그때까지 그의 서명이 담긴 『호밀밭의 파수꾼』 초판본 두 권을 내가 건사하고 있었는데, 그중 적은 쪽이 30,000파운드(54,000달러)를 호가하고 있었다.

전화선 너머로 불길한 침묵이 흘렀다.

"듣고 계십니까?"

"협박이시군!" 지옥에서 날아온 쇳소리였다.

"오히려 그 반댑니다." 나는 또박또박 말했다. "제 입장에서는, 피차 공평하고 깔끔한 신사다운 답례라고 생각됩니다만."

고함이 버럭 터져 나왔다. 천식환자가 수화기를 바꿔 들었나 여겨질 정도로.

나는 개의치 않았다. "분명히 말씀드리는데, 이렇게 해야 공평하지 않겠습니까? 샐린저 선생님은 자기 글을 되찾는 것이고 저는 서가에 꽂을 기념물을 얻는 것이니까요."

다시 침묵이 흘렀다. 아까보다 더 길고 한층 불길했다.

내가 먼저 입을 열었다. "내일 보내드리겠습니다." 나는 실제로 다음 날 문서를 발송했다. 우리 분야에서는 적당한 선을 지켜야 하니까. 어쨌든 이로부터 얼마 되지 않아 나는 해밀턴에게 보낸 샐린저의 편지를 뉴욕의 한 수집가에 판매했고, 그러고도 남은 문헌들은 적당한 이문을 붙여 파이어스톤 도서관의 보관소에 넘겼다.

그렇지만 저자 헌사가 씌어진 『호밀밭의 파수꾼』이 꽂혀 있어야 할 나의 서가는 아직도 비어 있다. 이런 헌사를 읽는 나를 상상한다. "릭에게. 제리 샐린저가 마지못해 드림."

04 지혜의 일곱 기둥

내용에 대한 형식의 승리

T. E. 로렌스

나는 책에 대해서는 '호사스럽다'는 표현을 쓰고 싶지 않다. 이 말은 소파 따위에나 어울리니까. 그렇지만 20세기에 만들어진 어떤 책이 호사스럽다면 『지혜의 일곱 기둥(Seven Pillars of Wisdom)』을 두고 하는 말이다. 호화판 제본, 두툼하고 넉넉한 풍채, 캐슬론 서체(Caslon)[1]를 채택한 고품질 본문 조판, 게다가 당대 최고급 화가들이 그린 고급 삽화가 곁들여졌다. 그 화가들이란 바로 콜린 질(Collin Gill), 에릭 케닝턴(Eric Kennington), 헨리 램(Henry Lamb), 윌리엄 로버츠(William Roberts), 에드워드 워즈워스(Edward Wadsworth), 프랭크 돕슨(Frank Dobson), 이기스디스 존(Augustus John), 존 싱어 사전트(John Singer Sargent), 거투르드 험즈(Gertrude Hermes), 길버트 스펜서(Gilbert Spencer), 윌리엄 로센스타인(William Rothenstein), 폴 내시(Paul Nash) 등이었다. 응당 눈길을 끌어야 마땅하다는 듯, 손길로 쓰다듬고 무게를 달며 겉과 속을 살피며 묵상하는 뭇 사람의 손길을 한 몸에 받아야 하겠다는 듯, 이 고품격의 물체는 마치 예술제본 작품과도 같았

------

1) 윌리엄 캐슬론이 개발한 18세기의 대표적 영자 서체.

다. 읽기가 만만치 않은 책, 그렇지만 읽히느냐의 여부가 중요하지 않은, 즉 외관만으로 모든 것을 판가름 받는 책이다.

사치스러운 의상을 입었다고 하겠지만, 어쨌든 멋지게 만들어진 책이다. 게다가 30기니, 즉 오늘날 가격으로 1,200파운드(2,200달러)어치를 치러야 발행본 170부 중 한 권을 구입할 수 있었다. 저자 로렌스는 '타이타닉' 같은 책을 원했다. 침몰할 만큼 덩치를 키워달라는 것이 아니라, 걸작을 만들어달라 했다는 뜻이다. 책을 걸작품으로 제작해달라고 했다는 것이 얄궂긴 하지만 말이다. 이 책의 존재를 모르는 이는 아무도 없다. 그러나 내 지인들 중 이 책을 읽은 사람은 여태까지 두 사람에 지나지 않는다. 글이 (제임스 조이스의 『피네건의 경야(Finnegan's Wake)』처럼) 난해해서가 아니라 지루하기 짝이 없기 때문이다. 아랍인들에 대한 대목을 들어보자.

물처럼 불안정하지만, 물과 같기 때문에 결국 승리하게 될 것이다. 생명의 여명 이래 거듭되는 물결 위에서 그들은 육체의 해안가로 몰아쳐왔다. 파도는 바위에 부딪혀 제각기 부서졌지만 아주 조금씩 그 바위를 마모시켰다.…… 그리고 오랜 세월이 지난 어느 날 파도는 물질 세계가 존재하던 공간을 마음껏 달릴 것이며, 신은 그 물의 얼굴 위를 거닐 것이다. 그중 한 파도를 내가 일으켜 사상의 물결 위를 달리게 했으니, 그 물마루는 치어올랐다 뒹굴며 다마스커스 위로 부서져 내렸다. 쏟아진 물결은 기득권의 저항에 격퇴되었지만 뒷물결을 일으켜 세울 것이니 때가 되면 반드시 다시 한 번 일어날 것이다.

아무리 잘 씌어진 책에서라도 잘못된 문장 몇 개를 골라 보이는 것은 쉬운 일이다. 하지만 이 책은 위와 같은 고약한 비유법을 상투적으로 구사해서 문제가 된다. 끊임없이 되풀이되는 오류이기 때문에 상투적이며, 글 마디마다 자기도취적 과장을 거의 노골적으로 반복하고 있기 때문에 또한 상투적이다. 이 책의 내용은 로렌스가 아라비아에서 '하려고 했던' 일에 대한 회고담이지만, 상당 부분은 사실과 거의 부합하지 않는다. 로렌스는 세월의 무게와 보수주의의 압력만 없었다면 영광스러운 승리를 거두었으리라 회고한다. 자기도취의 신화 만들기를 실천에 옮겼다는 점에서 이만큼 성공을 거둔 책은 없다.

이 책의 제목은 기독교 경전의 잠언 9장 1절 "지혜가 그 집을 짓고 일곱 기둥을 디딤고"에서 영감을 얻어 지어졌다. 부세는 로렌스답게 '승리(A Triumph)'라고 붙였다. 1926년 T. E. 로렌스의 자비출판으로 세상에 선을 보인 『지혜의 일곱 기둥』은 20세기 들어 가장 희귀하고 돋보이며 가치 있는 책이다. 이 책을 구하려 안달하는 사람들이 얼마나 많았으면ㅡ이 책은 1년에 한두 권씩 시장에 등장하곤 한다ㅡ뉴욕의 부호이자 집요한 수집가 고(故) 해리 스파이로(Harry Spiro)가 1980년대 내내 이 책이 시장에 나오는 족족 사들였을까. 그는 처음에는 한 권에 물경 4,000파운드(7,200달러)를 지불했는데 책값이 오르고 또 올라도 사들이는 것을 멈추지 않았다. 결국 1990년대 중반이 되자 그는 이제 되었다는 듯 사재기를 중단했다. 그때쯤 그의 소장본은 열두 권도 더 됐다. 이 책들이 오늘날에는 권당 35,000파운드(63,000달러)를 호가하고 있으니, 그의 얼굴에는 미소가 아니라 차라리 늑대의 히죽거림이 떠올라 있었을 것이다.

그의 소장본들이 과연 초판본들인지 논란이 일 수 있다. 원고 집필에 관해서는 기막힌 내력이 전해져 내려온다. 로렌스는 이 책의 초고를 1919년에 탈고했다가, 그해 11월 레딩(Reading) 역에서 분실하고 만다. 절도를 당한 것일 수도 있다. 그는 실의에 빠졌지만 친구들의 격려에 힘입어 원고를 다시 쓰기로 결심하여 이듬해 5월에 완성을 보았다. 그러나 그는 이 초고가 마음에 들지 않았다. 스스로 "나의 보이스카우트 수첩"이라 혹평하고는 또다시 집필을 시작하여 1922년에야 탈고했다.

자필 원고 한 부만 갖고 있는 것이 어리석은 일임을 깨닫게 된 그는 당시 작가들의 관행대로 타자기에 먹지를 대고 두드릴 생각을 했다. 그런데 조금만 더 비용을 들이면 「옥스퍼드 타임스(Oxford Times)」[2]의 식자공들에게 손조판을 부탁할 수 있음을 알게 되었다. 그는 이렇게 해서 얇고 값싼 프루핑 용지의 자비출판본을 만들어 친구들에게 회람할 수 있게 되었다.[3] 혹시라도 못된 식자공에게 원고

---

2) 옥스퍼드에서 발행되는 주간지.

를 도둑맞을까 그는 노심초사했다. 훔친 자가 제 이름으로 책을 출판할 유혹을 느낄 것이니 '아라비아의 아무개' 식의 제목으로 유명해지는 것이 아닌지 전전긍긍했던 것이다. 궁리 끝에 그는 각 장을 번호 없이 뒤섞어서 식자공에게 갖다줌으로써 책의 제목을 감추고자 했다. 책의 제목은 최종 단계에서 그가 직접 타이프로 쳐 넣었다. 식자공들은 애를 먹어도 한참 먹었을 것이다. 1922년 가을 로렌스는 불가피한 인쇄상의 실수를 직접 교정본 후 몇 권을 제본해서 친구들에게 회람시켰다. 로버트 그레이브스(Robert Graves), E. M. 포스터(E. M. Forster), 토머스 하디(Thomas Hardy), 버나드 쇼(Bernard Shaw), 루드야드 키플링(Rudyard Kipling) 등의 작가들이 이 평가본을 받았고, 당시 애슈몰린 박물관(Ashmolean Museum)[4]의 관장이던 D. G. 호가스(D. G. Hogarth)에게도 한 권이 전달되었다. 몇 달 지나지 않았을 때에 탐험가 스코트 부인(Lady Scott)이 평가본 한 권을 읽고 싶다고 부탁을 해왔다. 로렌스는 안타까운 말투로 빌려줄 것이 하나도 없다고 대답했다.

한 권 필요하시다는 말씀이죠! 안타깝게도 저도 마찬가지랍니다. 본래 6권이 있었는데 되돌아온 책이 한 권뿐이었습니다. 어리석게도 저는 그

---

3) 이 책들을 '옥스퍼드 본(Oxford Text)', 또는 '1922년판(1922 Edition)' 이라고 부른다.
4) 옥스퍼드 대학 내의 박물관 중 하나로, 라파엘과 미켈란젤로의 스케치를 소장하는 등 세계적 규모를 자랑한다.

한 권을 다시 빌려주고는 되돌려 받지 못했답니다. 지금 6권 중 한 권도 수중에 없는 셈입니다.

그는 동료들의 열렬한 반응에 자신감을 얻었다. 지그프리드 사순(Siegfried Sassoon)[5]은 이런 편지를 보내왔다.

이야! 의심할 바 없이 **위대한 책**이네!…… 좋은 원고를 써내고 뚜쟁이 출판꾼에게 영혼 팔기를 거부한 작가께 우리가 숭상하는 신과, 이교도 신들의 이름으로, 신관(神官)과 영매와 에마뉘엘과 모든 신령스러운 것들의 이름으로 감사드리는 바이네.

곧 로렌스는 개인적으로 호화판을 출판할 생각을 하게 되었다. 그런데 정확히 어떤 원고를 책으로 내놓는다는 것이었을까? 그는 1922년판 수정 원고를 책으로 낼 생각이었지만 무려 30만 단어로 늘어나버린 원고를 대폭 삭감해야 하는 근심에 빠졌다. 원고 수준에 대해서도 불안을 느꼈다. 다시 읽어본 원고는 절망을 안겨주었다. 친구들이 보내온 독후감을 훑어보니, 모두 찬사를 보내왔지만 글 솜씨가 좋다는 평은 손으로 꼽기 힘들었다. E. M. 포스터는 문체를 분석해주면서 몇 가지 조언을 했다.

---

5) 영국의 시인이자 소설가(1886~1967).

내가 평하건대 자네의 문체가 사변적이어서 종잡을 수가 없네. 자신의 견해를 쓰는 대목은 처음부터 요령부득이고 단어 뜻을 다소 작위적으로 사용하기 때문에…… 문장마다 뜻하는 바가 앙상해. 이건 채색을 할 자리에 떡칠을 하는 격이네.

떡칠이라고? 정말로 딱 들어맞는 말이다. 포스터로서는 점잖게 표현한 것이지만 통렬한 혹평이었다. 로렌스는 이런 충고에 고마움을 표시했지만 아무것도 배우지 못했다. 그가 최종적으로 끝낸 원고는 다행스럽게도 분량이 줄어들긴 했지만, 장황하기 짝이 없었다.

그러나 그는 좋은 친구를 둔 행운아였다. 에드워드 가넷(Edward Garnett)이 있었던 것이다. 조셉 콘라드를 발굴한 사람이자 『아들과 연인』의 편집인이던 가넷은 로렌스를 대신해서 원고 축약 작업을 하겠다고 제의를 하고는 절반을 살려냈다. 그때까지도 로렌스는 완전히 믿지 못했다.

날 더러 어쩌라고? 가넷이 다듬은 원고를 출판해서…… 그 수익금으로 도판을 넣은 완본(完本)을 한정 발행해야 하나.…… 아니면 공식 출판 없이 사적으로만 인쇄할까? 얼마 전 토마스 하디가 내 원고를 읽고 해준 평이 내게 힘이 되고 있다. 버나드 쇼도 찬사를 보내오지 않았나.

로렌스는 포스터의 조언을 수용해서 자신이 직접 축약 원고를 마무리했다. 그는 토머스 하디의 부인에게 '군더더기만 약간씩 잘라냈는데, 그 대부분은 과장되게 사용된 형용사들'이라는 편지를 보냈다(토머스 하디의 부인은 로렌스가 처음 썼던 긴 원고가 더 좋다는 의견이었다). 실제로 잘려나간 분량은 178쪽이었는데, 과연 모두 형용사들이었다. 그 형용사들이 7만여 단어였으니.

마침내 예약구매자(Subscriber)용으로만 출판하기로 결정했다. 그는 100권을 출판할 계획을 세워놓았다며 책값 30기니를 선불로 낼 구매자들을 수배해달라고 친구들에게 부탁했다. 첫 반응은 실망스러웠다. 책을 살 의사가 있는 사람은 고작 37명에 불과했다. 설상가상으로, 글을 고치고 구성을 점검하는 작업은 탱크 군단에 맞서 싸우고 남은 힘마저 모두 쥐어짜는 듯 힘들기만 했다. 고급 서적을 출간하는 이라면 익히 예상하겠지만, 비용도 바닥이 날 형편이었다. 초기 계산으로는 3,000파운드(약 5,400달러) 조금 넘는 지출로 예약구매자용 100권 발간의 손익분기점을 맞추는 것만이 목표였다. 전쟁 체험을 담은 회고록을 내놓고 사적 이익을 취한다는 것이 적절치 않다고 생각했기 때문이다. 그러나 손익계산은 그 숭고한 희생이 근거 없는 낙관임을 곧 드러내주었다.

2년이 더 흘렀다. 그 세월 동안 식자공들은 책을 조판했다가 다시 또 고쳐 조판하는 수고를 거듭한 끝에 로렌스의 고상한 취향을 가까스로 맞출 수 있었다. 이제 제본업자를 찾아 일을 맡겼고, 도판도 마무리되었다. 예약구매자 수가 늘었다. 비용도 증가했다. 마침내 완성된 책이 170명의 예약구매자에게 배달되었을 때, 권당 제작비는 90파운드(160달러)를 넘었다. 손해가 눈덩이처럼 불었다.

돈을 빌리고, 제4판 셰익스피어 2절판 책(Fourth Folio Shakespeare)을 처분해서 손해를 벌충했다. 그래도 어림없었다. 빚이 산더미처럼 쌓이기만 했다. 로렌스는 판매용 도서를 혐오하던 마음을 고쳐먹을 수밖에 없었다. 예약구매자용 한정본을 발간한 뒤였지만 그 수밖에 없었다. "책을 팔아먹는다는 악평을 영국에서 들어선 안 된다"던 철석같은 신념이 무너진 것이다. 1927년 로렌스는 케이프(Cape) 출판사와의 출판계약서에 마뜩찮은 심정으로 서명했다. 이전 원고를 축약해서 '사막의 반란(Revolt in the Desert)'이라는 제목의 책을 내자는 계약이었다. 그는 한 달도 못되어 빚을 청산할 수 있었다. 로렌스는 이제 그 악평을 오히려 즐기게 되었다.

책을 내는 일이란 사람의 힘을 넘어서는 헤라클레스의 과업 같은 것인지라 숱한 의혹과 아우성을 겪은 로렌스는 예약구매용 한정본을 애지중지했다. "내 예견이 틀리지만 않는다면, 언젠가 이 책을 기념해주는 날이 올 것이다." 한정본 170권은 모두 팔려나갔다. 물론 책의 내용보다는 호사스러운 외양에 찬사가 쏟아졌지만 말이다.

이 『지혜의 일곱 기둥』 한정본은 한마디로 내용에 대한 형식의 승리였다. 물론 내 친구 에드워드 맥스는 내용이 떡칠 수준이라 해서 찬사를 받을 수 없는 것은 아니라고 주장한다. 맥스는 T. E. 로렌스(T. E. Lawrence) 문헌의 으뜸가는 달인이라 할 수 있는 맥스 브라더스 회사(Maggs Brothers)의 대표자다. "그 책이 실패작이라는 점은 틀림이 없지." 그는 솔직하게 인정한다. "그렇지만 영웅적 실패란 말야." 에드워드의 너그러운 평에 나도 불만은 없다. 그렇다고 해서 그 책을 읽을 마음이 생기지는 않는다. 나는 차라리 영웅적 성공작을 읽을 테니 말이다.

이제 독자들이 자문할 차례다. 1926년 한정본으로 발간된 『지혜의 일곱 기둥』은 오늘날 한 권에 35,000파운드(63,000달러)의 가치를 인정받는다. 그렇다면 1922년 옥스퍼드 판본 6권은 얼마나 나갈까? 누구도 쉽게 대답하기 어려운 문제였다. 그중 두 권은 개인이 소장하고 있다고 하지만 시장에 모습을 드러낸 일은 없었다. 그런데 2001년 5월 22일 화요일 뉴욕 크리스티 경매장에 로렌스가 직접 소장했던 제1호 책이 나타났다. 낙찰가격은 70만 파운드(126만 달러)였다. 그때까지 20세기 서적 최고 가격의 네 배를 기록한 것이다.

20년 동안 현대 희귀본 거래에 종사해온 나도 1926년 『지혜의 일곱 기둥』은 소장해본 적이 없다. 이것도 나의 약점이다. 『지혜의 일곱 기둥』만이 아니라 로렌스와 관련된 모든 것에 대해서 나는 그래왔다. 전기물 관련 문헌이나 그 가치에 대해서 나는 항상 세세한 것까지 눈여겨보는 편이다. 그렇지만 로렌스에 대해서는 어떤 것도 내 마음에 담아두지 못했다. 흥미를 느끼지 못했으니까.

이 점에 대해서는 나만 예외인 것은 아닌 듯하다. 로렌스의 전기를 집필한 제레미 윌슨(Jeremy Wilson)은 이렇게 지적했다. "사람들은 무엇을 믿고 무엇을 믿지 말아야 할지 분간하지 못한다. 그 결과 진지한 사람들 중에도 T. E. 로렌스와 관련해서는, 경멸하지는 않아도 거리를 두는 경우가 많다." 제레미 윌슨의 말대로라면 유일한 처방약은 그가 쓴 1,188쪽짜리 전기를 통독하는 것이다. 하지만 일단 로렌스에 흥미를 느끼지 못한다면 그 많은 양을 읽어낼 엄두는 나지 않는 법이다.

윈스턴 처칠에 대해서도 마찬가지이다. 최근 나는 로이 젠킨스(Roy Jenkins)가 집필한 처칠 전기를 읽고 처칠에 대단한 찬사를 보내지 않을 수 없었다. 부끄럽게도 처칠에 대해 거의 알지 못했던 것이다. 그래도 나는 처칠의 저작을 쌓아놓지 않는다. 처칠은 탁월한 인물이라고 할 수 있다. 그러나 나는 처칠 저작 수집자들과는 영 어울리지 못한다. 내가 로렌스에 내해 느끼는 것도 이와 같다(찬사를 보내지 못한다는 것만 빼고).

수집가들은 괴이쩍은 족속이다. 그들은 강박적이면서도 충동적으로, 은밀하면서도 끈질기게 움직인다. 그들은 애독하는 작가의 저작물을 수집하며, 순진하지만 제 나름으로 평가하는 것이 통례다. 그렇지만 로렌스나 처칠 수집가들은 다른 구석이 있다. 그들의 활동에는 어딘지 강퍅하고 집착적인 데가 있어서, 마담 에드너(Dame Edna)[6] 식으로 말하면 '섬뜩하다.' 이분들이 낙타를 타고 유유자적

하거나 2차 세계대전을 지휘하는 꿈을 꾸리라고는 믿기지 않는다. 이분들은 자신을 영웅과 연관시킴으로써 자아를 충족시키고 감정을 고양시키는 것이라고 나는 믿는다(원형 'archetype'와 자신을 동일시하는 'identification' 작용을 구스타프 융은 '정신적 팽창(psychic inflation)'이라 일컬었다.)

이 수집가 분들은 이런 생각에 잠기리라. "윈스턴 선생님, 내 이상형!" 처칠 수집가로 꼽히는 사람들이 누구더라? 브루네이 왕국의 술탄, 신문왕 콘라드 블랙(Conrad Black),[7] 미국 대통령 후보였던 스티브 포브스(Steve Forbes)가 그런 사람들이다. 책 수집가이면서 재벌인 사람을 꼽아보시라. 처칠, 루스벨트, (그리고 아, 신이여 우리를 도우소서) 나폴레옹 중 최소한 한 사람의 저작을 수집하고 있으리라 장담한다.

T. E. 로렌스 수집가 중에는 그리 큰 거물이 없다. 로렌스 자신도 거물은 아니었다. 내가 그동안 로렌스는 물론 그 수집가와 인연을 애써 피해온 데 대해 나는 미련이 없다. 로렌스와 관련된 중요 물품을 거래한 일이 있었지만, 그것도 우연의 소치였다.

몇 년 전 나는 화가 윈덤 루이스(Wyndham Lewis)[8]에 빠져 그의 태작(駄作)을 구입한 일이 있다. 멀리 언덕이 보이는 사막에 흰 망토를

---

6) 호주의 희극배우 베리 험프리즈가 창안한 텔레비전 풍자극의 여주인공.
7) 영국 홀린저 미디어 그룹의 회장.

걸친 남자가 말을 타고 있는 장면을 서투르게 그려낸 1935년 작품이었다. 말은 소용돌이 유파(Vorticist)[9] 화풍으로 그려졌는데, 곧 쓰러질 듯한 모습에 두 눈이 사시처럼 보이게 했다는 점이 유일한 성공이 아닐까 싶었다.

　이 그림을 매장에 걸어놓았더니 보는 이마다 웃음거리로 삼았다. 나까지도 그 그림이 싫어질 무렵 어느 날 T. E. 로렌스 수집가 한 분이 매장에 찾아왔다. 뉴욕에서 런던까지 찾아오기도 드문 일인데 매장까지 방문하게 된 것이다. 그는 그림을 올려다보고는 "최근 입수한 겁니까?" 하고 묻더니 싸움이라도 거는 듯한 기세로 말했다. "저한테 파시지요!"

　"물론이죠. 그림 속 인물이 바로 아라비아의 로렌스 님이잖습니까."

　"나도 안다니까요. 그런데 얼마지요?"

　태작이긴 했어도 윈덤 루이스의 유화라는 점 때문에 그림의 가격은 5,500파운드(10,000달러)였다. 여기에 루이스가 그린 T. E. 로렌스 그림이라는 점이 또 더해졌다. 고객의 귀띔으로 알게 된 것인데, 루이스는 『지혜의 일곱 기둥』 삽화 하나를 그리기로 하고 당시 화폐로 50파운드(90달러)를 받았지만 기한 내에 완성하지 못했다고 한다.

---

[8] 미국 대생 영국 화가, 작가(1882~1957).
[9] 20세기 영국의 미래파, 입체파 회화 운동.

따라서 이 작품이 기한이 지나 완성을 본 작품이거나 훗날의 습작이라는, 득의 있는 설명이었다. 그 고객 정도의 감식안을 지니는 사람이라면—물론 나는 그렇지 못하지만—20,000파운드(36,000달러)도 부를 수 있었을 것이다.

고객은 가격을 깎자는 요구도 없이 5,500파운드 가격표 그대로 구입했다. 보기 드문 일이었다. 덧붙여 그분은 이렇게 헐값에 파는 내 어리석음에 보답해서 자신이 디 아이비(The Ivy)[10]에서 점심을 사겠다고 했다.

내 단골 식당이었지만 그날 점심은 맛이 없었다.

---

10) 런던 코벤트 가든 거리의 유명한 식당.

05 호빗

스스로 호빗을 자처한 톨킨

J. R. 톨킨

1966년 나는 옥스퍼드 대학 머튼 칼리지(Merton College)에서 대학원 첫 해를 보냈다. 머튼 스트리트(Merton Street)[1]에 있는 내 방은 단출했지만 모들린 탑(Magdalen Tower)이 내다보이는 전망이 낭만적이었다. 하지만 탑의 종소리 때문에 밤새 잠을 설쳐야 했고, 게다가 또 춥기는 엄청나게 추웠다. 나는 열선 두 개짜리 히터를 밤새 켜놓았는데 도우미 학생(college scout)인 찰리 카가 이 때문에 잔뜩 성을 냈다. 그 학기 전기요금이 4파운드(7달러)나 나왔기 때문이다. "난로를 지나치게 많이 틀면 돈도 많이 들지만 건강에도 나쁘단 말이에요." 그는 이렇게 주의를 주었다.

그래도 찰리는 나를 방탕한 미국 청년이라고 타박하진 않았다. 사실 그 당시 영국인의 눈에는 내가 그렇게 보이기 십상이었다. 그만큼 카는 아주 점잖은 친구였다. 아니, 친절하고 섬세한 사람이었다. 그는 옥스퍼드셔(Oxfordshire)를 대표하는 축구 선수이자 크리켓 선수였다. 그는 남의 텃세에도 밀리는 법이 없었으며, 사람 됨됨이

---

1) 옥스퍼드 시를 관통하는 역사적 중심가.

가 착하고 부드럽긴 해도 비굴한 부탁에는 응해주지 않았다. 찰리도 잘 알다시피 건물관리자는 입주학생의 머슴이 아니라 대학의 피고용자로, 입주자가 편안한 환경 속에서 깔끔하고 얌전하게 생활할 수 있도록 부모처럼 보살피는 일을 소임으로 하고 있었다.

1972년 초, 내가 막 박사학위를 받고 워릭 대학으로 첫 자리를 얻어 거처를 옮겼을 때였다. 어느 날 찰리가 전화를 걸어왔다. 톨킨 선생이 머튼 스트리트 21번지로 이사왔는데, 자신의 지저분한 잡동사니를 치워달라고 찰리에게 부탁했다는 것이다.

"톨킨 책 좋아한다고 하지 않았나요?"

"좋아하다마다." 나는 뭔가 좋은 일이 생길 듯한 예감을 느꼈다.

"잘됐네요." 찰리는 말을 이었다. "낡아빠진 교수 가운(college gown)이 있는데, 이걸 버려달라고 하더라고요. 우리 릭 형님이 갖고 싶어 하겠다는 생각이 들었어요."

이 말을 들었을 때 나는 우선 맥이 빠졌다. 실은 톨킨의 장서를 한 무더기 얻는 게 아닌가 기대했던 탓이다. 그렇지만 나는 생각을 바꿔서 가운을 가져오기로 했다. 나쁠 것 없지 않나? 간달프(Gandalf)의 망토를 연상케 하지 않는가? 그렇게 해서 얻은 가운은 검은 색에 낡아빠진 물건이었다. 잘 살펴보니 이름표가 박음질되어 있었다. "R. Tolkien." 이 물건이 톨킨 소유였다는 증거로 이보다 더 확실한 것이 있을까? 찰리는 톨킨의 신발 몇 켤레와 다 헤진 트위드 재킷까지 주겠노라 했지만 나는 사양했다. 흡족한 마음에 가운을 비닐봉지에 넣고는 찰리와 맥주 몇 잔을 들이켠 후 이 보물을 들고(마치 골룸이 반지를 보물로 여기듯이) 워릭셔(Warwickshire)로 의기양양하게 돌아왔다. 그러고는 다락방에 처박아 놓고 10년이 넘도록 깨끗이 잊고 지냈다.

1982년 초, 나는 염증을 느끼고 있던 대학 강사 생활 대신 책 수집이라는 새로운 직업 세계에 점점 빠져든 끝에 판매도서 목록 제1호를 발간하기로 결심했다. 그때까지 내가 직접 수집한 쓸 만한 초판본이 점점 늘어가고 있었고, 변화를 모색하고 싶었다. 좋은 것을 그냥 품고 있기보다는 사고파는 일이 재미있는 법이다. 재미난 것들을 모아서 한껏 갖고 놀다가 팔아치우고, 달리 새로운 것을 찾아나서는 것이다.

판매목록지 1호는 1982년 가을에 초록색 표지를 씌워 발간되었다. 주목할 만한 매물은 패션이 그려진 상자 안에 넣어 장소했나. 어디로 보나 격조 높게 만들어졌다고 혼자 우쭐해 하고 있었는데, 청구서를 갖고 온 인쇄소 사장이 목록지를 싱글거리며 뜯어보았다. "가격도 싸고 재미도 있고! 문제 없으시겠네!"

목록지는 아주 잘 팔렸다. 내가 지난 6년 동안 수집한 책들인데 값을 너무 비싸지 않게 매겼기 때문이었다. 서적상 한 사람은 "쉬엄쉬엄 하세요! 근데 2호까지 발간하시려구요? 6개월에 한 번씩 그게 가능하겠어요?"라며 꼭 뜯어말릴 듯 말했다.

나는 고객의 신뢰를 얻느라 각별히 신경을 썼다. 내가 남다른 품목을 확보하는 업자라는 확신을 줘야 했다. 책을 얻는 일이야 어렵지 않았다. 누구나 책을 갖고 있으니까. 그렇게 해서 6개월 뒤 발행한 판매목록 제2호 197번에 톨킨의 가운을 올려놓았다. 나는 약간 돋보이도록 설명을 썼다.

검은 천으로 만든 진품임. 흙이 묻고 닳긴 했지만 등 부분은 온전함.

지금에 비하면 순수했던 당시로서는 드물게 이 품목은 주인의 흔적을 진하게 지니고 있었다. 그의 DNA가 워낙 듬뿍 묻어 있어서 그것만 갖고도 톨킨 한 부대를 복제해낼 수 있을 정도였다. 그쯤 되면 서사문학의 대가들로 원로교수 휴게실을 꽉 채울 만할 것이다. 이 가운의 값으로 어림해서 550파운드(1,000달러)를 매겼다. 가운을 구입한 이는 미국 남부 출신의 괴팍스러워 보이던 학자였다. 그는 그 가운을 자신이 다니는 대학의 학위수여식 때 입을 예정이라고 자랑스레 말했다. 찰리는 놀란 입을 다물지 못했다. 넝쿨째 들어온 호박 덕분에 그는 2주 동안 콘월(Cornwall)[2]로 놀러 다녀올 수 있었다.

그리고 얼마 되지 않아 줄리안 반즈(Julian Barnes)라는 젊은 작가한테서 전화가 왔다. 그는 자신도 책 수집가라고 소개했지만, 내 눈

---

[2] 잉글랜드 남서부에 있는 작은 도시. 휴양지로 유명함.

치로는 그만둔 지 꽤 되는 것 같았다. 그가 말하길, 내 판매목록지를 갖고 있는데 그중 197번에 관심이 있다는 것이다.

"이런, 팔렸습니다."

콧방귀 소리가 전화 너머로 들려왔다.

"사겠다는 게 아니고요, 관심이 있다니까요."

"아하……"

"작가가 입던 것도 매물이 되나 해서요. 뭐냐, 제임스 조이스가 담배 필 때 입던 윗도리라면 얼마 주시겠소?"

"제임스 조이스한테 그런 게 있었나요?"

"그렇게 가정을 해보자는 거죠." 고상한 티를 잔뜩 내는 말투였다.

"글쎄요." 나는 조심스레 말을 닫았다. 어디까지 가자는 건지 원. 제임스 조이스가 담배 필 때 입던 옷이라니, 구미가 당겼다. 이 사람이 도대체 어디서 그런 걸 손에 쥐었을까? 조이스 것이라는 표시가 있나? 얼마나 줘야 하지?

"또 있는데요." 줄리안은 지치지도 않는가 보다. "D. H. 로렌스가 입던 고쟁이는 어떨까요? 아니면 거트루드 스타인의 브래지어는?"

그제야 아차 했다. "알 수 없죠. 직접 소장하고 계신 모양인데, 직접 입으시기도 하나요?"

"눈치 빠르시네요. 얼마부터 시작할 건가요."

은근한 수작도 아니고, 이게 참.

며칠 후 아마 「타임스」 문학판(TLS)인가에 그의 칼럼이 실렸다. 작가의 옷가지를 사고팔면 어떨까 하는 입담을 구수하게 풀고 있었다. 칼럼을 보노라니 톨킨의 신발을 경매 물품으로 들여놓지 않은 것이 천만다행이었다. 그 이후로 나는 작가의 옷을 경매한 일이 없었다. 시인 실비아 플라스(Sylvia Plath)가 두 살 때 처음 자른 머릿단을 품목에 올린 것이 전부였다. 그래도 나는 그때 제임스 조이스의 재킷을 내놨으면 어땠을까 하고 상상하곤 한다.

말년의 톨킨이 머물던 곳은 공교롭게도 머튼 스트리트 내 기숙방의 한층 아랫방이었다. 그곳은 내 방과 마찬가지로 수수한 공간으로 그에게는 조용하고 안성맞춤인 보금자리였다. 이 조용한 방에서 『실마릴리온(The Silmarillion)』[3]을 완성한 톨킨은 자신의 인생도 함께 마감했다. 그는 얼마든지 더 안락한 방을 찾을 여유가 있는 부자였지만 대학촌 생활로 돌아오는 것을 흡족히 여겼다. 점잖고 느긋한 동네 할아버지의 자태에 불을 댕기지 않은 담배파이프를 물고, 혼자 생각에 골똘해 있는 그와 눈을 마주친다고 해도 이쪽을 바라보는 것이 아님은 금방 알아차릴 수 있었다. 아마도 그의 작품 속 중간계(Middle Earth) 어딘가에서 서사문학의 삼매경에 빠져 있지 않았을까. "(굿)모닝." 이렇게 슬쩍 아침인사를 하고 지나가지만 그것이 혼자

---

[3] 『호빗』, 『반지의 제왕』에 맞먹는 톨킨의 서사문학 작품으로 톨키의 유고작임.

서 시간을 확인하는 것인지 상대방에게 물어보는 것인지도 알쏭달쏭했다.

톨킨은 머튼 칼리지가 낳은 사람 중에서 요즘 식으로 말하면 스타로 꼽힐 만한 인물이었다. 토머스 보들리 경(Sir Thomas Bodley),[4] 맥스 비어봄(Max Beerbohm),[5] T. S. 엘리엇(T. S. Eliot)도 모두 머튼 칼리지 출신이지만 그들은 톨킨처럼 팬레터가 한 보따리씩 쏟아지거나 서명을 받으려는 인파가 떼로 몰려오는 일은 전혀 없었다. 주말이면 머튼 거리 21번지 입구에는 색색으로 염색한 장발들이 한 무더기씩 꼼짝 않고 서 있기 일쑤였는데, 나는 혹시 〈반지의 제왕〉 영화의 엑스트라를 모집하는 것인가 하곤 했다.

세상은 톨킨 병 환자들로 가득했다. 『반지의 제왕』 3부작은 1955년 엄청난 갈채 속에 완성되었지만 톨킨은 이를 다시 뜯어고쳐서 1960년대에 첫 미국판 페이퍼백으로 내놓게 했다. 내가 아는 이들 치고 이 작품을 읽지 않은 사람은 없었다. 흡인력이 놀라운 작품이었다. 고상하고, 현학적이고, 기발한 것들이 뒤통수치듯 절묘하게 합쳐진 데에다가 당시 시대 상황과 딱 맞춰 버무려져 있었다. 한번 빠져들면 지독하게 취할 수밖에 없는 작품들이었으니, 이제 톨킨은 비틀즈, 앤디 워홀, 티모시 레어리(Timothy Leary)[6]처럼 반짝반짝한

---

4) 엘리자베스 시대의 외교관이자 학자. 옥스퍼드 대학의 보들리 도서관을 설립했음.
5) 19~20세기 영국의 만평가.

스타 대열에 올랐다 해도 좋았다. 미국의 학생들은 '간달프를 대통령으로'라는 문구를 넣은 배지를 달고 다녔고, 베트남에서는 사이공의 한 댄서가 사우론의 눈을 그려 넣은 방패를 소품으로 들고 나와 화제가 되기도 했으며, 보르네오에서는 '프로도 협회'가 결성되었다. 1968년 전세계 누적 판매고가 300만 부를 돌파했다. 톨킨은 이런 소동이 곤혹스러워 '한심한 컬트들'이라고 꼬집었지만 수입이 느는 것에는 흡족해했다.

책은 어디서나 누구한테나 팔렸다. 어린이들도 애독자 대열에 합류했는데, 특별히 어린이용으로 씌어진 작품이 아니라는 점이 오히려 한 몫을 했다. 사실 쉬운 작품이 아니다. 난해한 어휘가 튀어나오고 플롯은 복잡하게 얽혀 있고, 인물의 계보는 종잡기 어렵다. 독자는 집중력을 발휘해야 한다. 톨킨의 말대로 각 권은 '그 자체로 완결적이 되도록' 씌어졌다. 세인트 앤드루스 대학에서 옛이야기(Fairy Stories)를 주제로 한 강연에서 톨킨은 자신이 '어린이를 위해서' 작품을 쓴 적은 한 번도 없으며, 그런 표현부터가 성인의 관점에 빠져 있다고 말했다. 그는 "어린이란 하나의 종류나 부류로 묶일 수 없다. 이들은 미성숙한 개인들의 이질적인 집합이다"라고 쓴 바 있는데, 여기서도 어린이를 보호의 대상으로 설정하지 않으려는 태도가 엿

---

6) 하버드 대학의 심리학 교수로 1960년대 히피운동을 옹호하고, LSD 사용을 권장하여 '사이키델릭의 아버지'라는 별칭을 얻었다.

보인다.

그는 자신의 작품에 굳이 '유치한' 점이 있다면 자기 자신이 유치하기 때문이라고 쓴 적도 있다. 이것은 나에게도 해당되는 말이다. 나는 『반지의 제왕』 3부작을 두 번씩 읽고 나서 그 이전 1937년에 내놓은 『호빗』까지 찾아 읽었다. 『호빗』은 『반지의 제왕』에 비해 단순했는데, 어린이를 위한 작품임이 역력했다. 톨킨은 『호빗』을 그렇게 쓴 것이 잘못이었다고 생각했지만, 『호빗』 역시 『반지의 제왕』 못지않게 독자를 매료시킨다. 오늘날 나는 그의 작품들을 다시 읽을 생각은 없다. 지금은 그의 작품이 심술궂고 다소 속물적이며 잰체하며 현학적이지 않나 하는 느낌이 든다. 지금은 이 작품들이 빈약하다고 느끼지만, 어쨌든 당시에는 나도 그토록 빠져들었던 것이 사실이다. 물론 열정적으로 탐닉했다는 것을 후회하지는 않는다. 오히려 나는 그때 왜 톨킨한테 책장에 서명을 받지 못했던가를 후회하고 있다.

그 당시에만 해도, 『반지의 제왕』 3부작의 초판은 원래 가격의 몇 배 정도이긴 해도 비교적 합리적인 가격에 구입이 가능했던 반면, 『호빗』은 겉표지가 있는 경우에는 무려 50파운드(90달러)에 달해 선뜻 손을 내밀 수가 없었다. 그때만 해도 나는 초판본 거래에 대해 무지했기 때문에 누군가에게서 초판본 수집 일을 직업으로 해보라는 권유를 받았다면 눈이 동그래졌을 것이다. 아니, 초판을 읽든 2판, 3판을 읽든 무슨 상관인가. 내용만 같으면 다 똑같은 것 아닌가.

궁금한 점은 톨킨이 왜 『실마릴리온』을 마지막 작품으로 선택했는가 하는 것이다. 『반지의 제왕』의 이야기가 처음 시작되는 지점이 『실마릴리온』이기 때문이다. 연구와 소설 집필 모두에서 그는 실수를 범했다가 다시 고치는 작업을 수없이 되풀이했다. 그는 한 가지 일을 완성하기도 전에 다른 일을 또 벌이기 일쑤였다. 음울하지만 방대한 스케일의 아일랜드 전설을 담은 마지막 작품 『실마릴리온』을 처음 구상한 것은 1920년대였다. 그의 모든 작품이 그렇듯 이 작품은 자식들에게 들려주던 이야기에서 별안간 착안해냈다고 할 수 있다. 이 착상을 미뤄놓은 채 그는 아이들에게 긴 이야기를 만들어 들려주기 시작했다. 아이들은 이야기를 '겨울 이야기(Winter Reads)'라고 불렀는데, 이것이 『호빗』이라는 책으로 제일 먼저 나오게 되었다.

톨킨은 호빗 족을 탄생시킨 과정을 마치 무의식의 해변에서 유물을 발견한 체험처럼 서술하고 있다. 1930년대 초반 어느 날 그가 채점하던 학생들의 시험답안 중 완전히 백지로 제출된 답안지가 있었다. 이때 그는 이 백지 위에 글을 써내려갔다.

> 나는 이렇게 써보았다.…… "땅 아래 굴속에 호빗 족 하나가 살고 있었다." 내 마음속에서는 언제나 이름들이 술술 풀려나와 하나의 이야기를 만들곤 한다. 마침내 나는 호빗들이 어떤 족속인지 내가 직접 캐봐야겠다고 마음먹었다.

훗날 그가 회고한 기록을 보면 이 호빗 족은 바로 자신의 모습이었다.

사실 덩치만 빼놓으면 나 스스로가 호빗 족이다. 나는 정원일, 나무 키우기, 몸으로 하는 농사일을 즐긴다. 나는 파이프 담배를 피우고 (냉동식품 대신) 소박한 음식을 좋아한다.…… 이 따분한 시대에 어울리지 않을지 모르지만 화려한 장식이 박힌 조끼를 받쳐입기도 한다. 나는 버섯을 (뜻밖의 장소에서 캐 먹는 것을) 좋아하며, 썰렁하지만 유머 감각도 있다. 나는 밤늦게야 잠자리에 들고 (될 수만 있다면) 늦게 일어난다. 먼 길 가기는 삼가는 편이다.

계보로 보자면 호빗들은 (키가 더 작고 발에 털이 난 점만 제외하면) 소박한 시골뜨기 영국인에 가깝다. 그들의 상상력은 일상생활의 반경을 넘지 못한다. 그렇지만 일단 움직이기 시작하면 대담한 용기와 꾀를 발휘한다.

그러나 "호빗, 그건 바로 나다(l'hobit, c'est moi)"라고 인정했다고 해서 톨킨이 다른 작가들의 작품에서 영향을 받은 점이 없다는 것은 아니다. 1939년 「옵저버(Observer)」지의 편집자에게 보낸 편지에서 톨킨은 줄리언 헉슬리(Julian Huxley)[7]가 묘사한 아프리카의 털북숭이

---

7) 영국의 진화론 생물학자이자 인문주의자, 국제주의자. 유네스코의 초대 사무총장이었으며, 토마스 헉슬리의 손자이기도 함. 1887~1975.

소인들이 호빗의 모델이 되었다는 주장을 강하게 부인하고 있다. 그 대신 그는 작품의 주된 제재를 베오울프 설화(Beowulf)에서 가져왔음을 인정했다. 고(古)에다(Elder Edda)[8]에 나오는 이름을 가져다가 난쟁이들과 마법사들에게 붙여주었다. 작품의 연관관계를 감안하면, '호빗'은 상상력과 자부심으로 뭉친 앵글로색슨 학생의 작품이라고 하겠다.

톨킨이 『호빗』 원고를 타자기로 치기 시작한 것은 1930년대 초반이었다. 평소 습성대로 그는 조속히 완성할 수 있다는 자신감을 잃어갔다. C. S. 루이스(C. S. Lewis)[9]를 비롯한 주변의 온갖 친구들은 그가 악전고투형 작가임을 알아보았다. 그들은 초고를 검토해주고 집필을 계속하도록 독려하였다. 그래도 원고는 거의 묻혀버릴 위기에 처해 있었다. 이때 그가 가르치던 대학원생 하나가 톨킨에게 앨런 앤드 언윈(Allen and Unwin) 출판사와 접촉해보라고 권유했다.

출판사 공동설립자였던 언윈은 판단이 어려워 열 살배기 자기 아들 레이너에게 원고를 주고, 독후감을 쓰면 1실링을 주겠노라고 했다. 레이너는 원고를 재미있어 했다.

빌보 배긴스는 호빗 족이에요. 자기 호빗굴에 살면서 절대로 모험에 나서지 않았어요. 결국 마법사 간달프와 난장이 친구들이 빌보를 떠밀어

---
[8] 고대 아이슬란드의 구전 서사시.
[9] 『나니아 연대기』로 유명한 영국의 작가(1898~1963).

서 길을 떠나게 했어요. 빌보는 고블린과 싸우고 워그를 물리치며 멋진 모험을 했어요. 그렇게 해서 그들은 외딴 산에 가게 되었어요. 빌보는 거기 주인이던 용 스마우그를 죽이고 고블린들과 무서운 싸움을 벌인 후에 집에 돌아왔어요. 부자가 되어 돌아왔어요! 이 책은 지도가 많아서 삽화도 필요 없어요. 다섯 살에서 아홉 살까지 아이들한테 아주 유익하고 재미있을 거예요.

레이너는 그림이 필요없다는 한 가지만 빼고는 아들의 원고 평에 머리를 끄덕였다. 그는 톨킨에게 표지 그림을 그려달라고 부탁했다. 톨킨이 재능 있는 아마추어 화가였기 때문이었다. 톨킨은 자신의 능력을 과신하지 않은 사람인지라 "제가 그려봐야 작가가 형편없는 그림 솜씨를 자랑해댔다는 평가만 받을 것 같습니다"라고만 답했다. 그래도 그는 완벽한 표지 일러스트를 그려냈다. 이 일러스트는 책 장식물로 계속 사용되어 작품의 매력을 배가시켰을 뿐 아니라 초판본의 가치를 한층 높여놓았다. 아래에는 숲을, 위에는 정상이 눈으로 덮인 산맥을 청색, 녹색, 먹색으로 그려 넣었고, 용들이 날아다니는 하늘은 청색으로 그렸다. 여백에는 톨킨이 고안한 룬 문자(lunic letters)로 책의 제목, 부제, 저자, 출판사 이름이 씌어져 있어 신비스러운 분위기를 자아냈다. "호빗—그 옛날 그곳의 이야기, 빌보 배긴스의 1년간 여행담을 J. R. R. 톨킨이 정리하고 조지 앨런과 언윈이 출판하다"

『호빗』의 출간 시기는 1937년 9월. 초판 부수는 1,500부였고, 몇 달이 안 되어 재쇄를 찍었다. 크리스마스 시즌이 되자 책의 수요가 늘었다. (출판사에서 숨을 헐떡이며 톨킨에게 이런 보고를 해왔다고 한다.) "잘못하면 공급이 끊길지 몰라 직원 자가용까지 수배해서 워킹(Woking)[10] 인쇄소에서 재쇄본 책을 몇 번씩 날라 옮기고 있답니다."

"꽤 재미있군요." 판매와 서평에서 호조를 보이자 톨킨은 이렇게 대답했다. 그 이후 『호빗』의 판매는 꾸준히 이어져, 어린이면 누구나 첫째로 찾는 책이 되었다. 그 멋진 표지를 말끔히 갖추고 있는 초판본은 오늘날 30,000파운드(54,000달러)가 넘는다.

아! 내 젊은 날의 어리석음이라니! 내가 톨킨을 만나던 즈음, 그는 낯모르는 이들의 요청을 감당하기 힘들어서 친구들이나 머튼 칼리지 사람들에게만 헌사를 써주었다. 내가 그의 헌사를 얻는 일은 식은 죽 먹기였을 테니, 그 책만 갖고도 노년 설계는 가뿐했을 것이다. 최근 10년간 톨킨 책의 가격은 엄청나게 올라버렸는데—나스닥 주가보다 상승률이 더 빨랐다—, 영화화된다는 기대감에 한 번 올랐고, 영화화되고 나서 다시 올랐다.

저자의 헌사가 씌어진 『호빗』은 어떨까? 아마 75,000파운드(135,000달러)는 될 것이다. 그렇다면 저자 헌사가 씌어진 『반지의 제왕』은 50,000파운드(90,000달러)는 족히 되리라. 하지만 죄송하게도

---

10) 런던 남동부의 소도시.

나는 내 앞 헌사가 들어 있는 책은 팔지 않은 것을 원칙으로 하니, 그런 책이 있다면 아마 내 아이들에게 물려줄 것이다. 그렇지만 팔 이유가 절박해지거나, 아니면 문 밖에 책에 굶주린 늑대가 도사리고 있다면 팔 수도 있을 것이다. 이 늑대들은 책을 먹어 치우는 족속인데, 특히 톨킨 책이라면 후각이 더 예민해진다.

06 악마의 시

저자, 역자, 출판인 모두에게 내려진 사형선고

살만 루슈디

SALMAN RUSHDIE

THE
SATANIC
VERSES

책 판매상의 삶은 대체로 행복하고 평안하며 질서정연하다. 릴리펏 왕국[1]의 황제들처럼 우리는 괴팍하지만 너그럽고, 현실의 어려움이 침입해와도 좀처럼 동요하지 않는다. 모험을 감수하는 일은 거래를 벌일 때뿐이다. 흥분을 맛보지 못하는 대신 우리는 책에서 쾌적함을 느끼며, 책 거래업자나 수집가와 어울리는 데서 편안함을 얻는다. 이런 우리들에게 청천벽력 같은 일이 일어났다. 살만 루슈디를 향해 내려진 파트와(Fatwa)[2]가 우리들 책 거래업자들도 대상으로 삼았다는 사실이다.

당시 출판업을 기획하고 있던 나는 위험을 직감했다. 내가 운영하는 '식스 챔버 출판사(Sixth Chamber Press)'에서 살만 루슈디(Salman Rushdie)의 신작 『두 개의 이야기(Two Stories)』 출간을 추진하고 있었던 것이다. 나는 여기 포함된 작품 중 〈예언자의 머리카락(The Prophet's Hair)〉도 신앙심이 의심스럽다는 심각한 혐의를 받고 있다

---

1) 『걸리버 여행기』의 소인국.
2) 이슬람 율법에 따른 판결을 말함.

는 귀띔을 받았다(물론 이 방면에 나는 문외한이다). 그러나 이 수상쩍은 작품이 책으로 나온다는 소식이 테헤란까지는 미치지 못한 모양이다. 책의 판매부수가 불과 72권에 그쳤으니 영국 사람들에게 이 책이 아무런 호소력을 발휘하지 못한 것이며, 이란 사람들에게는 더하지 않았겠는가.

나도 『악마의 시(The Satanic Verses)』가 출간되는 데에 자그마한 역할을 한 바 있다. 저자 루슈디에게 내려진 사형선고는 출판에 관여한 사람들에도 적용되었다. 1989년 2월 14일, 시아파 무슬림의 영적 지도자 아야툴라 호메이니가 다음과 같이 준엄한 명령을 내렸다.

> 전세계의 용맹한 이슬람교도들에게 알리나니, 이슬람과 예언자 및 코란을 적대하여 쓰이고 출판된 『악마의 시』의 저자와, 그 내용을 알고 출판한 자들에게 사형을 선고한다. 나는 이들을 신속히 처형할 것을 열성 이슬람교도들에게 요청한다.……

작가는 무사했지만 이 책의 이탈리아어 번역자와 노르웨이어 출판업자가 공격을 받았고, 일본어 번역자는 살해당했다. 그러니 나 역시 다소 위험을 느끼지 않을 수 없었다.

이 파트와는 책이 담은 주장이 아니라 책의 출판에 항의하는 폭력이 계기가 된 것이다. 그 경과를 살펴볼 필요가 있다. 1988년 9월

26일 영국에서 『악마의 시』가 출간되었다. 다음 달인 10월 5일 인도에서 판매금지 조치가 내려졌고, 11월 24일에는 남아프리카에서, 뒤이어 파키스탄, 사우디아라비아, 이집트, 소말리아, 방글라데시, 수단, 말레이시아, 인도네시아, 카타르에서 속속 판매금지 처분이 내려졌다. 이듬해 1월 14일 영국 브래드포드에서 이 책의 공개 화형식이 벌어진 데 이어 영국의 무슬림 성직자들마다 이 책을 비난했고, 마침내 1월 27일 런던 하이드파크에서 반대 시위가 열렸다. 루슈디는 이렇게 탄식했다. "문명이란 얼마나 연약한가. 한 권의 책을 이토록 손쉽게, 가뿐히 태우다니!" 2월 12일 파키스탄 이슬라마바드에서 이 책에 항의하는 폭동이 벌어져 5명이 사망했다. 이로부터 이틀 후 호메이니의 파트와가 발동된 것이다.

　이런 사태를 예견할 수 있었을까? 어떤 출판사의 원고 검토자는 "거리가 피로 물들어질 것"이라고 예견했다고 한다. 그렇지만 영국에서 이 책을 펴낸 바이킹(Viking) 출판사도 이런 예상을 한 것은 아니라고 생각한다. 이 책이 논란을 불러일으킬 것을 예상하면서도 기꺼이 내놓았던 살만 루슈디조차 반대 세력의 폭력에 경악했다. 세계 곳곳의 무슬림이 비난을 쏟아냈지만, 그들이 이 책 전체를 읽은 것은 아니었다. 책의 몇몇 대목을 발췌해서 값싸게 인쇄된 선전물이 신도들의 감정을 자극하기 위해 모스크 안에서 배포되었다. 특히 모독적이라고 지목된 대목은 등장인물이 예언자의 아내들에 관한 추잡한 꿈을 꾸는 내용이다. 루슈디는 이런 대목을 문맥을 고려하여 읽어야 한다고 대답했다. 전체적으로 보아 이 책은 종교 비판이 들어 있긴 해도 이슬람을 존중하고 있다는 것이다.

사태는 점점 더 심각해졌다. 중동에서 시작된 폭력이 처음으로 서구를 무대로 펼쳐졌다. 바이킹 출판사에 폭탄이 터진 것이다. 바이킹 측은 페이퍼백 판본의 발행계획을 연기했다. 루슈디는 이를 배신행위로 간주했다. 이때 존 르 카레(John le Carré), 로알드 달, 존 버거(John Berger), 노먼 포도레츠(Norman Podhoretz) 등 다양한 색채의 작가들이 의외로 페이퍼백 발간 연기를 지지했다. 1988년 펭귄 출판사가 페이퍼백을 프랑크푸르트 도서전에 선보이고 스위스에서부터 판매를 시작했지만 곧 취소했다. 이 페이퍼백이 오늘날 희귀본 시장에서는 200파운드(360달러)에 거래된다. 양장으로 나온 정식 초판은 이보다 흔하기 때문에 훨씬 낮은 75파운드(135달러)에 거래되고 있다. 보급판 페이퍼백이 정식으로 발간된 것은 1992년 여러 출판사들의 컨소시엄에 의해서였다. 참여 출판사들은 이름을 공개하지 않았는데, 마치 루슈디가 그랬듯이, 폭탄 테러를 피하기 위해 발행인 주소도 넣지 않았다.

루슈디는 자신의 책이 대소동을 일으키리라는 것을 알면서도 집필을 강행했다. 그는 사망자와 항의 시위가 발생하는 것에 가슴 아파했지만 집필과 출간을 후회한 일은 없었다. 의도하진 않았어도 그는 파우스트적 선택을 한 셈이다. 야망 높기로 이미 유명한 그는 자신이 원하는 바를 모두 성취했다. 돌연 그는 가장 화제와 논란을 불러일으키는 인물이 되었다. 세계에서 가장 유명한 작가가 된 것이다. 이 운명은 그에게 피할 수 없는 대가를 요구했다.

이후 몇 년 동안 루슈디를 참 많이도 만나게 되면서 나는 그를 높이 평가하게 되었다. 자기 일에 골몰할 때는 어린아이처럼 순수하고, 자기중심적이긴 해도 신경과민한 일은 전혀 없었다. 건강한 자존감을 지닌 사람이었다. 사태가 불안하게 돌아갈 때에도 그는 자부심을 잃지 않았다. 연설이든 논쟁이든 그의 말은 언제나 들을 만했다. 그런 그의 아성도 10여 년의 세월이 지난 뒤 흔들리게 된다. 루슈디처럼 마술적 리얼리즘 기법을 구사하는 안젤라 카터(Angela Carter)가 등장해서 대가 지위에 올랐고, 영화도 소설 못지않게 대학에서 가르쳐야 할 분야라고 주장하며 영화에도 뛰어들었다. 카터의 이런 주장이 가당치 않다고 내가 지적하자 루슈디가 핀잔을 주었다. "그건 주장이 아니라, 사실이지요."

책이 출간된 이후 루슈디는 오랫동안 혹독한 대가를 치렀다. 소설가이던 아내 메리언 위긴스(Marianne Wiggins)가 그의 곁을 떠났고, 그의 사생활과 자유는 잔혹하게 파괴되었다. 그는 자신을 파괴하려는 온갖 공격을 방어하는 데 진력해야 했다. 게다가 그에 대한 공격은 대부분 적개심과 무지 속에서 부당한 방식으로 행해졌다. 1990년 루슈디는 "이슬람을 포용하겠다"고 선언했다. 그렇지만 그는 뒷날 이 선언이 잘못된 것이었다고 말하며 철회했다. 천재성을 지닌 사람들도 이처럼 종종 잘못된 판단을 내리기도 하는 모양이다. 자기 안의 목소리대로 따라 하다보면 분별력을 잃기도 하는 것이니까.

서구에 사는 비종교인이라면 루슈디가 자기 책을 출판할 권리를 당연히 옹호해주어야 한다고 생각하기 마련이다. 이런 지지자들은 문제가 된 『악마의 시』 또한 빼어난 작품이기를 바랐다. 나는 이 책을 뒤늦게 읽은 편인데, 첫 장면이 독특하다. 타고 있던 비행기가 폭발하자 두 주인공이 노래를 부르며 지상으로 떨어진다. 이 과정에서 각기 천사와 악마의 모습으로 변해버린 둘은 무사히 땅에 내려앉게 되는데, 그들이 내린 곳은 런던이었다. 그러나 아무리 상상이라 해도 이보다 더 고약하게 나의 흥미를 거둬들인 것은 없었다. 사실 나는 마술적 리얼리즘을 싫어한다. 마술적 리얼리즘은 자유로운 상상이 가득한 동화의 세계를 소설이라는 협소한 세계에 가둬버리기 때문이다.

대부분의 독자들처럼 나 또한 『악마의 시』의 책장을 중도에 덮어버렸다. 물론 매 쪽마다 감탄할 만한 대목이 있는 것은 사실이다. 능숙한 서술, 환상을 오가는 구절들, 사물을 진단하는 괴벽스러운 시각은 웃음을 머금게 했다. 천재성이란 이런 것이다. 그렇지만 이것인지 저것인지 구별이 되지 않고 한 대목의 이야기가 일단 시작되면 수백 페이지씩 꼬리에 꼬리를 무는 듯 끝없이 이어졌다. 물릴 지경이었다. 실망했다기보다는 초반에 맛을 다 봐버렸다는 편이 정확하겠다.

루슈디와 바이킹 출판사 사이에 계약이 이뤄지고 얼마 뒤, 그러니까 그 끔찍한 파트와가 내려지기 몇 달 전 바이킹의 톰 레이시(Tom Lacey)는 『악마의 시』가 틀림없이 수익을 내리라고 판단했다. 톰 레이시는 일반 판매용 도서와 별도로 작가의 친필 서명이 담긴 한정판을 발행하자는 궁리를 해냈다. 이런 방식의 출판 전략은 익숙한 관행이었지만 레이시로서는 처음이었고, 루슈디 역시 마찬가지였다.

레이시는 루슈디에게 물었다. "이런 건 어떻게 하는지 아시나요?"

루슈디의 대답은 이랬다. "릭에게 물어보시죠."

내 이름이 거론된 것이다. 마침 루슈디와 나는 『두 개의 이야기』의 출판을 추진하던 차여서, 이 책의 한정판 발행부수와 가격을 논의하던 기억이 생생했다. 그와 함께 일하는 것은 즐거운 체험이었다. 루슈디는 탐욕스러운 사람이라는 악평이 높았지만(그때 막 그는 서대하던 출판사를 바꾸고 높은 액수의 계약금을 받았었다), 그런 평가가 부당함을 나에게 행동으로 보여주었다. 내가 운영하는 식스 챔버스 출판사에서는 작가가 원하는 대로 계약금을 지불하는 방침을 갖고 있다고 나는 루슈디에게 말해주었다. 당연하겠지만, 그는 어리둥절한 표정이었다.

"존 업다이크는 얼마를 받았나요?" (나는 막 존 업다이크의 단편집 『내세(Afterlife)』를 출판했었다.)

"500달러 지불했지요."

그는 잠시 생각하더니 말했다.

"그럼 저도 500달러 받지요."

"좋습니다." 나는 대답했다.

그와 함께 일하는 게 나는 즐거웠다. 그는 글꼴을 고르고 제본을 디자인하는 데에도 의견을 주었으며, 부펜 카카르(Bhupen Khakar)가 그린 삽화를 편집하는 작업에도 참여했다. 이렇게 해서 나온 결과에 루슈디는 흡족해했다. 로밀리 소머리즈 스미스(Romilly Saumerez Smith)의 아름다운 제본도 마음에 들어 했다. 루슈디로서는 이렇게 출판 디자인에 직접 관여한 것이 처음이었다.

몇 주 후 나는 루슈디의 대리인인 기용 애트켄(Gillon Aitken)과 점심을 먹었다. 그는 냉철한 사업가 기질이 다분한 사람이었다. 이 자리에서 나는 루슈디와 합의한 최종 계약의 내용을 전해주었다. 기용의 얼굴이 백지처럼 하얗게 변해버린 모습을 보긴 그때가 처음이었다. 기용은 곧 정신을 추스르더니, 그러면 저자 증정본이라도 좀 더 달라고 저자를 대신하여 내게 요청했다. 내가 그렇게 하겠다고 하자 그제야 핏기가 돌아왔다.

한편 바이킹 출판사의 토니 레이시도 나에게 전화를 걸어 『악마의 시』 출판에 관해 의논을 해왔다. 나는 "자비 출판의 법칙(the Law of Private Press Issuance)을 지켜야 한다"고 말해주었다.

"그게 뭐요?"

"부수가 지나치게 적어도 안 되고, 가격이 너무 높아도 안 된다는 겁니다. 그러니까 부수를 조금 적게, 가격을 적당히 비싸게 유지해야 합니다. 저자 서명판이 적당히 적은 부수로 발행되면 시장에서는 대가의 중요 저작이라는 대접을 해주기 마련이니까요."

"몇 부, 얼마에 해야 한다는 거죠?"

"글쎄, 상업 출판사라면 저자 서명판 한정본을 고급스러운 형식으로 만드는 일은 절대 없습니다. 바이킹 출판사에서는 그 반대로 하시면 되는 거지요. 일반적인 판매용 도서 위에 저렴한 가죽 양장 제본을 씌우는 제본을 하시지요. 그러면 가격을 지나치게 올릴 까닭이 없지요. 그러니까 전면 가죽 장정본에 150파운드(270달러)짜리 12부, 60파운드(110달러)짜리 부분 가죽 장정본 100부 정도 발행하면 무난하지 않을까요."

내가 이처럼 구체적으로 짚어주었는데도 레이니가 심드렁하기 짝이 없는 말투로 대답했다.

"훌륭하군요. 그렇게 하면 되겠네요."

나는 물었다. "지금 제가 해드린 조언의 비용 청구를 하면 얼마나 나올지 아십니까?"

"글쎄요……." 불쾌한 심사가 느껴졌다. 웬 자문비 청구란 말이냐는 듯.

"특별 한정판 12부를 전부 주십시오. 가격은 도매가 그대로 치고요."

수화기 저편에 잠시 정적이 흘렀다. 어떤 응답이 나올지 잔뜩 긴장하고 있는데 그가 입을 열었다.

"문제없네요. 그 정도야" 하며 안도하는 말투였다. 그 말을 듣고 나는 아차 싶었다. 거래가 성사되어 소장품에서 책을 꺼낼 때마다 희귀본 거래업자들은 너무 낮게 가격을 부른 게 아닌지 전전긍긍하는 탓에 가능하면 상태가 좋은 책을 먼저 내놓기 주저하게 된다. 그런데 일반 출판업자는 새 책 파는 일을 아주 부담 없이 한다는 것이다. 이 뻔한 사실을 내가 깜빡한 것이다.

레이니는 "그런데 잠깐만" 하더니 잠시 생각을 하고는 다시 말했다. "그런데 1호 책은 살만한테 가야 하는 것 아니오?"

"그게 맞겠죠." 나는 이렇게 대답을 했지만, 약간 불편했다. 혹시나 1호 책이 내 품에 오는 게 아닌가 하고 기대했기 때문이다. (루슈디는 2호 책에 이렇게 서명을 해서 보내왔다. "2호 책 소유자 릭에게, 1호 책 소유자인 살만 루슈디 드림.")

1988년 『악마의 시』가 출판되었을 때 유별난 미래가 기다리고 있으리라 예상한 사람은 한 사람도 없었을 것이다. 지금 생각해도 한정본 책 값은 저렴한 편이니, 당시 루슈디의 명성을 감안하면 저렴하다 못해 미안하기 그지없다. 실제로 100부 한정본은 발행 몇 달 만에 권당 250파운드(450달러)에 새 주인을 만났다. 특별 한정본 중 10부는 내 친구와 고객들이 사갔는데, 권당 1,000파운드는 족히 넘었다. 나는 그중 4부를 되사들였다. 그중 한 권은 테드 휴즈(Ted Huges)에게서 구입한 것으로, 당초의 1,000파운드보다 높은 가격을 치르고 사야 했다.

언론의 보도에 따르면 '파트와'가 발동됨에 따라 루슈디는 "숨어 있다"고 한다. 물론 이런 표현은 두더지나 사담 후세인의 처지를 묘사할 때에나 적당할 것이다. 루슈디는 거처를 수시로 옮기며 은밀하게 움직였으니 '숨어 있다'는 표현이 정확한 것은 아니다. 그는 24시간 경찰의 보호를 받았으며 공개적인 장소를 최대한 피했지만, 친구들과는 꾸준히 접촉했다. 이전부터 남과 어울리며 즐기는 것으로 유명했던 루슈디답게 방식은 달라졌지만 여전히 제 식으로 산 것이다. 그러니 『두 개의 이야기』 출간을 기념하여 내가 연 파티에 그가 모습을 나타내는 것도 어려운 일은 아니었다. 나는 그를 위해 짧게 환영인사를 하면서, 몇 달이 넘도록 고난을 겪고 있는 루슈디의 처지와 조금이라도 비견할 수 있을까 하는 마음에서 마침 내가 겪은 작은 사건을 언급했다. 『두 개의 이야기』를 출간한 지 며칠이 되지 않아 『인디펜던트(The Independent)』지가 이 책을 서평란 전면 기사로 다뤘다. 기사는 출판사 이름을 언급하는 대신(사실 내가 운영하던 '식스 챔버 출판사' 이름을 들어본 사람도 없었을 테니) 루슈디가 또 한 편의 위험한 이야기를 대담하게 집필하고 있음을 암시했다. 기사를 읽노라면, 이런 책을 내놓은 출판업자란 곧 정신 나간 바보이거나 배포가 지나치게 큰 사람이라는 느낌을 받게 된다.

내 아내와 자식들은 펄펄 뛰며 출판을 말렸지만 나는 전혀 근심이 되질 않았다. 이단자 루슈디를 추적하는 자들이 엉뚱하게 내 쪽으로 비껴올 리가 없다고 생각한 것이다. 기사가 나간 후 3일이 되던 날 나는 핀칠리 도로를 타고 워릭셔로 돌아오고 있었다. 나는 국제 크리켓대회의 결승전 중계를 라디오로 틀어놓고 내 생애 가장 흥미진진했던 지난 한 주의 경험을 조용히 떠올리고 있었다. 돌연 크리켓 중계가 끊어지더니 난데없이 (성난) 독일어가 쏟아져 나왔다. 내 차는 급정거했고, 뒤차들은 빵빵거리며 난리였다.

라디오 전파의 송수신이 어떻게 이뤄지는지, 자동차는 또 라디오 전파를 어떻게 잡는 것인지 나는 문외한이지만, 뭔가 기이하고 섬뜩한 일이 벌어지고 있는 것이 분명했다. 결론은 분명했다. 누군가 내 차에 폭탄을 설치했거나 나치 연설 테이프를 장치해놓은 것이다. 뒤차들의 경적이 한층 더해가는 가운데 나는 문을 열고 나와 보닛을 열고 쿵쿵거리는 가슴으로 엔진을 들여다보았다.

폭탄? 폭탄인가? 나는 초조하게 여기저기를 둘러보았지만 특별히 이상한 것은 없는 듯했다. 둥그렇고 검은 물체를 찾아야 하는 것 아닐까. 〈톰과 제리〉에 나온 폭탄처럼 겉에 '폭탄(BOMB)' 이라는 글씨가 하얗게 박혀 있는 퓨즈 같은 것 말이다. 아무것도 없었다. 입가에 침을 흘리며 젖 먹던 힘까지 짜내 심호흡을 하고는, 정신을 되찾고 턱을 닦았다. 원기둥 모양의 금속 덩어리에 철사가 삐져나와 있는 것, 그게 폭탄이 아닐까? 다시 보닛을 들여다보니, 수상쩍은 물체가 한 다스쯤 눈에 들어왔다. 그중에는 기화장치나 점화플러그가 있을 테지만, 내가 이런 따위를 알 턱이 없었다. 폭탄이야, 한두 개도 아니고 엄청나게 많아.

선택은 둘이었다. 러시아워 시간에, 핀칠리 도로 한복판에 차를 버리고 "폭탄이야! 폭탄이야!" 하며 허겁지겁 달아나든지, 아니면 차로 돌아가 다시 음악을 들어보든지. 22년 세월 동안 표준적인 영국식 삶에 동화된 나인지라, 나는 두 번째 방도를 택했다. 백주대낮에 소란을 피우느니, 몸뚱이가 산산조각 나는 위험을 택하노라. 즉사하면 내 아이들이 순교자로 기억해주기는 할 테지. 영웅이 될지도 모르고.

보닛을 닫고 차로 돌아가 시동을 걸었다. 몇 분간 행복을 맛보며, 나는 마지막 승부수를 던졌다. 라디오를 다시 켠 것이다.

"양해의 말씀 드립니다." 진행자 크리스토퍼 마틴-젠킨스의 잔잔한 목소리였다. "저희 송신기 이상으로 크리켓 중계가 잠시 중단되었습니다."

이런 내 환영인사가 끝나자 내 아파트에 모인 손님들이 일제히 웃음을 터뜨렸다. 그 소리가 나에겐 동정의 소리로 들렸다. 나는 살만을 보며 이렇게 말을 이었다.

"당신이 겪고 있는 고난이 얼마나 힘겹고 두려운지 조금이라도 엿볼 수 있지 않을까 해서 이런 얘길 했습니다."

그는 조심스럽게 대답했다. "전혀요. 단 한 순간이라도 두려움을 느낀 적이 없어요. 결론은 하납니다. 당신이 겁쟁이라는 거죠."

07 자살한 작가의 어머니가 살려낸 희비극
바보들의 연합

존 케네디 툴

BRIDESHEAD REVISITED
A Novel
by
EVELYN WAUGH
POTTER
and the Philosopher's Stone
by Jack Kerouac
ON THE ROAD
HOBBIT
A Confederacy of Dunces
ANIMAL FARM
A FAIRY STORY
GEORGE ORWELL
THREE STORIES
& TEN POEMS
ERNEST HEMINGWAY
LOLITA
High Windows
Philip Larkin
POEMS
T.S. ELIOT
D. H. Lawrence's New Novel.
SONS AND LOVERS
Sylvia Plath
The Colossus
and other
poems
ULYSSES
JAMES JOYCE
RUSHDIE
William Golding
Lord of the Flies

존 케네디 툴(John Kennedy Toole)이 자신이 존 케네디 툴임을 알지 못했던 것, 그것이 비극이었다. 그가 고아라거나 정신이상자였다는 뜻이 아니다. 반 고흐가 자신이 반 고흐임을 제대로 알지 못했듯이, 자신의 이름이 마법에 걸린 듯 모셔질 것임을 알지 못했다는 뜻이다. 그렇지만 툴과 비견해볼 때, 반 고흐의 생은 그래도 자신의 작품을 생산하는 일로 가득 차 있었다. 고흐는 살아 있을 때 단 한 점의 그림밖에 팔지 못했지만, 막대한 수의 작품을 그려냈으니 언젠가 자신의 시대가 오리라는 믿음을 가질 만했다.

켄 툴(Ken Toole, 그는 이런 이름으로 알려졌다)은 걸작으로 칭송받는 『바보들의 연합(A Confederacy of Dunces)』[1]의 작가로서, 귀중한 소설 딱 한 권으로 미국 남부 출신의 대가들과 어깨를 나란히 한 사람이다. 같은 예로 우선 마거릿 미첼, 하퍼 리 등을 누구나 떠올릴 것이다. 마거릿 미첼이나 하퍼 리는 명성이 치솟을 무렵에 절필을 한 작가들이다. 대부분의 소설가들이 절정기를 지나면 역량이 쇠진해지

---

[1] 국내에는 『조롱』이라는 제목으로 번역 출간된 바 있다.

기 마련이니, 마거릿 미첼이나 하퍼 리가 현명한 결단을 내렸다고 할 수도 있다. 그렇지만 툴은 자신의 작품이 출간되는 것을 보지도 못했다. 대작이라 자신하는 원고를 출판할 곳을 찾지 못하자, 낙담 끝에 1969년 스스로 목숨을 끊었기 때문이다. 그런데 그가 남긴 원고가 어찌어찌해서 출판의 빛을 본 과정이야말로 20세기 출판사에서 가장 흥미롭고 슬프면서도 (뒤늦지만) 가슴 쓸어내릴 이야기라 할 수 있다.

작품의 주인공은 미국 남부 뉴올리언스 출신의 이그나티우스 T. 레일리(Ignatius T. Reilly)다. 이그나티우스는 화산처럼 불같고 건방지며 까다로운 성격의 소유자로, 어머니는 지독히 혐오스럽고 덩치만 큰 여성이다. 중세사를 전공한 석사학위를 무기로 내세우는 이그나티우스는 20세기가 배출한 모든 것에 조소를 퍼붓는 몽상가다. 텔레비전, 새로 뽑은 차, 냉동식품, 헤어스프레이, 라놀린, 셀로판지, 플라스틱, 택지분양, 데이크론과 나일론 같은 합성섬유, 성 개방, 민주주의 등이 그가 조롱하는 것들이다. 그 대신 그는 만화책과 영화에 탐닉하고 온갖 종류의 패스트푸드를 입에 달고 산다. 핫도그로 가득찬 입에서 온갖 학설이 쏟아져 나오는 이그나티우스 T. 레일리는 지금껏 어떤 문학작품도 형상화하지 못한 최악의 인물이다. 뚱뚱하고 불만이 가득찬 얼굴은 전혀 인간적인 면모를 풍기지 않는다. 마치 하마 모습의 희극배우 W. C. 필즈(W. C. Fields)를 보는 격이랄까.

그렇다고 적지 않은 평론가들이 주장하듯이 이그나티우스가 반(反)영웅인 것도 아니다. 그는 전혀 영웅의 면모가 없으니, 작품을 읽어가는 동안 어느 독자라도 주인공에 털끝만치의 동정을 느끼지 못한다는 점을 이 작품의 첫 번째 탁월성으로 꼽을 수 있다. 참으로 불가사의하다. 일반적으로 어떤 인물을 깊숙이 알게 되면 그의 감정을 이해하고 공유하게 됨으로써 궁극적으로는 동정심을 느끼는 것이 인지상정 아닌가. 가령 도스토예프스키의 『죄와 벌』에서 주인공 라스콜리니코프는 알료나 이바노브나 노파의 아파트에서 두 자매를 살해하고는 문 뒤에서 공포에 전율한다. 이 장면에서 독자 역시 수치를 느끼면서도 동정을 머금게 된다. 그러나 밉살스럽고 게을러빠진 이그나티우스는, 우스꽝스럽기는 해도, 철저히 적대감만 자아낸다.

작품 마지막 부분에 이르러서야 독자는 번뜩이는 반전과 마주친다. '자선' 병원으로 실어가겠다고 구급차가 달려올 때 이그나티우스가 탈출을 감행하는 바로 이 대목에서 독자는 비로소 주인공에게 박수를 보내게 된다. 혐오스러운 인물이지만 우리는 그의 거친 모습 그대로에서 애정을 느끼는 것이다. "공산주의보다 나쁜 게 정신의학이란 말야! 나는 세뇌당하고 싶지 않아. 로봇이 되고 싶지 않단 말야!" 백 번 옳은 말이다! 우리는 이 간단한 말을 입에 담으며 스스로 깜짝 놀라고 만다.

오늘날 툴은 위대한 유작 하나만을 내놓은 작가로 기억되곤 하지만, 사실 그는 놀랄 만한 양의 미출간 작품을 초기부터 쌓아놓고 있었다. 1954년 열여섯 살 때 이미 『네온 바이블(Neon Bible)』이라는 장편을 썼다. 그는 이 작품을 "미국 남부의 온갖 캘빈 종파에 만연한 증오심에 대한 차갑고 사춘기적이며 사회학적인 공격"이라고 술회한 바 있다. 그는 자신감에 넘쳐 원고를 출판사에 보냈지만 바로 거절당했다〔뒷날 그가 대작가로 추앙되면서 그로브 출판사(Grove Press)가 이 작품을 출판했다〕. 그 뒤 그는 많은 단편과 시를 써서 보냈지만, 그 많은 작품 중 어느 한 대목도 편집자들의 시선을 끌지 못했다.

툴레인(Tulane) 대학을 졸업한 그는 컬럼비아 대학에서 영문학 석사학위를 받고 박사과정에 진학한 뒤 헌터 칼리지(Hunter College)에서 잠시 강사 생활을 했다.

1961년 육군에 입대한 그는 푸에르토리코에서 신병들에게 영어를 가르치는 보직을 받았다. 그에게는 최고의 환경이었다. 속편한 보직에 책상과 타자기가 딸린 개인 집무실이 주어졌다. 여기서 그는 2년 동안 『험프리 와일딩(Humphrey Wilding)』이라는 장편을 썼는데, 이것이 곧 『바보들의 연합』의 초고였다.

제목을 이렇게 바꾼 것은 조나단 스위프트의 선견지명 있는 경구에 자극을 받았기 때문이다. "진정한 천재가 세상에 나타났음을 알리는 표식이 있다. 그 표식이란 바보들이 모두 연합해서 그에게 대항한다는 것이다." 미국 남부 풍자문학에 딱 들어맞도록 번뜩이는 제목이다. 자기만의 집착에 몰두해 있는 주인공 이그나티우스 T. 레일리가 그려낸 자화상이기도 하다. 그렇지만 더 의미심장한 것은 스위프트의 이 경구가 이그나티우스보다는 툴을 향하고 있다는 점이다. 출판계의 멍청이들이 존 케네디 툴에 대항하는 연합전선을 펼쳤다고 한다면 과장일까. 어쨌든 그들은 한결같이 툴의 작품을 출판하기를 거절했다. 그러니 돌대가리 출판인이라는 소리를 듣는 것이다.

슬프게도, 이 멍청이 연합의 대장은 평소에 식견하면 으뜸으로 치던 사이먼 앤드 슈스터(Simom & Shuster) 출판사의 명 편집자 로버트 고트리브(Robert Gottlieb)였다. 1963년 케네디 대통령이 암살당하자 툴은 원고를 써나갈 수가 없었다. "이제 더 이상 쓸 수가 없다. 그 어떤 것도 웃을 일이 아니게 되었다." 그는 자신의 원고를 사이먼 앤드 슈스더 출판사에 보냈다. 구태여 이 출판사를 선택한 까닭은 자신이 좋아한 브루스 제이 프리드먼(Bruce Jay Friedman)의 『스턴(Stern)』이 여기서 출간되었기 때문이다. 툴이 알 리 없었지만, 고트리브야말로 이런 일에 딱 맞는 인물이었다. 뛰어난 열정과 공감력의 소유자로서 그는 끈기를 발휘하며 작가를 독려하여 작품을 탄생시키는 식견이 있었다. 『캐치 22(Catch 22)』를 완성할 때까지 조지프 헬러(Joseph Heller)를 후원해준 사람도 고트리브였다.

고트리브는 『바보들의 연합』 원고를 마음에 들어 했지만, 그 이상은 아니었다. 그는 툴에게 이렇게 말했다. "이야기가 재미있고, 몇 몇 등장인물의 형상화가 완벽하며, 배를 쥐도록 즐거운 에피소드가 몇 꼭지 있다. 그렇지만 결정적 약점이 하나 있다. 재미는 있지만, 도대체 무엇을 말하려 하는지 모르겠다. 달리 말하면 작품 속에 어떤 핵심이 담겨 있어야 한다는 겁니다. 억지로 흥미롭게 만들려 애쓰는 것 말고, 어떤 실질적 핵심이 있어야 합니다." 그러면서도 고트리브는 툴의 원고 수정 작업 과정에 함께하고 싶다고 힘줘 말했다.

처음에 툴은 이런 평가에 고무되었다. 작품 출간을 수락한 것은 아니지만 퇴짜를 놓은 것도 아니었기 때문이다. 그렇지만 초고를 대폭 고친 수정 원고를 넘겨주었을 때에도 고트리브에게서는 만족스러운 답변이 나오지 않았다. "전체적으로는 멋지지만, 이 작품이 책으로 나올 어떤 이유 같은 것이 아직 없어요. 물론 구성은 좋아졌습니다. (개연성도 높아졌고.) 창의성은 정말 반짝반짝하지만 『캐치 22』, 『엄마의 키스(Mother's Kisses)』, 『브이(V)』 같은 작품과 비교하면 작품의 현실성이 없습니다. 가능성을 담고 있는 원고이지만 그 정도로는 안 됩니다. '원고에 의미를 담는 일을 먼저 하세요'라고 할 편집자는 거의 없을 겁니다."

답변으로 보내온 이 짤막한 편지에서 고트리브는 '의미'를 어떤 의미로 썼는지 더 이상 설명하지 않고 있다. 나는 고트리브의 말을 사변적으로 풀이하기보다는 다음과 같이 생각해본다. 『바보들의 연합』은 미국 남부지방과 현대인의 삶을 뼈저리게 풍자하고 지독히 우스꽝스럽게 만들기 때문에 분명 재미있는 소설이다. 그렇지만, 무엇인가 빠진 것은 없을까? 도덕? 절대 그렇지 않다. 내 생각으로는 작품이 아리스토텔레스적인 견지에서 좀 더 일관성을 갖도록 고트리브가 요구하지 않았을까 한다. 즉 하나의 사건에 뒤이어 다른 사건이 일어나는 것은 두 사건이 연속될 개연성이 있기 때문이라는 것이다. 『바보들의 연합』은 (마치 『돈키호테』가 그렇듯이) 사건에서 사건으로 이동해 나간다. 그렇지만 사건이 발생하는 방식은 하나에서 하나가 유발되는 방식이 아니다. 이 작품에서 각 사건의 발생은 부조리하다. 이는 이그나티우스의 삶이 자유를 향한 내리막길을 구르고 있음을 보이기 위해서이다. 고트리브는 이런 방식이 마뜩치 않았겠지만, 작품이 출간된 이래 바로 여기에 매료된 독자가 수백만 명이 된다.

    서술을 고치고, 구성을 바꾸고, 서신을 교환하느라 보낸 2년의 세월 동안 툴이 원고를 꼬박꼬박 다른 출판사들에도 보냈는지는 분명하지 않다. 설사 그랬다 해도 어떤 출판사에 보냈는지도 알려져 있지 않다. 다만 크노프(Knopf) 출판사가 출판을 거절했다는 점은 잘 알려져 있다(공교롭게도 뒷날 고트리브는 크노프로 자리를 옮겼다). 그밖에도 숱한 출판사들이 거절의사를 표했다고 하지만, 그 이상의 내막은 오리무중이다.

    툴은 원고에 약점이 있다는 지적을 받아들였다. 많은 이야기가 뒤섞인 피카레스크적 구성이라는 점, 이그나티우스가 너무 곳곳에 출몰한다는 점, 레비스(Levys)와 미르나(Myrna)라는 인물이 생동감이 없다는 점 등등. 매번 그는 원고를 고치겠다는 다짐을 해보였지만, 친구들에게는 이러다가 '이빨 빠진 노인네'가 될 즈음에야 책이 나오는 게 아니냐는 농담을 하게 되었다.

결국 그는 몹시 낙담했고, 원고를 돌려달라고 요구했다. 그는 원고 안에 "내 영혼이 담겨 있다"면서 "노력도 못하고 이 상태로 썩게 할 순 없다"고 말했다. 그는 이렇게 용맹스럽게 나섰지만, 위험한 좌절감에 빠지게 되었다. 1969년 3월 26일 툴은 교외 황무지에 차를 세우고는 자동차 배기구에 호스를 끼운 뒤 다른 한 끝을 창문 안에 집어넣었다. 이때 나이 서른한 살이었다.

이그나티우스가 툴의 자화상이거나 분신 아니냐는 질문이 나올 때마다 툴은 이를 부인했다. 오히려 이그나티우스는 툴의 어머니 셀마(Thelma)와 다소 닮은 점이 있었다. 셀마 툴 부인은 한눈에 보기에도 독특하고 괴팍하며 공격적이고 언제나 자기중심적인 사람이었다. 어머니의 이런 점이 생전의 툴을 고통에 빠뜨리지 않았을까 의심할 사람도 있겠지만, 적어도 툴의 사후에는 오히려 큰 보상을 찾아내주었다. 툴의 전기를 쓴 르네 폴 네빌스(René pol Nevils)는 셀마의 이 '나르시스적 성품' 덕택에 아들의 야망을 성취해낼 수 있었다고 한다. 셀마가 아들의 성공을 자신의 성공과 동일시했다는 지적이다. "셀마에겐 이제 아들이 하나도 남지 않았다. 이 아들이 그녀를 실망시켰고, 나아가 그녀 인생도 실패에 빠졌다. 아들의 원고를 되살려 출간의 빛을 볼 수 있게 한다면 아들의 인생은 성공으로 귀결

될 것 아닌가, 그러면 그녀 자신의 인생도 성공을 거둘 것이다." 그리고 마침내 아들과 어머니 모두 성공을 거뒀다. '나르시시즘'이 다시 개가를 올린 셈이다.

'워커 퍼시(Walker Percy)를 찾아가다.' 셀마의 첫 행보는 이것이었다. 워커 퍼시는 당시 로욜라 대학의 교수이자 일련의 호평을 받은 소설을 펴냈으며, 그중에서도 가장 유명한 작품은 『영화광(Moviegoer)』(1961)이었다. 셀마가 왜 이 사람을 지목했는지는 정확히 알려지지 않았다. 어쨌든 셀마는 끈덕졌다. 계속 편지를 보내고, 전화를 넣고, 끝없이 졸랐다. 자신의 죽은 아들이 '대단한 장편소설', '미지의 걸작'을 썼다고. 그러니 퍼시 선생이 꼭 읽어야 한다고. 1976년 어느 날 셀마는 로욜라 대학에 직접 찾아가 퍼시의 연구실 문 앞에 어기대고 앉아, 땟국에 절어 꼬깃꼬깃해진 두툼한 먹지 타자 원고를 내밀었다. 그러고는 당장 읽어야 한다고 했다.

"제가 왜 그래야 합니까?" 퍼시는 냉담히 되물었다. 그때 그는 속으로 "내키지 않은 일을 솜씨 좋게 피해온 역사가 몇 년인데" 하고 으쓱해 했다. 그렇지만 셀마 같은 사람은 처음이었다. 승강이를 하느니 차라리 원고를 읽어주는 것이 시간을 아끼는 일이겠다 싶었다. 퍼시는 원고를 받아들고 이 전염병균 같은 부인네를 돌려보낸 뒤, 원고를 넘기기 시작했다. 이 책의 초판 서문에서 그는 이렇게 회고한다.

그때 나는 딱 한 가지 희망을 품고 있었다. 한두 장 읽어보면 고약한 글솜씨가 드러날 테니 더 이상 읽지 않아도 떳떳하겠지. 이런 일이 한두 번이었나. 처음 몇 문단은 괜찮았다. 음, 다른 원고도 그런 경우는 있으니까. 그런데 혹시 다음 페이지도 덜 나쁘게, 아니 괜찮게 씌어졌으면 어쩌나, 나는 이런 두려움을 느꼈다. 이러다가 끝까지 읽어버리는 건 아닐까.

첫 대목을 읽은 후, 불행하게도, 그는 계속 원고를 넘겨야 했다. 흥미를 느끼고 글에 빠져들고, 점점 웃음을 터뜨렸다.

이리 좋은 원고일 리가 없을 텐데. 단번에 입을 딱 벌리고, 미소를 머금다가, 웃음을 터뜨리다가, 놀라움에 휩싸여 머리를 설레설레 흔들지 않을 수 없었다.…… 원고는 분명 코미디인데도 그렇게 인정하기가 주저되었다. 코미디란 그저 재미만 짜 넣은 책일진대, 이 원고는 그 이상 가는 소설이었다. 셰익스피어 극의 폴스타프[2] 같은 쾌남이 등장하는 작품, 그러니까 유럽 고전 희극(commedia)에 가까웠다.

출판사를 찾는 일이 다시 시작되었다. 물론 그 일에 앞장선 사람은 퍼시였다. 그리고 또다시 4년이나 지나서야 루이지애나 주립

---

[2] 셰익스피어의 『헨리 4세』에 등장하는 인물.

대학 출판사에서 책이 출간되었다. 이 출판사는 무난한 업체이긴 했지만 문학 출판에는 생소했다. 이 출판사가 출간을 결정한 것은 수익에 대한 기대가 아니라 원고 내용을 높이 샀기 때문이다. 예전에 고트리브가 그러했듯이 이 출판사도 판매는 거의 기대하지 않았다.

이듬해 『바보들의 연합』은 퓰리처 상 소설 부문 수상작으로 선정되었다. 미국 희극 분야의 걸작이라는 찬사가 즉각 쏟아졌다. 서평마다 흥분과 경탄을 감추지 못했다. 그중에서도 가장 대표적이고 적절한 것은 「타임 매거진(Time Magazine)」의 서평이었다. "가격 대비 웃음량으로 판단한다면 최대 할인을 감행한 올해의 작품은 『바보들의 연합』이다."

오늘날까지 이 책은 18개 언어로 번역되어 150만 권이 팔렸다. 툴의 전기가 얼마 전 출간되었으며, 소설을 바탕으로 한 영화도 제작 중이다. 앤서니 버지스(Anthony Burgess)는 20세기를 대표하는 99권의 장편소설 안에 이 작품을 포함시켰다. 이 책의 초판본은 현재 4,000파운드(7,000달러)를 호가한다. 초판본에는 대부분 워커 퍼시의 서명이 들어 있다. 작품의 진가를 알아본 사람으로서 퍼시는 마땅히 초판본에 서명할 권리가 있었다. 물론 존 케네디 툴 자신의 서명을 담은 책은 하나도 없다.

오래전, 그러니까 『바보들의 연합』 초판본이 200파운드(360달러)일 때 나는 툴이 소장하고 있던 제임스 조이스 작 『피네건의 경야

(Finnegan's Wake)』 페이퍼백을 한 권 구입하여 곧바로 되판 적이 있다. 툴은 그 책에 깨알 같은 글씨로 또박또박 진지한 평을 달아놓았다. 이 평문이 강의 준비 때문이었는지 자신만의 즐거움 때문이었는지는 알 수 없지만, 대가의 작품에 평을 달아가는 그의 손길을 더듬어가는 일은 나에게도 황홀함을 느끼게 했다. 이런 평문은 155쪽에서 끝났고, 나머지 부분은 손을 대지 않은 상태였다. 그 책은 상징적 대상이 되어 우리를 매혹시킨다. 그 평문 작업이 갑자기 중단된 155쪽 이후부터 그가 무엇을 했는지 나는 궁금하기 이를 데 없었다. 더 이상 읽을 수 없는 사정이 생긴 것일까? 아니면 더 읽고 싶지 않아서 그랬을까?

내 문학 부문 대리인이자 의지의 화신이던 고(故) 가일스 고든 같은 분이 툴 곁에 있었다면 좋았을 것이다. 친화력 뛰어난 달변가이며 논쟁가인 가일스는 문학인들의 모임에 들러 발언해달라는 초청을 숱하게 받았다. 사람 사귀기 좋아하고 싹싹한 성격의 고든은 닭다리를 뜯으며 진행되는 로우스토프트 문학의 밤(Lowestoft Literary Evening) 행사를 비롯하여 언제 어디든 마다않고 찾아가곤 했다. 그는 내게 이런 일화를 들려주었다. 진지함과 긴장감으로 뭉쳐진 남녀 불문 인종 불문의 소설가 지망생 군단의 저녁모임에서 발언을 한 적이 있었다. 점잖게 고든의 말을 경청하고 난 지망생들이 던진 질문은 하나같았다. "제 소설 원고를 출판하고 싶은 데 어떻게 해야 하나요?" 고든은 불만이 가득한 이들의 까탈스러운 어조까지 내 앞에서 흉내를 내보였다(그의 성대모사는 수준급이었다). 그는 그들의 질문에서 다음과 같은 속내를 읽었다고 한다. 출판계란 런던 문학 마피아 성원끼리 밀어주고 끌어주는 폐쇄적 집단이어서 재능 있는 외부인은 그 속으로 뚫고 들어가기 어렵잖습니까. 고든 역시 그 거물들(godfathers) 중 한 사람이니 이 폐쇄 집단 속에 뚫고 갈 방도를 일러주시는 게 어떻습니까. "그러니까 책을 출판할 방법을 일러달라니까요?"

탁자에서인지 연단에서인지 몸을 숙이고 있던 고든은 잠시 입을 닫고, 한숨을 쉬고, 안경을 올렸다 내렸다 하면서 질문자를 응시했다고 한다.

"별거 아니죠!" 그는 교양 있고 신랄한 에든버러 말투로 대답해주었다. "좋은 원고를 쓰십시오!"

이렇게 덧붙여주었으면 더욱 좋았을 것이다. "명심할 것은, 자신감을 가지는 일입니다. 기죽지 마세요." 아아, 존 케네디 툴이 이랬다면 좋았을 것을. 분명 『바보들의 연합』은 출판사를 찾을 수 있었을 텐데. 그리고 그 결과는…… 그 결과는 어땠을까? 이런 질문은 존 키츠[3]의 경우도 생각나게 하지만, 그래도 안 할 순 없지 않은가?

---

3) 18~19세기 영국의 대시인. 데뷔 시집과 초기 장시가 평단의 혹평을 받아 좌절하였고, 뒤이어 탁월한 시를 연속 발표하면서 세간의 격찬을 받았지만 25세 나이로 요절했다.

08 길 위에서

서평 한 꼭지의 힘

잭 케루악

Jack Kerouac
On the Road

오래된 수수께끼 하나. '사방이 희고 검어서 눈이 벌겋게 읽히는 것은(What is black and white and re(a)d all over)?' 답은 물론 신문— 당시는 신문에 컬러가 들어가기 전이었다—이다. 이제는 어린아이도 웃지 않을 수수께끼지만 나는 이것을 떠올릴 때마다 최근 경매장을 술렁이게 했던 매물 하나가 생각난다. 그 매물은 폭 9인치, 길이 120피트나 되는 텔레타이프용 두루마리 종이로, 원소유자의 표지가 흑회색 잉크로 찍혀 있었다. 조금 떨어져서 보면 사이 톰블리(Cy Tombly)[1]나 리처드 롱(Richard Long)[2]의 작품에 영감을 받아 제작된 설치물처럼 보였다. 이 종이뭉치의 주인공(노먼 메일러는 그를 '행위 화가'라 불렀다)은 제작기법이 '스케치'였다면서 이것이 '길 비슷한' 어떤 것을 가리킨다고 밝혔다. 이 종이뭉치를 어느 정도 떨어져서 보면 길의 형상 같기도 했다. 과연 이보다 더 들어맞는 설명은 없을 것 같다. 이것은 실제로 문학작품을 써놓은 긴 원고이기 때문이다. 그 작

---

1) 미국의 표현주의 미술가로 낙서를 연상시키는 글자체나 획을 기조로 하는 작품을 시도했다(1928~현재).
2) 영국의 현대 미술가(1945~현재).

가는 잭 케루액(Jack Kerouac)이다. 케루액은 쓴 커피로 6주 동안 버틴 끝에 1951년 이 원고를 완성했고, 이것이 '길 위에서'라는 제목의 책으로 발간되는 데에는 6년의 세월이 걸렸다.[3]

소설 『길 위에서』가 만들어지는 데에는 6년보다도 훨씬 오랜 시간이 소요되었다. 주인공 샐 패러다이스(Sal Paradise)의 실제 모델이었던 닐 캐서디(Neil Cassady)[4]에게 보낸 편지에서 케루액은 작품의 주제를 다음과 같이 설명하고 있다.

여자들, 잡초[5] 따위가 등장해. 줄거리는 나와 너, 그리고 길.…… 우리가 처음 만났던 1947년 옛 시절의 이야기, 덴버 47번지 등등. 1949년의 허드슨 강 여행. 그 희한한 플리머스를 지나 시속 110마일로 캐디, 카이(Chi)[6]를 거쳐서 디트로이트까지 밟아서 맥시코에서 마지막을 보내지.…… 플롯이란 게 따로 없지만, '감옥 아이(Jailkid)[7]'이던 네가 (요즘의) W. C. 필즈(W. C. Fields)[8]처럼 거룩한 인물로 성장하는 구조를 취하고 있어.…… 길 이야기는 모조리 다 써 넣었어. 길이 빠르니 이야기도

---

[3] 케루액은 타자기에 종이를 한 장씩 갈아 끼는 것이 성가시고 시간도 아까워 텔레타이프용 두루마리 종이를 사용했다고 한다.
[4] 캐서디(1926~1968)는 케루액, 긴즈버그와 함께 1960년대 미국의 비트 문화의 선두주자로, 동시대 많은 작품들의 주인공으로 등장한다. 『길 위에서』도 케루액이 캐서디와 함께한 미국 횡단여행을 소재로 쓰여졌다.
[5] 마리화나의 은어.
[6] 시카고의 별칭.
[7] 캐서디의 별명으로 케루액이 이 책에서 만들어냈다.
[8] 미국의 희극 영화배우.

획휙 지나가더라.

케루액은 1948년부터 이 소설을 쓰기 시작했다가, 완전히 다시 고쳐 썼다. 그리고 나서도 앞에서 우리가 본 두루마리 종이 위에 타자기로 쳐 넣고는 또다시 6년 동안 결말 부분을 손본 끝에 출판이 될 수 있었다(이 6년 동안 그는 다른 작품을 12권이나 썼다). 그는 이보다 앞서 1951년 첫 작품 『마을과 도시(The Town and the City)』를 내놓았는데, 이 작품은 비교적 전통적 서술 방식을 택했고 판매에도 성공을 거두었다. 그러나 출판업자들은 무절제한 행동을 거침없이 그려낸 다음 작품에는 조심스러운 태도를 보였다. 젊은이의 자아 발견 여정을 이런 식으로 다룬 작품은 일찍이 본 바가 없었다.

와우, 세상엔 할 일도 많고, 쓸 것도 넘쳐나.
어디서 시작할지는 내 멋대로지. 글쓰기 금기며 문법적 오류 따위는 생각만 해도 어질어질…… 비내리는 네브라스카의 황막하고 씁싸름한 공기를 안주 삼아 큰 잔 죽 들이켰지.
후이이…… 이제 간다!
나는 마음속으로 중얼거렸어.(덴버는 얼마나 멋질까!)

케루액은 마치 만화책이 '우와, 아이쿠 배트맨이닷!'과 같은 감탄사를 연발하듯 느낌표를 사용해서 아이들 같은 환호작약의 감정을 표시했다. 엄숙한 소설의 산문체와는 달랐다. '덴버!' 1947년 덴버에서 한껏 놀다 보면 아드레날린이 철철 넘쳐나고야 만다는 것이다.

즉흥적으로 토해낸 듯한 문체만 보더라도 작품의 주제를 짐작할 만하다. 술과 마약과 섹스에 절어 사는 나날들이다. 그들의 여행에는 딱히 정해놓은 목적지도 없다. 케루액 자신이 떠돌이 인생으로 유명했다. 유일하게 그가 정착할 곳으로 꼽는다면 그가 '울 엄마(Ma Mére)'라며 끔찍이 여겼던 어머니뿐으로, 일생 동안 어머니에게 '티장(Ti-Jean)'[9] 노릇을 마다하지 않았다.

마침 나의 소장품 중에 케루액이 어머니에게 보낸 긴 편지가 있다. 케루액은 자신이 만약 정착하게 된다면 어머니와 함께 살 것이라고 또박또박 쓰고 있다. 1953년 4월 샌 루이 오비스포(San Louis Obispo)[10]에서 쓴 편지에서 그는 캘리포니아가 멋진 곳이라고 칭송하면서 어머니도 오시는 게 어떠냐고 말하고 있다. 샌 루이 오비스포는 두 가지 때문에 멋진 곳인데, 텔레비전 방송국이 두 개나(!) 있고, 기후가 기가 막히다는 것이다!

정말 근사한 생각이 있어요. 우선 트레일러를 구해서 1년 동안 사는 거

---

9) 데렉 월코트의 희곡 『티장과 형제들』의 주인공.
10) 샌프란시스코와 로스앤젤레스 사이에 있는 휴양지.

예요……. 그렇게 살아보는 거예요. 이제 지겹다 싶으면 언제든 그만둘 수 있으니까, 우선 트레일러, 중고 트레일러를 구해서 시작해보면 되잖아요. 그 다음은 차차 생각하기로 해요. 제 말대로 하면 다 된다니까요. 저만 믿으세요.

이 쓸쓸하고 애틋한 구절에는 잘 나타나 있지 않지만, 당시 그의 생활은 완전히 일탈상태로 황음(荒淫)에 빠져 있었다. 설사 그가 트레일러를 구해서 어머니와 함께 살았다고 해도 생활 태도는 달라지지 않았을 것이다. 그는 숱한 여성들의 식객 노릇을 했으며, 윌리엄 버로우즈, 칼 솔로먼, 캐서디, 긴즈버그 등의 문학패들과는 동거인이나 다름없었다. 그는 이들을 한 사람씩 찾아가 자신이 싫증이 나거나 그쪽에서 질릴 때까지 얹혀살다가 다시 거처를 옮겨다녔다. 그는 끼니를 잇기 위해 임시 노동을 하는 것 말고는 오직 쓰고 또 썼다.

그에게 중요한 것은 여행이었다. 그는 주(州) 경계를 따라다니거나 그 안으로 넘어 앞으로 나아가며 그칠 줄 모르고 새로운 것을 찾아다녔다. 그의 여정은 자신의 내부를 향한 것으로, 때로는 질탕한 순간을 탐하고 때로는 성찰의 시간을 더듬는 완전한 깨달음과 평정을 향해 나아갔다. 『길 위에서』의 원제는 '비트 세대(Beat Generation)'였다. 물론 이 제목은 작품이 리듬(beat), 시대에 대한 공격, 권태 등의 합성물임을 암시하고 있었다. 그러나 작품이 출간된 뒤 케루액은

'비트'라는 용어가 그저 행복(the beatific)을 추구하는 사람들을 가리키는 임시변통어라고 주장했다. 얼마 후 「샌프란시스코 크로니클(San Francisco Chronicle)」의 한 칼럼니스트가 [소련이 쏘아올린 최초의 인공위성 스프트닉(Sptnik)을 함께 빗대려고 했는지] '비트닉(beatnik)'이라는 말을 만들어내면서 유행어가 되었지만, 케루액은 이 말을 몹시 싫어했다.

케루액의 원고는 가는 곳마다 박대를 받았다. 로베르 지루처럼 선견지명이 있는 사람은 이 작품을 호평해주었지만, 대부분의 출판사는 아무 흥미를 보이지 않았다. 출판업자야 모험적 출판에는 절대 발을 딛지 않기로 악명 높은 법이지만, 케루액의 친구들도 초고를 좋게 생각하지 않았다. 긴즈버그도 마찬가지였다. 케루액의 집필 구상에 열렬히 공감했던 그가 완성된 원고에 워낙 인색한 태도를 보였기 때문에, 과연 케루액을 지지한다는 말에 진정성이 있는지 의구심까지 자아냈다.

> 작품 전체가 걱정스러워. 한마디로 미쳤어. (예술적 영감으로만 미친 게 아니고) 뒤죽박죽으로 미쳤어……. 아주 지독하기 짝이 없어서, 완성도를 높여 출판이 될 만하게 완전히 재-구성해야겠어. 누가 나설지도 장담 못 하겠어. 뉴디렉션(New Direction) 출판사나 유럽(Europe) 출판사도 힘들 거야. 그럴 거야.

케루액은 완전히 낙담했다. 뼛속 깊이 배신감을 느꼈다. 그는 가차 없이 쏘아붙였다.

이제 알겠어. 내 작품이 왜 위대한지, 그리고 네가 왜 나를 증오하는지도 다 안다고.…… 넌 말이야…… 속고만 살아온 놈이고. 증오로 가득한 놈이야. 낄낄대지 마, 나는 끄떡도 없다. 낄낄 소리 밑에 숨은 으르렁 소리를 다 들을 수 있단 말이야.…… 네가 좋아하는 코르소(George Corso)[11] 같은 놈한테나 붙어라.…… 코르소가 네 배때기에 칼을 담가줬으면 좋겠다.…… 꺼져. 다시는 얼씬하지 마.

원고의 진가를 알아본 사람은 맬컴 코울리(Malcolm Cowley)[12]였다. 재능 있는 문학인을 발굴하고 키워낼 줄 아는 대가였던 코울리는 이 원고를 바이킹(Viking) 출판사에 추천했다. 다만 한 가지 조건이 있었다. 그는 원고의 몇 개 장을 잡지에 먼저 실어서 작가를 독자에게 익숙하게 만들 필요가 있다고 생각했다. 뿐만 아니라 초고를 단단히 뜯어고쳐야 한다고 딱 부러지게 말했다.

무슨 거대한 추가 움직이듯이 이야기가 서부 끝에서 동부 끝까지 오락

---

11) 비트 문화의 시인.
12) 미국의 시인, 소설가, 평론가(1898~1989).

가락했다. 본문 중 몇몇 여행담은 줄여야 한다고 내 생각을 밝히자 케루액은 고개를 끄덕였고, 그렇게 고쳐냈다.…… 나의 제안은 결코 소소한 정도가 아니었고, 그것도 원고를 들어내자는 것이 대부분이었다. 나는 이런 식으로 말했다. 여기 두어 개 여행기 말인데, 그냥 꽉 줄여버리되 전체 분위기는 살려주는 게 좋을 것 같아.

1957년 9월 5일 마침내 책이 출간되자마자 뉴욕의 화젯거리가 되었다. 문학계에서 뉴욕 사람들의 입에 오르내린다는 것은 미국 전역의 화젯거리가 된다는 것을 뜻했다. 단 한 방에 복이 굴러온 것이다. 뉴욕의 정서나 화젯거리를 기록할 뿐 아니라 만들어내기도 하는 「뉴욕타임스」는 길버트 밀스틴(Gilbert Miilstein)의 보기 드문 서평을 게재했다. 밀스틴의 평에 따르면 『길 위에서』는 '진정한 예술 작품'으로, 이 책의 출간 자체가 '역사적 사건'이었다.

몇 년 전 그 자신이 '비트 족(beat)'이라 칭하고 스스로 주인공이자 아바타 노릇을 자처한 그 세대들의 세계를 케루액은 비할 데 없이 아름답고 명징하게 그려냈다. 『해는 또다시 떠오른다』가 1920년대 '잃어버린 세대(Lost Generation)'의 경전이 되었듯이 『길 위에서』는 틀림없이 '비트 세대'의 경전이 될 것이다.

서평이 게재되자 너도나도 허겁지겁 책을 사려고 줄을 이었다.

그렇지만 "도대체 길버트 밀스틴이 누구야" 하는 당연한 질문을 던지는 사람은 거의 없었다. 보수적이고 까다로운 입장에서 고정 서평을 쓰고 있던 오빌 프레스콧(Orville Prescott)이라면 이런 책의 서평을 쓰는 일은 없었을 것이다. 그런데 마침 그가 휴가 중이었다. 휴가에서 복귀한 프레스콧은 노여움에 떨었고, 밀스틴은 그 뒤로 「뉴욕타임스」 일간판에 서평을 싣지 못했다.

뉴욕에서는 서평이 결정적 요인이기 때문에 밀스틴의 서평은 『길 위에서』가 주목받을 가능성을 보장해준 셈이었다. 그렇다고 해서 책이 찬사를 받는 것은 또 다른 문제였다. 격렬한 논쟁이 곧 뒤를 이었다. 이때 트루먼 카포티(Truman Capote)의 말이 자주 인용된다. "글을 쓴 게 아니고, 타이핑 작업을 한 것이군." 존 업다이크(John Updike)는 「뉴요커」에 이 말을 패러디한 글을 실었고, 노먼 메일러는 에세이집 『내 이름으로 광고를(Advertisements for Myself)』에서 케루액이 '어린애 막대사탕처럼 간상저이고', '돈 많은 창녀처럼 우쭐기린다'고 꼬집었다. 메일러는 뒷날 이 말을 후회했는데, 정말로 듣도 보도 못한 새로운 것이 출현했을 때 기성 작가가 느끼는 불안감 때문이었다고 털어놓았다. "그 책을 읽는 동안 내 마음은 털썩 주저앉는 것만 같았다. 당시는 작가들이 서로 치열하게 경쟁을 벌이던 상황이라 나는 이런 생각이 들었다. '제기랄, 이 녀석이 제대로 해냈네. 이 친구는 그 현장에서 몸으로 살아내고 있는데, 나는 그저 머리에 든 사람 노릇을 하며 주워들은 것을 쓰고 있을 뿐이잖아.'"

책이 어떤 평가를 받느냐 하는 것은 나중 문제였다. 트루먼 카포티, 존 업다이크, 노먼 메일러 같은 작가들의 입방아에 오른다는 것 자체가 이미 성공을 보장하는 것이었다. 책이 나오고 2주 만에 2쇄에 들어갔고, 2쇄가 나오자마자 3쇄를 돌렸다. 불과 5주 만에 「뉴욕타임스」의 베스트셀러 목록에 뛰어올랐다. 무명의 서평자 길버트 밀스틴에게 케루액은 큰 빚을 진 셈이다. 밀스틴도 이렇게 회고한다. "케루액도 거리낌이 없었다. 그는 나에게 어깨동무를 하고는 이렇게 말했다. 여러분, 이 사람이 길버트 밀스틴이야, 이분이 날 만들어줬다고."

「뉴욕타임스」에 예기치 않게 실린 서평 하나로 미국인들은 비트 제너레이션이라는 말을 접하게 되었고, 케루액은 그 대변자가 되었다. 그렇지만 케루액은 이런 평가가 질색이었다. "그 선량한 찬미자 분들 때문에 나는 죽을 지경이야. 나는 하나지만 자기들은 얼마나 머릿수가 많은지 그 사람들은 알 리가 없지. 들뜬 찬사와 편지가 온갖 곳에서 날아와 쌓이는 거야. 제 딴에는 지하생활자 같은 문체를 시도했다는 계집애들이 멍청하게 1만 단어짜리 편지까지 보내왔다니까."

선량하고 똑똑하게 생긴 케루액은 이제 딸을 둔 어머니라면 누구나 피해야 할 교활한 사내가 되었으며, 공공연히 욕을 먹어 마땅한 놈이 되어버렸다. 미국 중산층의 보수적인 목소리를 대변하는 「타임 매거진(Time Magazine)」은 이 책이 쾌락주의에 물든 퇴폐적 작품이며, 관습과 도덕을 무시하는 '디오니소스적 환락'의 산물이라고 지탄했다. 『길 위에서』는 위험천만한 반사회적 작품이라는 결론이었다. 반면에 미국 곳곳의 청년 지식층들은 이 책을 탐독하고, 그 안에서 새로운 유혹거리와 함께 순수와 긍정의 세계를 발견했다. 케루액도 이 책이 "고통 받는 영혼을 지닌 선량한 젊은이들이 절망에 빠져 벌이는 거친 행동을 그려냈다"고 술회한 바 있다.

1960년대 미국 문학에 반사회적 기운이 역력했다는 것이 지적되곤 하지만, 1950년대의 문학은 훨씬 급진적이었다. 『호밀밭의 파수꾼』(1951), 『울부짖음(Howl)』(1955), 『벌거벗은 점심시간(Naked Lunch)』(1955), 『길 위에서』(1957) 등의 작품을 보라. 전후 평화 시대를 맞은 미국인들의 유일한 소원은 똑같은 모양의 단독주택 단지에 입주하고 편안한 직장을 다니며, 말 잘 듣는 아내와 아이들과 신형 차를 모는 것뿐이다. 이런 미국인들에게 위와 같은 작품들이 느닷없이 나타나 불평불만의 세계를 열어 보이고 있으니, 그야말로 엄청난 충격이었다.

1950년대의 작가들은 누구도 흉내 낼 수 없는 방식으로 살았다. '침묵의 세대'로 존재하던 얌전한 젊은이들은 이런 삶을 따를 엄두도 내지 못했다. 반면에 1960년대에 활약한 켄 케이지(Ken Kasey),[13] 커트 보네거트, 톰 울프 등은 젊은이들을 초대하여 즐거움을 함께

---

13) 『뻐꾸기 둥지 위로 날아간 새』의 작가.

나누었다. "문제는 '당신'이야. 당신이 되고자 하는 바 그대로 되어 가고, 스스로 즐거움을 찾아 뛰쳐나오고 함께하는 거야." 1960년대는 이런 화법이었다.

1950년대의 비트 세대는 이보다 불편하고 낯설고 위험스러웠다. 그들은 정신병 환자이거나 마약중독자, 동성애자, 범죄자로 여겨졌다. 그들은 최고로 똑똑한 존재들이라 남의 생각 따위는 개의치 않았다. 이들은 히피가 아니라 새로운 삶의 방식과 문화의 소비자일 뿐이었다. 히피들처럼 머리를 기르거나 의상을 바꾸거나 새로운 사상과 행동방식을 창안해내는 이도 없었다. 스타일도, 규칙도, 우상도 존재하지 않았다.

얼마 후 알렉 긴즈버그는 자신들의 세대에서 비트적인 사고는 이제 다 파괴되었다고 말하게 되는데, 그의 컬럼비아 대학 스승이던 리오넬 트릴링(Lionel Trilling)이나 자크 바준(Jacques Barzun) 교수 같은 이를 가리킨 것은 아니었다. 두 사람은 그때까지도 변함이 없었다. 알렉 긴즈버그가 염두에 둔 사람은 칼 솔로몬, 윌리엄 버로우즈, 닐 캐서디 같은 이들이었다. 칼 솔로몬은 정신병원에 있으면서 자신이 러시아 소설의 주인공이라고 생각하고 있었고, 버로우즈는 헤로인 중독자가 되었고, 캐서디는 샌프란시스코에서 반쯤 미친 시인으로 머물고 있었다. 이 일그러진 패거리의 중심 자리에 있던 사람이 케루액이었으며, 그들이 거룩히 모시던 작품이 『길 위에서』였다. 오늘날에도 이 소설은 한 해 12만 5천 부의 판매고를 기록하고 있으며,

누적 판매고는 400만 부에 달한다.

　그러니 2001년 5월 22일 길이 120피트(약 36.6미터)짜리 원고뭉치가 등장했을 때 크리스티 경매장 측은 대소동을 예상할 수밖에 없었다. 20세기 문학 관련 매물들은 그리 높은 가치를 인정받지 못한다. 내가 기억하기로는 생존 작가의 원고가 공개경매장에서 10만 파운드(18만 달러)까지 호가하는 경우는 없었다. 20세기 문학 원고 전체에서 그때까지 최고가는 카프카의 『심판』이 기록한 100만 파운드였다. 내가 보기에는 이 가격도 낮다. 100만 파운드로는 제스퍼 존스(Jasper Johns)[14]의 태작 한 점도 구입할 수 없다. 『길 위에서』의 원고에 크리스티의 유명세가 더해져 관심이 눈덩이처럼 커졌다. 주요 일간지와 잡지는 예상 구입자 목록을 실었고, 텔레비전과 라디오는 경매 현장을 담아냈다. 최종 낙찰가는 243만 달러였고, 구매자는 제임스 얼세이(James Irsay)라는 의외의 인물이었다. 책 수집계에서는 전혀 알려지지 않았던 이 사람은 인디애나폴리스 콜츠 미식축구 팀의 구단주였다.(공교롭게도 케루액은 컬럼비아 대학 시절 미식축구 선수로 뛰다가 그만둔 적이 있다. 코치는 "케루액이 지친 것 같았다"고 그 이유를 둘러댔다.) 얼세이는 미국 전역을 자동차로 돌며 원고 순회전시를 열어 『길 위에서』 붐을 다시 일으킬 계획이라고 밝혔다. 그는 비교적 높지 않은 가격에 원고를 구입했다며, 자신에 대해서도 겸양한 태도를 보였다.

■■■■
14) 미국의 팝아트 화가(1930~현재).

"나는 이 원고를 관리하는 집사역을 맡았다고 생각한다. 우리가 어떤 것을 소유할 수는 없다. 세상의 이치란, 티끌에서 온 것은 티끌로 돌아가기 마련이니까."

그래도 이 귀중하지만 상하기 쉬운 원고가 티끌로 돌아가기 전까지는 이분이 좋은 보관 조건을 마련하여 세심히 관리해주시기를 바랄 뿐이다. 아, 물론 그가 예상한 시간보다는 세상의 이치가 늦게 발동하기를 바란다.

09 율리시즈

금서 출간을 밀어붙인 용감한 여성들

제임스 조이스

데니스 실버맨은 도박꾼이자 대식가이며 붙임성 있는 호인이었다. 120킬로미터가 넘는 당당한 체구에 말씨와 행동거지는 데이먼 러니언(Damon Runyon)[1] 소설에 나오는 주인공을 떠올리게 했다. 그는 전미트럭운수조합 연금기금의 뉴욕 지사 중 한 지회의 책임자였다. 그래서 그런지 넉넉한 앞주머니에 100달러 뭉치를 잔뜩 쑤셔 넣고 아낌없이 뿌려댔다. 나중에 그는 사기 혐의로 기소되었는데, 건강상 이유로 재판을 면제 받았지만 1995년 플로리다에서 사망했다. 이런 실버맨이 바로 그 시대 최상품 제임스 조이스의 책을 소유하고 있었다.

그는 희귀본 거래장이란 점잖은 체하는 고학력자들이 득시글거리는 곳이라 생각해서인지 경매 때마다 안절부절하지 못했다. 처음에는 몇 만 달러를 쓰는 식으로 덤벼들던 실버맨은 이내 현명하게도 저녁식사를 하며 이야기를 나눌 괜찮은 대상을 찾는 쪽으로 돌아섰다. 아마 1980년대 후반의 어느 해인가 하필 내가 그 상대자가 되었

---

[1] 금주법 시대의 미국 작가. 『아가씨와 건달들』의 원작자이기도 함.

다. 그는 8인용 좌석을 혼자 차지하고(그의 접시 위에 올라갈 기다리는 오리고기 더미를 이 넓은 좌석에 푸짐하게 채워놓고 있었다) 엄청난 양의 중국요리를 먹어치우더니 자신의 소장품이 얼마나 방대한지 자랑스레 떠벌렸다.

"내 수중에 엄청난 것들이 있습니다. 『젊은 예술가의 초상』인가, 해리엇 위버(Harriet Weaver)[2]에게 드린다는 글을 조이스가 직접 써넣은 것이 있고, 또 장모한테 바치는 글을 써넣은 『더블린 사람들』하며, 에 또 그 『율리시즈』에는 모그랫 앤더슨(Mawgrat Andason)[3] 이름이 씌어 있습디다.……"

막강한 소장품이었다. 나는 실버맨이 이들 책의 가치를 알아볼 인물이라는 점에 대해서는 의심하지 않았다. 그는 머리회전이 빠른 인물답게 희귀본 거래 시장을 손바닥 보듯 하며 최고의 물품만 사들였다. 작품의 내용을 제대로 알고는 있을까. 물론 이것은 전혀 다른 문제였다.

"근데 말이죠, 데니스." 내가 입을 열었다. "읽어보시긴 했나요?"

그는 놀라는 눈치였다. 그러고는 딱 잘라 말했다. "『더블린 사람들』을 읽었다니까!"

■■■■

[2] 제임스 조이스의 후견인.
[3] 영미 문학지인 「리틀리뷰」의 창립자 마거릿 앤더슨(Margaret Anderson)을 잘못 발음한 것이다.

"그래, 어떻던가요?"

이런 멍청한 질문에 김이 새는 눈치였다.

"걸작이지! 아, '초상'도 읽었다니까!"

"그런데?"

"그런데 뭘? 대단하다니까."

분명 이 사람이 농담을 늘어놓는 것은 아니었다.

나는 내처 물었다. "『율리시즈』는 어땠어요?"

"아직 4장을 보는 중인데……." 이렇게 운을 뗀 그는 꺼림칙한 기미였다.

"그런데요?"

"세부 묘사가 맘에 들질 않네!"

이 작품을 나도 여러 차례 읽었고 숭배하기까지 했지만 실버맨의 의견에 공감이 갔다. 존슨 박사(Dr. Johnson)[4] 식으로 말하자면, 누구나 이제 『율리시즈』보다 더 긴 작품은 그만 나왔으면 좋겠다고 했을 것이다. 1922년 『율리시즈』가 출간된 이래 엄숙함을 자랑하는 대학 교수나 문헌학자들 치고 이 작품을 칭송하지 않는 사람은 없었지만, 그렇다고 좋아하는 사람도 손으로 꼽기 힘들었다. 이 작품이 20세기에 공인받는 걸작이라는 것은 사실이지만, 이 사실로 인해 우리는 '걸작'이라는 것이 얼마나 불만스러운 개념인지 되새길 뿐이다.

---

4) 18세기 영국의 시인이자 평론가인 새뮤얼 존슨(Samuel Johnson)의 별칭.

나는 심정이 이해간다는 식으로 대답해주었다. "그래요, 데니스. 세부묘사가 문제라니까요."

실버맨이 우울한 기색으로 말했다. "그나저나 오리고기 더 드시려우?"

데니스는 이 소장본을 1986년 고(故) 제임스 길배리(James Gilvarry) 컬렉션 경매에서 35,000달러(19,400파운드)에 구입했다. 그때만 해도 상당한 거금을 치른 것처럼 보였지만 이 책처럼 제임스 조이스의 친필 서명이 담긴 원본은 100부도 안 될뿐더러 누가 봐도 조이스의 필적이 분명한 헌사가 또렷이 쓰여 있었다. 조이스의 서명과 헌사가 동시에 쓰여 있는 개인 소장품은 나도 이것 말고 딱 한 번밖에 더 본 적이 없었다.

조이스의 다른 작품이 그러했듯이 『율리시즈(Ulysses)』 역시 오랜 시간을 거쳐 태어난 작품이다. 조이스의 머릿속에 최초의 구상이 떠오른 것은 1906년으로, 그는 형제인 스태니슬라우스(Stanislaus)에게 부정(不貞)한 아내를 거느린 유태계 더블린 사람에 관한 단편 하나를 구상하고 있다고 얘기해주었다. 이 인물이 곧 작품 『율리시즈』의 주인공 레오폴드 블룸이 된다. 이 이야기는 애초에 그의 작품집 『더블린 사람들(Dubliners)』(이 작품은 1914년에 출판되었음)의 한 꼭지로 넣을 예정이었지만 조이스는 결국 이때에 맞춰 쓰지 못했다.

같은 해에 조이스는 『율리시즈』의 초고 상당 부분을 쓰기 시작했다. 그때의 구상은 단순명료했지만, 극히 복잡하기도 했다. 1904

년 6월 16일 단 하루 동안 벌어지는 레오폴드 블룸의 삶을 모두 담아내자는 것이었다. 이 하루 동안 주인공 블룸은 광고판을 갖고 더블린 시내를 신산하게 떠돌아다니는데, 이 하루의 이야기는 그리스 신화 율리시즈(오디세우스)의 영웅적 유랑과 비견된다. 조이스는 주인공이 경험하는 불안심리를 장면 장면마다 아무 가식도 장치도 없이 그대로 드러내버리는 수법을 구사하였다(후대의 평자들은 이 수법을 두고 '의식의 흐름'이라 일컬었지만 필자가 보기에 이는 다소 잘못된 용어다). 조이스는 이런 수법을 동원하여 레오폴드 블룸의 아내 몰리나, 1916년 발표된 '젊은 예술가의 초상'에 처음 등장한 스티븐 디덜러스(Stephen Daedalus)의 마음속 깊이 독자가 들어가게 만든다.

조이스는 『율리시즈』를 구상하던 시초부터 이 작품을 방대한 백과사전적 지식의 집합체로 만들 의욕에 불탔고, 최종 완성까지 상당한 세월이 걸릴 것임을 스스로 깨닫고 있었다. "이 작품 속의 이야기들을 뺄리 써낸다는 것은 불가능하다. 작품의 요체들이 각각 태동하여 오랜 시간이 지나야 비로소 서로 융합될 수 있는 것이다. 이 일은 정말로 힘겨운 작업이겠지만 지금 내가 쓸 수 있는 유일한 작품이 바로 이것이다." 그러나 작품의 각 요체들이 서로 합쳐지는 일은 뭉근하게 일어날 수 있겠지만 조이스로서는 글을 쓰는 것 못지않게 먹고 사는 일도 시급했다. 후견자들이 아낌없이 도와주긴 했지만 항상 쪼들려 살고 있었던 탓이다. 그는 유복한 생활을 영위하는 것을 당연한 권리로 여겼기 때문에 수중에 돈이 많이 들어올수록 지출도 따라서 많아질 수밖에 없었다.

에즈라 파운드가 해결사 역할을 자처했다. 이보다 앞서 엘리엇이나 헤밍웨이에게 그러했듯이, 에즈라 파운드는 문학적 열정뿐 아니라 출판 편집자 겸 경영자로서의 의욕과 문학적 정열을 조이스에게도 아낌없이 바쳤다. 파운드는『율리시즈』의 각 장을 유명하진 않지만 현대적인 잡지에 투고해보라고 제안했다. 이때 파운드는『율리시즈』의 각장들을 '에피소드'라고 칭하면서 호메로스의『오디세이』에 대응하는 소제목도 붙여주었다. 이들 잡지는 재력 있는 독지가들이 경영하고 있었기 때문에 경우에 따라서 놀랍도록 후한 원고료를 지불해주곤 했다.

그때까지 조이스가 발표한 작품들은 검열관과 험담꾼들에 시달리고 있었기 때문에, 그의 걸작이 빛을 보려면 비용 조달과 출판 공정 모두를 직접 해결하는 길밖에 없는 듯했다. 조이스의 타개책은 자신을 열렬히 지지하는 여성 출판인들에 기대는 것이었다. 이 여성들은 논란을 불러일으킬 노골적인 작품을 출간하는 데 따른 대가를 얼마든 치를 각오가 되어 있는 사람들이었다. 당시의 여성 지식인들은 성적 묘사에 생각만큼 결벽증을 (어쩌면 오늘날 여성들보다도) 갖고 있지는 않았다. 요컨대 마거릿 앤더슨, 해리엇 위버, 실비아 비치(Sylvia Beach)의 후원이 없었다면『율리시즈』는 태어날 수 없었을 것이다. 아니 적어도 출간이 오랫동안 늦춰졌을 것이다.

1918년 3월 에즈라 파운드가「리틀 리뷰(The Littel Review)」지의 공동편집자인 마거릿 앤더슨과 제인 히프(Jane Heap)에게 『율리시즈』의 원고 한 회분을 보냈다. 원고를 받은 앤더슨은 단번에 매료되었다. "우리가 지금까지 만난 것 중 최고로 아름다운 작품이네요. 우리 혼신의 힘을 다해서 게재하겠어요." 이때부터 몇 년 동안 이 잡지에 『율리시즈』가 정기적으로 분재되었다. 그런데 1920년 1월 '사이클롭스(Cyclops)'라는 표제의 원고를 미국 세관이 '외설'이라는 이유로 압수했다. 이후 몇 달 동안 마거릿 앤더슨은 검열자들의 방해[5]에도 개의치 않고 후속 연재분을 계속 게재하면서 버텼다.

이후 이 잡지는 재판을 받게 되었는데, 1921년 2월 재판정에서 판사는 외설적 혐의를 받는 문구를 낭독할 예정이니 미스 앤더슨에게 법정 밖으로 나가 있으라고 지시했다. 판사는 짐짓 격식을 피우며 말했다. "확신하건대, 이 여성은 자신이 어떤 것을 출판하는지도 제대로 모르고 있습니다." 참기 어려울 만큼 비아냥거렸지만 판사의 말은 부분적으로 옳았다. 물론 미스 앤더슨은 자신이 출판한 책의 원고를 읽었다. 그렇지만 자신의 변호사이자 책 수집가인 존 퀸(John Quinn)에게 이 원고가 '법적으로' 외설이냐고 자문을 구한 사실은 밝히지 않았다. 당시 존 퀸은 법률가다운 조심성을 발휘하여 자신도 잘 알 수 없긴 하지만 앞으로는 게재를 중단해야 한다고 자문을 해준 바 있다(이런 사람이 후에 조이스의 이 작품 수고본을 5,000달러

---

[5] 당시 미국 당국은 책자를 불태우고 마거릿 앤더슨과 제인 히프를 기소했다.

즉 2,700파운드를 주고 사들였다니).

　마침 같은 시기에 역시 대담한 여성 해리엇 위버가 나타났다. 자신이 런던에서 발행하는 잡지 「에고이스트(The Egoist)」에 '에피소드'들을 연재할 권리를 50파운드(90달러)에 사들인 것이다. 이는 나중에 작품 전체를 단행본으로 출간할 것을 염두에 두었던 것이다. 위버는 이보다 앞선 1917년에 『젊은 예술가의 초상』을 발행한 바 있었기 때문에, 조이스의 새 작품 제목을 '예술가의 초상'으로 붙일까 하는 생각도 하고 있었다. 「에고이스트」는 5회분까지 게재하였지만, 그 다음부터는 더 이상 이 원고를 맡을 인쇄업자를 구하지 못했다. 인쇄업자나 출판업자들 모두 겁을 낸 탓이었다. 미국의 휩시(Huebsch)나 보니 앤드 리버라이트(Boni and Liveright) 출판사를 비롯해서 영국의 호가스(Hogarth Press)[6]까지 한결같이 작업을 거절했다 (버지니아 울프가 사양한 것은 능숙한 조판업자에 의뢰해도 조이스의 원고를 조판하는 데에 2년은 족히 걸릴 것이기 때문이었다).

　원고가 작업 중 상태로 워낙 곳곳에 돌아다닌 탓에 각 나라의 식견 있는 독자들마다 아직 책으로 나오지도 않은 『율리시즈』를 화제에 올리지 않을 수 없었다. 마치 촉수를 보고 문어를 짐작하는 격이라고 할까. 동시대 작가들마다 한 마디씩 평을 했는데, 『율리시즈』는 이들의 개성을 시험하는 시금석이 된 것 같다.

------

[6] 버지니아 울프가 직접 운영한 인쇄 겸 출판사다. 이 책 제17장 참조.

거트루드 스타인(Gertrude Stein): 그런데 나와 제임스 조이스 중 누가 더 앞설까?

어니스트 헤밍웨이: 조이스는 얄밉도록 놀라운 작품을 내놓았다.

T. S. 엘리엇: 그 작품을 읽지 말아야 하는데.

버지니아 울프: 독학한 노동자가 써낸 책.…… 여드름이나 짜고 있을 역겨운 대학생 같은 사람이 쓴 책이다.

에즈라 파운드: 보시오, 조이스 선생. 당신 정말 뛰어난 작가란 말이오. 솔직한 내 생각이오.…… 나보다 낫소. 나야 평론가고.……

조이스는 이제까지 닫혀 있던 내면의 세계로 횃불을 비춰보였고, 독자들이 스스로 내면을 드러내는 경험을 겪게 하였다. 당대 문학에서 『율리시즈』는 가장 많은 논란을 불러일으켰다. 그런데 책은 여전히 나오지 않았다.

이 절명의 시기에 미스 실비아 비치가 등장했다. 그녀는 돈은 많지 않아도 야심 하나는 컸던 젊은 미국인으로 파리 센 강의 좌안(左岸)[7])에 '셰익스피어 앤드 컴퍼니 서점(Shakespeare and company)'을 운영하고 있었다. 실비아 비치는 그때까지 책을 출판한 경험이 없어서 어디서 시작해야 하는지도 모르는 상태였는데도 조이스에

---

7) 일명 레프트 뱅크(Left Bank)라 한다. 센 강의 왼쪽 편으로 화가를 비롯한 자유분방한 예술가들의 거처가 되던 장소였다.

게 진지하게 제안했다. "외람되지만 우리 셰익스피어 앤드 컴퍼니 서점이 당신의 『율리시즈』를 출판하도록 허락하시겠습니까?" 조이스는 반색을 하면서 수익금의 66퍼센트를 받는 조건으로 단번에 계약서에 서명했다. 미스 비치의 동업자인 아드리엔 모니에(Adrienne Monnier)가 디종 인쇄소(Dijon)의 다랑티에르(Darantiere)를 추천했다. 다랑티에르가 영어를 전혀 할 줄 몰랐던 것이 문제라면 문제였지만, 그것이 오히려 적임자가 된 이유의 하나였다.

조이스의 집필 방식으로 인해 다랑티에르는 더 이상 참을 수 없는 지경까지 맛보았고, 미스 비치는 지갑을 몽땅 털어야 할 판이었다. 마치 빙하가 만들어지는 과정처럼 조이스는 천천히 그리고 끈덕지게 덧쓰고 또 덧쓰기를 되풀이했다. 그는 원고를 완성했다고 손을 놓는 일을 가장 혐오했다. 끝없이 고치는 것, 이것이 그의 글쓰기였다. 가필하고 수정하고, 다시 교정쇄를 또 고치다보니 원고 분량이 초고 때보다 3분의 1이 늘어났다. 그때마다 다랑티에르는 활자를 다시 조판했지만 조이스가 지시한 대로 매번 정확하게 수정을 한 것은 아니었다. 미스 비치는 근심을 거두지 못하면서도 대금을 지불했다. 1922년 2월 2일, 마침 제임스 조이스의 생일이기도 한 그날에, 디종 인쇄소에서 보낸 『율리시즈』 초판 두 권이 기차편으로 파리 북역(Gard de Nord)에 도착했다. 미스 비치가 책 마중을 나와 조이스의 거처로 가져다주었다. 문학사에 기념할 만한 날이었다. 전하는 바로는, 조이스는 책을 받자마자 아내 노라(Nora)에게 바치는 헌사를 써

넣었는데, 얼마 되지 않아 존 퀸이 노라에게서 이 헌정본을 구입했다고 한다. 그렇지만 이 헌정본이 발견되지 않은 탓에 이 이야기는 믿거나 말거나일 뿐이다.

처음 몇 주는 성적이 좋았다. 미스 비치는 책을 더 찍었고 모두 팔 수 있었다. 당시로서는 꽤 비싼 가격이었는데도 일부는 예약 판매로 팔렸고, 나머지 책도 속속 팔려나갔다. 초판본 1,000부 중에서 일반본 750부는 에게해 빛 청색(Aegean blue)[8]의 표지로 제본하여 150프랑을 매겼다. 나머지 150부는 프랑스인들의 기호를 고려해서 대형판으로 제본하고 250프랑을 붙였다. 제일 고급스러운 100부가 또 있었다. 이들은 조이스가 직접 서명한 책들로 가격은 350프랑이었다. 이 글의 앞에서 말한 데니스 실버맨의 소장본(3호)은 조이스가 바로 그 용감한 여성 마거릿 앤더슨에게 헌사를 써서 증정한 것이다.

『율리시즈』는 영국과 미국에서 출간 즉시 판금도서가 되었다. 그렇지만 판매는 꾸준했다. 1922년 후반에 2쇄 2,000부가 에고이스트 출판사 명의로 2기니[9]라는 싼 가격에 발행되었다. 미스 비치는 이 가격에 분개했다. 미스 위버는 셰익스피어 판본의 인쇄에 돈을 보탠 것이 분명했으며, 이제는 바로 그 조판과 똑같은 제본을 사용해 자기가 직접 책을 펴내고 싶어 했던 것이다(파리판과 영국판에는 크

---

8) 코드명 3FMO의 푸른 빛. 에게해 빛이라는 별칭을 갖고 있다.
9) 1기니는 1.05파운드.

기에만 약간 차이가 있었다). 조이스는 저가 판본을 출간하자는 위버의 결정에 동의했지만 실비아 비치는 배신감을 느꼈다. 자기가 높은 가격의 책을 먼저 내놓아 판매를 했는데 곧바로 저가본이 출간되어 주문을 독차지하니 실비아 비치의 책을 주문한 판매상들은 뜨악해했다(서점 서가에는 여전히 실비아의 판본이 아직 올라 있는 상태였다). 결국 한 번 금이 간 조이스와 실비아 비치의 관계는 끝까지 해소되지 않았다.

1923년 에고이스트 출판사가 『율리시즈』의 3쇄 500부를 발행했다. 그러나 이 500부는 영국 포크스톤(Falkstone) 세관에 압수되어 파기되어버렸다. 당시 파기된 부수가 딱 499부라는 설이 있지만 현재 세 권이 소장되고 있다고 확인되었다. 그중 한 권은 발행 그대로의 제본 상태를 유지하고 있고, 나머지 두 권은 새로 수리 제본을 받은 것이다. 그밖에 세 권의 소재도 추가로 확인되었다.

이로부터 10년 동안 『율리시즈』는 미국과 영국으로 계속 밀반입되다가, 결국 미국 세관에 의해 발각되었다. 1933년 이 작품은 외설물로 기소되어 존 울시 판사 주재로 1심인 연방 지방법원의 심리를 받았다. 판사는 작품의 의도와 수법에 대해 놀랄 만한 이해력을 발휘했다. 그는 이 소설의 성적 묘사가 노골적이긴 하지만 '호색한의 음탕한 눈길'은 작품 어디에서도 찾을 수 없다고 결론 내렸다. 『율리시즈』가 미국에서 판매될 수 있는 건전한 작품이라는 판단은 선견지명과 균형감각의 소산이었다. 물론 판결문 안에는 논증이 기묘한 대목도 있었다. "많은 대목에서 『율리시즈』는 독자로 하여금 다소 역겨움을 느끼게 하긴 하지만, 최음제 역할을 하는 것까지는 아니다. 따라서 『율리시즈』를 미 연방에서 허용한다." 법리적 견지에서는 어떤 작품이 독자로 하여금 구토를 하게 만들지만 발기를 유발하지는 않는다는 이유에서 허용할 수 있는가 보다. (오늘날까지 미국에서는 텔레비전과 영화의 검열 원칙이 이렇게 유지되고 있다.)

데니스 실버맨이 이 율리시즈를 마지막 페이지까지 읽었는지 나로서는 알지 못한다. 만일 완독했다면 그가 역겨움을 느꼈는지 성욕을 느꼈는지도 알 길이 없다. 분명한 것은 이 책 때문에 그가 더 부자가 되었다는 사실이다. 결국 1991년 그는 소장본을 팔았는데, 10만 달러(55,500파운드)의 수익을 가뿐히 거둬들였다. 데니스 실버맨의 입장을 생각해서도 내가 안심하는 것이 하나 있다. 2002년도 크리스티 경매장에서 있은 로저 레클러(Roger Rechler) 소장도서 경매에 그가 없었다는 것이다. 초판 고급판 100부 중 1호(1/100)와 2호가 이때 낙찰되었다. 1호는 신원이 정확히 알려지지 않은 헨리 캐저(Henry Kaeser)에게 보내는 짤막한 저자 헌사가 들어 있다. 이 두 권의 낙찰 가격은 무려 46만 달러(255,500파운드)였으니, 20세기에 발행된 책 중 그때까지 가장 비싼 가격이었다. 물론 당연하다. 20세기 최고의 작품이니 말이다.

조이스는 사정을 모두 목격하고, 익히 알고, 예감하고 있었다. 그는 독자들의 찬사가 지나쳐서 오히려 출간되자마자 작품이 위기에 처하지 않을까 근심했다. 가치는 인정받지만 읽히지는 않는 책이 될지도 모른다는 근심이었다. 실버맨처럼 책 자체를 신성시하는 일이 생겨난다는 것이다. 조이스의 숭배자이자 조력자였던 스튜어트 길버트(Stuart Gilbert)가 첫 서평들을 오려 온 일이 있다. 모두 호평은 아니었지만 한결같이 충격을 받았다는 반응이었다. 조이스는 다소 실망한 기색이었다. 그는 씁쓸하게 물었다. "재미있다는 얘기는 없던가?" "없어요, 거의." 스튜어트의 대답이었다. 이 작품에 건전함과 즐거움이 담겨 있다고 조이스가 얼마나 자평했든, 『율리시즈』는 재미를 주는 걸작은 아니다. 『트리스트럼 섄디(Tristram Shandy)』,[10] 『돈키호테』, 『허클베리 핀』처럼 책에서 손을 뗄 수 없게 만드는 작품은 아닌 것이다. 확실한 사실은 이 책이 조이스에게 명성을 물어다 주었다는 것이다. 또한 도서관마다 이 작품을 검토하거나 읽으려는 학자, 편집자, 열성독자들로 넘쳐난다는 것도 분명한 사실이다. 그렇지만 데니스 실버맨의 말이 옳다. 그의 진솔한 말투 그대로 『율리시즈』는 독자를 지치게 만든다. 율리시즈 초판 일반본 750부 중 1호(1/750)는 내가 애장하고 있다. 내가 책장을 열어보지 않는 한 이 소장본은 완벽한 보존 상태를 유지할 것이다. 나이를 먹어서 유혹에 넘어가지 않게 되는 즐거움의 하나랄까.

■■■■

10) 영국 작가 L. 스턴의 9권짜리 미완성 대하소설.

10
천재를 파멸로 이끈 위험한 사랑
도리언 그레이의 초상

오스카 와일드

문학을 논하는 오찬이나 만찬이라면 참으로 멋질 것이라고들 생각한다. 특히 그 현장을 겪기 힘든 애독자 대부분은 이런 선입견이 강하다. 그러나 실제로 이런 자리는 지루하기 일쑤고, 대부분 생산적이지도 않다. 어쨌든 대중들은 그루초 클럽(Groucho Club)[1]에서 베풀어지는 저녁 술자리나 개릭 클럽(Garrick)[2]에서 벌어지는 재담과 기지의 시간을 머릿속에 그린다. 호사가형 독자라면 으레 자신이 좋아하는 작가가 등장하는 로맨스를 입에 올리기 좋아한다. 문학사에 남을 명언이나 독설은 실제로 음식을 먹거나 (특히 당연하겠지만) 술잔을 돌리는 자리에서 나온 것이 사실이다. 그렇지만 상한 굴 요리를 먹고 쓰러졌다거나 아가사 크리스티의 추리소설처럼 살인이 벌어지는 경우가 아니라면, 문학을 논하는 만찬이 죽음을 낳는 일은 거의 없다.

그런데 1900년 오스카 와일드가 파리에서 죽은 사건이 1889년

---

[1] 런던 소호 거리에 있는 회원제 고급 문화 공간.
[2] 런던 개릭 거리에 있는 남성전용 회원제 고급 사교 클럽.

의 어떤 저녁 모임에서 시발된 냉혹하고 아름다운 비극의 결과라고 하면 나만의 억측일까? 그러니까 1889년 8월 30일 출판업자 스터더드(J. M. Stoddard)는 전도유망한 신진 작가 두 사람, 오스카 와일드와 아서 코난 도일과 만찬을 가졌다. 모임의 주선자인 스터더드는 당시 미국에서 발행되던 월간지「리핀코트(Lippicott's Monthly Magazine)」[3]에 게재할 새로운 소설을 찾고 있었다. 스터더드를 비롯한 미국인들은 이미 1882년 미국을 방문한 오스카 와일드에게 강렬한 인상을 받은 터였다. 백합꽃을 항상 꽂고 다니던 아일랜드 출신의 이 '재담상자(chatterbox)'는 스스로를 '예술을 위한 예술'의 사도라고 자처했다. 오스카 와일드라는 인물 자체가 엄청난 히트였다. 그렇지만 당시 미국인들 중에서 그의 작품을 읽은 이를 찾기란 매우 어려웠다.

1889년 당시까지 오스카 와일드가 내놓은 작품은 많지 않았다. 그때까지 그는 잡지에 단편 몇 편을 발표했고, 평이하기 짝이 없는 희곡 두 편을 한정판으로 발행했으며, 화려하지만 특출하지 않은 시집 한 권, 그리고 걸작 동화『행복한 왕자(The Happy Prince)』를 내놓은 것이 전부였다. 오스카 와일드는 대학생 때부터 자신의 기지와 매력을 자랑하며 화려한 삶을 살았다. 그러나 언제까지나 전도유망할 것만 같던 그의 삶도 35세 때 위험에 처하면서 사실상 가사 상태에 놓였다.

■■■■
3) 1886년에서 1915년까지 미국 필라델피아에서 발행된 문예비평지.

1882년 미국에 발을 내디디며 스스로 천재라고 선언했지만,[4] 그의 진정한 천재성은 그에 값할 작품을 내놓던 시절부터 발휘되게 된다.

　스터더드의 달콤한 화술에 두 젊은 작가가 움직였다. 코난 도일은 셜록 홈스 시리즈의 두 번째 작품인 『네 개의 서명(The Sign of Four)』을 써냈고, 오스카 와일드는 『도리언 그레이의 초상(The Picture of Dorian Gray)』을 탈고할 수 있었다. 오스카가 이 작품을 일필휘지로 써내다시피 했으니 출판업자라면 환호작약할 일이었다. 와일드는 연재 게재료로 200파운드(360달러)를 받았는데, 이후 몇 회 안에 작품을 완성해버렸다.

　『도리언 그레이의 초상』을 잉태한 상상력의 기원은 1887년으로 거슬러 올라간다. 1887년 오스카 와일드가 캐나다 화가 프랜시스 리차즈(Francis Richards)에게 자신의 초상을 의뢰할 때의 이야기이다. 완성된 작품을 넋 놓고 바라보던 와일드는 구슬프게 중얼거렸다. "이런 비극이 있을까…… 이 초상화는 결코 늙지 않을 테지만 나는 늙어가겠지. 그 반대가 된다면 얼마나 좋을까." 그 반대의 경우를 가능케 하는 유일한 방도는 예술의 힘을 빌리는 것이다. 와일드는 예술과 인생을 결코 혼동하지 않았던 사람이지만 그에게 예술이란 인

---

[4] 뉴욕의 세관이 그의 짐을 조사하려 하자, '짐은 딱 하나, 천재성을 갖고 왔다'고 신고한 것은 유명한 이야기다.

생보다 무한히 앞서는 것이었다.

　소설 속에서 시간은 광폭한 힘을 발휘하여 초상화 속의 도리언 그레이를 서서히 늙게 만든다. 기이하게도 실제의 도리언 그레이는 시간의 영향을 전혀 받지 않는다. 육체와 영혼의 불일치가 점점 강력해지면서 도리언 그레이는 거기에 빠져버렸으며, 자화상의 추악함은 그의 삶에도 영향을 미쳐, 황폐함과 타락으로 그를 사로잡는다. 마지막 광기가 극에 달한 그는 초상화를 칼로 찌르지만, 정작 그가 찌른 것은 자기 자신이었다. 하인이 달려와 발견한 것은 젊고 싱싱했던 주인이 아니라 얼굴을 알아보기 어려울 만큼 추하고 끔찍한 시체였다. 그리고 초상화는 처음의 젊고 아름다운 모습을 되찾았다. 와일드는 정말로 놀라운 알레고리를 담은 작품을 써냈다.

　1890년 7월 이 작품이 미국의 잡지에 실렸을 때 반응은 예상외로 긍정적이었다. 낡은 도덕담을 의식한 평론가들은 영혼을 팔아넘기고 죗값을 치르는 줄거리에 약간 불안을 표시했지만(도리언 그레이가 저지른 온갖 죄악에 독자를 빠뜨려야만 했을까?), 작품 속에 담긴 순수함을 인정하여 전체적으로는 용인해주는 태도를 보였다. 와일드는 이런 식의 평가에 약간 분개했다. 미국의 대중을 만족시키는 능력을 갖춘 작가라면 누구나 자기 식대로 쓸 수 있다는 것이다. "그렇다. 도리언 그레이의 초상에는 확고한 도덕률이 있다. 음탕한 자의 눈에는 그 도덕이 보이지 않겠지만 마음이 건전한 사람이라면 한눈에 알아차릴 수 있다. 이것이 예술적 오류일까? 아마도 내가 이런 예술적 오류를 범한 것 같다. 이 책의 유일한 오류라면 바로 이것이다."

연재물로 발표된 원고는 곧 단행본으로 모습을 갖춰 나오게 된다. 영국의 한 자그마한 출판사인 워드 록 앤드 컴퍼니(Ward, Lock & Co.)가 와일드의 작품을 1년 후 발간하고 싶다는 의사를 전해왔다. 출판사는 딱 한 가지 우려를 표시했는데, 5만 단어 원고가 단행본 한 권에 미치지 못한다는 점이었다. 와일드는 이 의견에 공감해 여섯 장을 추가하고 본문 수정도 기꺼이 하겠노라고 했다. 이들 여섯 개 장을 덧붙인 덕택에 작품은 풍성해졌다. 인물의 성격에 무게감이 더해졌고 플롯은 흥미진진하면서도 개연성을 강화하게 되었다.

「리핀코트」에 발표된 원고에 대해 미국 내에서 좋은 평이 나오자 오스카 와일드는 고무되었고, 앞으로 나올 책에도 자신만만해졌다. 그러나 벌써부터 적대적인 반응이 속출하기 시작했다. 출판사는 이 소설이 영국에서 어떤 대접을 받을지 전전긍긍했다.

와일드는 진히 불안하지 않았나고 난성할 수는 없었지만, 결코 싸움을 두려워하지 않았다. "사람들이 도리언 그레이에서 발견하는 죄는 그들 자신의 죄일 뿐이다. 도리언 그레이의 죄가 무엇인지는 아무도 모른다. 죄를 발견했다고 생각하는 바로 그들이 그 죄를 물어온 것이다." 그래도 출판사의 강력한 권유에 못 이겨 와일드는 1890년 원문에서 상당한 구절을 고쳐 썼다. 그중에서도 특히 동성애를 암시하는 구절들을 수정했다. 그는 "정말로 성가시다"며 이런 작업에 넌더리를 냈다. 그는 이 책이 자신의 책이지 출판업자의 책이 아니라고 못 박기도 했다. 그렇지만 그는 곳곳을 대폭 수정하는 일에 마지못해서라도 동의하지 않을 수 없었다. 남자 주인공들의 신체를 비교하는 묘사는 줄어들었고, 핵심 대목에서도 동성애를 암시한다고 여겨질 표현은 삭제되었다. 가령 1890년판에서 바실 베인은 주인공 도리언에게 "어째서 당신은 젊은 남성들에게만 숙명적으로 우정을 느낀다는 것입니까?"라고 묻지만 도리언이 이 물음에 대답하길 거부하고 있어서, 성적 타락을 용인한다는 의혹을 불러일으켰다. 그러나 뒤이은 영국판에서는 도리언이 바실 베인의 물음에 반박하는 것으로 고쳐졌다.

    1891년 4월 『도리언 그레이의 초상』이 발간되었다. 와일드의 여느 작품집들이 그렇듯 근사한 자태를 갖췄다. 와일드는 이 책의 디자인과 활자 선정, 제본 과정에 상당히 관여했다. 책의 디자인은 친구 찰스 리케츠(Charles Rickets)가 맡았는데 표지는 회갈색 종이를 입히고 책등은 송아지 가죽을 써서 금박을 넣었다. 출판사는 권당 6실링짜리의 당시 표준판 1,000부와 함께 대형판 250부를 발간했다. 그중 250부짜리 판형은 오스카 오일드가 직접 서명한 한정판으로 권당 2기니를 붙였다. 소설의 주인공이 그렇듯이, 갓 출간된 『도리언 그레이의 초상』은 멋진 모습이었다. 소설의 주인공이 그렇듯이 이 책의 풋풋함을 잘 건사한다면 좋겠지만, 독자의 손을 타면서 책은 망가지기 마련이다. 금박은 바래고, 표지는 때를 타고, 표지 접합부와 귀퉁이는 너덜거려서, 화려했던 모습은 가고 속 종이조직이 드러나고 만다. 희귀본 시장에서는 상태가 좋은 책을 좀처럼 만나기 어렵다. 혹시라도 겉표지까지 그대로 보존하고 있는 책이 나온다면 30,000파운드(54,000달러)는 족히 나갈 것이다.

책이 이처럼 외관이 근사하고 줄거리에 담긴 도덕도 겉으로는 긍정적이라 해도 영국의 평론가들은 전혀 미국처럼 호의적이지 않았다. 이것은 아마도 영국 사회에서 남성 간의 사랑을 다루는 일이 금기시되었기 때문일 것이다. 남자들이 다니는 공립학교에서 교사들은 자위와 동성애가 얼마나 끔찍한 결과를 가져오는지 줄기차게 경고한다. 이 경고는 우회적으로 표현되지만 학생들은 그 뜻을 즉각 알아차린다. 게다가 공립학교는 영국 문학계를 떠받치는 문화적 기반이기도 하다. 미국인들이야 당시 곰 사냥과 철도 건설에 여념이 없느라 이렇게 하찮은 짓거리의 위험성 여부로 골치를 앓을 겨를이 없었겠지만, 영국의 평론가들은 그렇지 않았다. 그들은 추잡한 행동의 기미가 조금이라도 있는지 시시때때로 눈에 불을 켜는 일을 제 일로 삼았다. 당시 문학인 사회에서 동성애가 만연한 것은 사실이지만 공공연하지는 않았다. 『도리언 그레이의 초상』이 문제라고 여겨진 까닭은 동성애가 노골적으로 표현되었기 때문이 아니라, 동성애를 암시하되 그 암시가 너무 분명하게 나타난 탓에 제대로 교육 받고 독서 경험이 넓은 남성이라면 누구나 알아차릴 수 있었기 때문이었다.

「데일리 크로니클(Daily Chronicle)」은 작품에 이런 딱지를 붙였다. "데카당스라는 나병을 앓는 프랑스 문학에 의해 배태된 이야기이며 유해한 책이다. 썩은 도덕과 영혼이 뿜어내는 악취가 진동한다." 핵심을 잘 지적했다고 말할 사람도 있을 것이다. 그러나 그렇지 않다. 오히려 문제의 핵심은 설사 악을 비판하는 데 목적을 두고 있다 해도 그 악덕을 매력 있게 그려내는 일도 역시 사악한 것으로 취급한다는 점이다. 아마도 적에게 위안을 줄 수 있다는 이유에서일 것이다.

물론 그럴 수도 있겠지. 그랬겠지. 도처에서 이 책을 두고 근심과 분노의 목소리가 터져 나왔다. 그렇지만 전통적으로 고상한 동성애 취향의 안식처가 되었던 옥스퍼드에서는 이 책이 즐거운 대접을 받았다. 유미주의 운동의 최고 사제 격이자 오스카 와일드의 옥스퍼드 시절 스승이었던 월터 페이터(Walter Pater)는 「리핀코트」지 연재 원고에 대한 서평을 써달라는 제안을 받았지만 위험한 작품임을 의식하여 거절한 바 있었다. 그러나 단행본이 출간되자 그는 깊은 감흥을 감추지 못하면서 "한 영혼이 타락하는 과정을 생생하게 그러나 조심스럽게 드러내주었다"고 평했다. 시인인 리오넬 존슨(Lionel Johnson)은 당시 옥스퍼드 모들린 칼리지(오스카 와일드 역시 이곳을 다닌 바 있다)의 학부생이던 알프레드 더글러스 경(Lord Alfred Douglas)에게 책을 선사했다. 알프레드 더글러스는 퀸즈베리 후작의 막내아들이기도 했다.

보시에(Bosie)라는 별칭으로 불리던 알프레드 더글러스가 이 책에 빠져들었다는 이야기도 근거 없는 것은 아닐 것이다. 스스로 밝한 바에 따르면 그는 이 책을 아홉 번이나 연속해서 독파했다고 한다. 또 어떤 이들은 연속은 아니지만 그가 총 열네 번 읽었다고도 했다. 당시에 찍은 사진을 보면 그는 금발에다가 군살 하나 없이 우아한 얼굴에 꿈꾸는 듯한 표정을 하고 있는 청년이었다. 얼굴에는 심술과 자만심이 담겨 있고, 몸짓에는 관능이 넘치며 불안감이 밖으로 터져 나올 듯했다. 오늘날까지 전해오는 그의 사진 중 행복한 젊은이의 모습을 담은 사진은 단 한 장도 없다. 그 자신도 이런 모습을 내비치고 싶지 않았을 것이다. 방탕하고 방종하기 그지없던 이 젊은이는 (남자) 친구 사이에서 미의 화신으로 여겨졌다. 그는 원하는 것은 무엇이든 손에 집어넣었다. 이런 그가 하고 싶은 일이 오스카 와일드를 만나는 것이었다.

보시라는 이름의 미남이자 귀족 멋쟁이가 있다는 말에 혹한 오스카 와일드는 곧 런던 타이트 스트리트(Tite Street)[5]에 있는 알프레드 더글러스의 집을 방문하고, 그를 유쾌하게 해주었다. 이때 와일드는 『도리언 그레이의 초상』 친필 한정판을 한 권 들고 가서 1891년 7월 1일자로 헌정사를 쓴 뒤 이 새로운 팬에게 선사하였다. [이 책이 지금 값이 얼마나 나갈지 나도 확신할 수는 없다. 이 서명본은 상상할 수 있는 최고의 완벽한 책이라 해도 좋을 것이다. 나에게 기회가 온다면 60,000파운드(11만 달러)도 자신 있게 부르겠다. 그 이

---

5) 런던 남부 첼시 지구의 거리로 예술인과 문학인의 거리로 유명했다.

후 상당한 판매 이득을 기대함은 물론이다.]

　와일드는 아내 콘스탄스와 행복한 결혼 생활을 영위하고 있었다. 아내 콘스탄스와 두 아들에게 내내 충실했다. 그러나 결혼 5년여 전 옥스퍼드 시절에 로버트 로스의 유혹에 넘어간 이후부터 동성애를 계속해왔다. 당시에는 존 그레이와 몇 년간 관계를 유지하고 있었다. 작품의 주인공 도리언 그레이의 이름은 바로 이 존 그레이에서 가져온 것이다. 그런데 알프레드 더글러스를 만난 것은 곧 살아 있는 도리언 그레이가 오스카의 삶으로 들어온 격이었다. 그의 작품은 그 인물됨을 강화하고 확인해준 셈이다. 작품 속에서는 헨리 워튼 경이 선사한 프랑스 서적 한 권이 도리언 그레이의 삶을 돌이킬 수 없을 만큼 뒤바꾸어 버렸다. 현실에서는 『도리언 그레이의 초상』이 알프레드 더글러스를 등장시킨 것이다.

　오스카는 '보시에' 알프레드 더글러스의 길잡이자 연인이 되고자 했지만, '보시에'가 관계를 주도하여 오스카를 파멸의 길로 이끌었다. 이들의 관계는 현실이 예술을 모방하는 전형적인 경우였다. 작품 속에서 화가 바실 홀워드는 도리언을 만나 초상화를 그리게 된 경험을 이렇게 회고한다.

> 내 인생의 주인은 언제나 나였지만 도리언 그레이를 만나면서 모든 것이 달라졌다.…… 나는 인생의 까마득한 벼랑에 서 있다는 느낌이 들었다. 운명의 여신이 나를 위해 기이한 기쁨, 기괴한 슬픔을 예비해 놓았

다는 기이한 직감에 사로잡혔다.

작품이 비극으로 끝나지만 않았다면, 독자들은 예술 속 허구와 삶의 현실이 완벽한 대칭을 이루는 데에서 기쁨을 느꼈을 것이다.

그 이후 일들은 너무도 잘 알려져 있다. 더글러스의 영향으로 와일드의 동성애 성향이 점점 꽃처럼 만개한다. 더글러스의 아버지 퀸즈베리 후작이 분노에 떨며 와일드를 찾아온다. 후작이 들여보낸 명함 뒷면에는 '남색한을 자처하는' 와일드를 만나러 왔노라고 씌어 있었다. 더글러스의 고집에 못 이겨 와일드는 후작을 고소한다. 세 번의 재판이 열리고 와일드는 투옥된다. 그 이후 불행한 망명 생활을 보내다가 1900년 파리의 호텔 방에서 숨을 거둔다. 이로써 운명을 거스를 수 없다는 유명한 이야기가 우리에게 각인되어온 것이다. 와일드가 보시에를 위해 모든 것을 바친 처음부터 주변 사람들은 이것이 파멸을 낳으리란 것을 알고 있었던 듯했다. 와일드 자신도 알고 있었을 것이다.

1895년에 벌어진 재판에서 검찰 측은 와일드의 부도덕함을 증명하는 증거로 『도리언 그레이의 초상』을 제시했다. 와일드의 아일랜드 트리니티 칼리지 동창이던 에드워드 카슨 경(Sir Edward Carson)이 법정에 나와, "와일드 씨가 악에 씌었다는 점을 결정적으로 증거하는 책이 바로 『도리언 그레이의 초상』"이라고 증언했다. 이런 증언은―일정 부분 사실을 담고 있기도 했지만―카슨의 유치한 사고 수준을 보여주는 것이기도 했다. 증언석에 앉은 와일드는 그의 적수 카슨을 산산조각이 나도록 공격했다. 예술과 삶의 관계를 묻는 질문이야말로 자신이 깊이 성찰해온 바였으니 와일드로서는 홈그라운드에서 승부를 벌이는 셈이었다. 와일드는 완벽한 반론을 퍼부어 카슨을 몇 번이고 바보로 만들어 보였다. 이 소설이 독자를 타락으로 이끄는 사악한 작품이라고 카슨이 공격하자, 와일드는 도도하게 응수했다. "그런 결론은 분명 야만인이나 문맹인의 머릿속에서나 도출되는 것이오. 블레셋 인[6]들의 예술관이란 측량할 수 없을 정도로 어리석은 법이니까."

바로 그런 블레셋 인들이 재판석을 떼로 차지한 법정에서 이런 말을 할 정도로 오스카 와일드가 어리석지는 않을 것이다. 오스카도 기독교 경전의 문구만 되풀이할 생각은 없었다. 다만 이런 놀이에 탐닉하고 싶은 유혹을 느끼는 것이야말로 오스카 와일드다운 행동이다. 코난 도일에게 보낸 편지에는 이런 생각이 잘 나타나 있다.

조리 있게 답변하면 혹시나 통할까 하는 가능성은 깨끗이 포기해버렸습니다. 뼈 있는 말을 내놓아도 참담한 진실에 마주칠 뿐입니다. 신문은 마치 색에 굶주린 블레셋 인들이 써놓은 것 같습니다. 도대체 그 자들이

---

6) 팔레스타인 사람을 가리키는 기독교 경전의 말로, 이스라엘 민족을 압박하는 야만적이고 속물적인 족속이라는 의미다.

어떻게 도리언 그레이를 부도덕하다고 하는지 도무지 이해가 가지 않아요.

오스카는 재판에서 진실을 찾으려는 노력을 깨끗이 포기하는 대신 악덕으로 똘똘 뭉쳐진 남창 놀이를 작심하고 벌였다. 한때 오스카를 예우하던 벗들이 이제는 그를 조롱했다. 그중에서도 가장 지독한 사람이 바로 '보시에'였다. 오스카가 초라한 불명예자로 전락하여 프랑스에 숨어 살다시피 한 말년에도 보시에는 오스카를 내내 괴롭히면서 관계를 계속하게 만들었으며, 오랜 인고의 시간을 견디던 콘스탄스는 그의 생활비 지급을 중단했다. 가련한 오스카는 끝까지 그의 미소년을 좇았다. 두 사람의 관계가 영혼을 혼탁하게 할 뿐임을 잘 알고 있던 오스카였지만, 시대가 그의 욕구를 모두 받아주었기 때문일까, 그가 먼저 어리석음에서 빠져나왔다면 좋았으련만. 비록 그가 쾌락을 맛보았다고 해도, 감히 말하거니와 그는 어리석은 사람이었다. 무엇이 그를 어리석음으로 이끈 것일까. 이를 밝히려면 한 편의 장엄한 오페라가 필요할지 모르겠다. 스스로 멋대로 선택한 운명이었다 해도 그 불운한 운명을 바꿀 방도는 없었을까? 나는 이런 결론을 내려본다. 성격(character)이 운명이라고. 아니, 상처받기 쉬운 낭만파라면 미국 출판사와는 저녁 약속을 하지 말라고. 그 사람들이 우리를 어떤 길로 이끌지 알 수 없으니 말이다.

II 동물농장
영국 출판사들도 출간을 겁먹다

조지 오웰

영국의 풍자지 「프라이빗 아이(Private Eye)」에 "짝퉁의 여담(Pseud's Corner)"이라는 칼럼이 있다. 한 주의 신간에 관한 촌평을 과장된 필치로 늘어놓는 칼럼이다. 내 이름도 딱 한 번 언급된 적이 있다. 내가 1983년에 발행한 목록 3호의 품목 124번, 조지 오웰(George Orwell)의 편지가 이때 거론된 것이다. 편지의 한 대목. "안녕하십니까. 귀하께서 10월 11일자로 제 앞으로 보내신 편지를 방금 받았습니다. 저의 서명을 담은 책 한 권을 요청하셨기에 이에 보내드립니다. 조(Geo.) 오웰 드림." 이 편지는 275파운드(500달러)에 팔렸다. 오웰이 쓴 편지가 드물지만 사업적 내용뿐이기 때문에 이처럼 높지 않은 가격에 판매된 것이다. 「프라이빗 아이」는 내 판매목록에 나온 설명 부분을 그대로 옮겨 싣고 있다. "속내를 감추는 간결함. 전형적으로 오웰다운 편지다."

이 또한 거칠기 짝이 없는 관찰의 소산일 수 있으니 나 역시 '짝퉁'임을 고백한 꼴이었을지 모르겠다. 오웰은 낯선 이에게는 예의바르면서도 말을 아꼈다. 편지를 보면 뒤틀린 자존심도 없지 않아 있었던 것 같다. 그는 책 따위에 서명을 해주는 일을 싫어했다. 책에 서명을 해주는 행사 도중에 이런 심사를 내비치기도 했다. 그런 까닭에 그의 서명이 든 책을 희귀본 시장에서 마주치는 일은 드물다. 1983년 이후 20년 동안 내가 다시 오웰을 접한 것은 또 다른 편지 두 통과 헌사를 써넣은 책 몇 권 정도에서뿐이다. 이렇게 드문 데도 팔기는 좀처럼 쉽지 않았다. 오웰 수집가들이 겉표지를 갖춘 책을 선호하기 때문이었다. 그들은 (내 식대로의 표현이 허락된다면) '진짜'에는 관심을 갖지 않는다.

오웰의 작품 중 작가 서명이 새겨진 최고의 희귀본이라면 『1984년(Nineteen Eighty Four)』을 꼽을 수 있다. 1950년 1월 그가 사망하기 몇 달 전에 출간된 책이기 때문이다. 지난 25년 동안 공개 거래장에 모습을 드러낸 『1984년』은 내가 알기로 하나도 없다. 소재가 알려진 한 권이 있는데, 이튼 칼리지(Eaton College) 도서관이 소장한 초판본으로 레이너 헤펜스탈(Rayner Heppenstall)에게 주는 헌사가 씌어 있었다. 헌사가 씌어진 두 번째 책이 앞으로 시장에 등장하게 된다면 30,000파운드(54,000달러)를 호가할 것이다. (겉표지를 갖춘 양호한 상태의 초판본이기만 해도 아마 3,000파운드 즉 5,400달러는 갈 것이다.)

『동물농장(Animal Farm)』(1945)도 역시 유명한 책이지만 작가의 헌사를 담은 초판본이 상대적으로 많은 편이다. 이 책의 초판부수는 불과 4,500권이었지만, 2주 후에는 1만 부가 증쇄되었다. 오웰의 헌사가 쓰인 『동물농장』은 이제까지 4권이 거래되었다. 하나는 맬컴 머거리지(Malcom Muggeridge)에게 바치는 초판 제1쇄본이고, 다른 세 권은 초판 2쇄본이었다. 2쇄본 중 한 권은 아서 쾨슬러(Arthur Koestler)에게 보내는 것이었다. 소비에트 공산주의의 폭정을 꼬집은 이 작은 책은 숱한 출판사로부터 면박을 받았다. 오죽하면 자비 출판까지 궁리해야 했던 이 책이 놀랍게도 오웰의 첫 베스트셀러가 되었다. 그리하여 1946년 미국판이 나왔을 때 초판 발행부수는 5만 부였고, 이로부터 4년 동안 50만 부가 팔렸다.

오웰은 『파리 런던의 밑바닥생활(Down and Out in Paris and London)』(1930)을 필두로 1930년대에 여러 소설을 내놓았고, 판매는 그럭저럭 됐다. 그는 켄트, 버마, 카탈루니아 등 다양한 지역의 사회상을 날카롭게 꿰뚫을 줄 아는 비평가라는 점을 인정받았다. 오웰의 책은 스스로의 사회적 조건을 개척해나가는 사람들을 등장인물로 삼으면서도, 힘찬 문체, 핵심을 파악하는 관찰력, 깊은 지적 수준과 함께 대상에 대한 애정이 돋보였다.

나는 오웰의 작품이 탁월하다고 인정한다. 그래도 내게 오웰은 결코 소설가로 느껴지지 않는다. 내게 오웰이란 자서전, 저널리즘, 산문체 픽션(prose fiction)을 넘나드는 혼합형 지식인인 셈이다. 이 시기 그가 내놓은 출판물들의 역사가 이를 말해준다. 『동물농장』을 발표하기 전에 오웰이 소설을 쓴 것은 그로부터 6년 전의 일이었다. 그 대신 그는 BBC에서 맡은 방송 일과 「트리뷴(Tribune)」지의 문학면 편집자로 일하면서 정치 및 문학을 주제로 하는 에세이와 시평을 쓰는 데 힘을 쏟았다.

1943년 하반기가 되자 그는 픽션을 쓰고자 하는 욕구가 되살아났다. 그렇지만 그가 구상한 것은 장편소설이 아니라 농가 안뜰의 짐승들을 주인공으로 하는 짧은 우화로, 지능이 발달한 돼지들이 농장을 접수하여 사회주의 집단사회를 만든다는 내용이었다.

　그는 불과 몇 달 만에 원고를 다 써버렸다. 이 사이 오웰은 "좀 허풍스런 얘기인데 나중에 자네가 보면 재미있을 거야"라고 친구에게 설명하면서 출판사를 찾는 데 시간이 꽤 걸리리라고 예상했다. 당시 오웰의 이전 작품은 대부분 빅터 골란츠에게서 출판되었다. 이 뒤에 나올 장편소설 2종의 판권도 골란츠가 갖고 있었지만, 그는 『동물농장』의 뚜렷한 반스탈린주의가 영 마음에 들지 않았다. 나중에 그는 이렇게 털어놓았다. "그때는 이 원고를 출판할 수 없는 상황이었다. 소련인들은 우리를 위해 싸우고 있었고, 또 스탈린그라드 전투에서 우리 목을 지켜준 지 얼마 안 된 때였다." 골란츠는 즉시 거절했다. 조나단 케이프(Jonathan Cape)와 니콜슨 앤드 왓슨(Nicholson & Watson) 같은 출판사도 마찬가지였다.

　1944년 6월 오웰은 원고를 페이버 앤드 페이버 출판사의 T. S. 엘리엇에게 보냈다. 모티머 크레센트(Mortimer Crescent) 거리에 있던 오웰의 아파트에 독일 폭탄이 떨어진 바람에 원고는 까맣게 그을리고 쪼글쪼글해진 상태였다. 이 원고에 오웰은 이렇게 쪽지를 달아 보냈다.

지금까지 아무도 인정하지 않았지만, 이 원고(MS, manuscript)를 직접 읽어보신다면 제가 말하려는 바를 알게 되실 겁니다.…… 케이프 출판사와 정보부(MOI, Mininstry of Information)에서는 한심하게도 볼셰비키 역에 돼지 대신 다른 동물을 써보라는 제안을 했습니다. 저는 어떤 것도 고칠 생각이 없습니다.

엘리엇은 오웰의 의견에 전적으로 공감했다. 돼지 대신 다른 동물을 쓰라고? 멍청하기는! 그 대신 엘리엇은 다른 제안을 내놓았다. 등장 동물의 성격을 고쳐야 한다는 것이다. 엘리엇은 원고를 높이 평가했지만 정치적 함의에 대해서는 회의를 나타냈다. "당신 작품의 돼지들은 다른 동물들에 비해 훨씬 지능이 높습니다. 그러니 농장을 맡아 경영할 수 있지요.…… 필요한 것은 (논쟁의 여지가 있겠지만) 더 많은 공산주의가 아니라 공복 의식으로 가득 찬 더 많은 돼지들입니다."

오웰의 전기는 여러 편 나온 바 있는데, 그중 한 편의 작가인 마이클 셸던(MIchael Shelden)은 엘리엇의 이런 말이 '완전히 핵심을 놓치고 있다'고 주장했다. 엘리엇이 지적한 단점은 단점이 아니라 오히려 이 책의 으뜸가는 덕목이라는 것이다. 내가 보기에도 엘리엇의 평은 소가 뒷걸음질 치다가 쥐 잡는 격으로 핵심을 짚어냈다. 오웰의 생각은 통치를 전담하는 동물이 있어서는 안 된다는 것이었다. 오웰은 열등한 동물이 지능이 뛰어난 돼지들에게 특권을 부여하고 우월한 지위를 허락해주는 대목을 『동물농장』의 전환점으로 삼았다. 이러기 전만 해도 농장은 최초로 평등주의적 집단사회를 이룩해낸 상태였다. "동물들은 전에는 상상하지 못한 행복을 누렸다. 음식 한 입 한 입이 곧 짜릿한 기쁨이었다. 자신을 위하여 제 몸으로 만들어 먹는 자신의 음식이었다. 인색한 주인나리가 나눠주는 먹이와는 달랐다." 지상 낙원이 실현된 것이다. 비록 아주 짧은 동안이었지만.

오웰의 생각과 반대로 T. S. 엘리엇은 평등주의적 사회주의가 실현되리라는 믿음이 온당하지 않다고 여겼다. 어리석은 양들이 통치에 참여하고 싶어 한다고 해도 똑똑한 돼지가 양과 동등한 권력을 부여받는 일은 적절하지 않다는 것이었다. 출중한 능력에 덕성 높은 동물로 하여금 다른 동물을 지도하게 하는 일이야 말로 최우선의 문화적 과제라고 엘리엇은 생각했다. 농장의 동물들이 범한 잘못이란 스노우볼(위원회를 만든 돼지. 트로츠키에 비견된다)과 난폭한 나폴레옹(스탈린을 빗대고 있다)을 선택한 것이었다. 이들보다는 '공복 의식을 갖춘' 다른 돼지를 뽑았어야 한다는 것이다. 따라서 과연 돼지에게 그런 덕성이 있는지, 또 그런 돼지를 어떻게 선별해낼 수 있다는 것인지가 중요해진다.

오웰은 이런 지적에 의기소침해졌다. 그는 자신의 문학 대리인인 레너드 무어(Leonard Moore)에게 쓴 편지에서 『동물농장』을 차라리 2실링짜리 소책자로 자비 출판할까 고심하고 있다고 말했다. 유일한 희망은 프레드 워버그(Fred Warburg)였다. 워버그가 1938년 오웰의 『카탈루니아 찬가』를 출판해준 일이 있으니 『동물농장』도 출판해주지 않을까 하는 기대였다. 앞서 빅터 골란츠가 원고에 우려를 표시한 것과 달리 워버그는 원고의 정치적 주장에 공감을 표시했고, 종이를 구하는 대로 출판하겠다는 약속을 곧바로 해왔다. 10월 초에 종이 공급이 확보되면서 출판업자와 작가는 계약에 합의했다. 계약서는 따로 작성하지 않았다. 오웰은 선불 인세로 88파운드(160달러)를 받았다.

그런데 책이 무척 얇은데도(초판본 본문이 92쪽밖에 되지 않았다) 출판은 함흥차사였다. 오웰은 사정을 충분히 이해하고 있었다. 워버그가 전쟁이 끝나기만 기다리고 있었던 것이다. 2차 세계대전의 핵심 동맹국을 통렬히 공격했으니 분노를 일으킬 것이 뻔하기 때문이었다. 사태를 누그러뜨릴 마음이 있었던 오웰은 그 사이 본문에 중대한 수정을 가했다.

제8장(8장이 맞을 겁니다)에서 풍차가 폭파되는 장면에서 나는 '나폴레옹을 포함하여 모든 동물들이 땅바닥에 얼굴을 묻고 납작 엎드렸다' 라고 썼었지요. 나는 이 대목을 '나폴레옹을 뺀 모든 동물들이……' 라고 고치고자 합니다. 나는 이것이 JS에[1] 어울린다고 생각합니다. 독일군이

---

1) 요시프 스탈린을 가리킴.

진격해왔을 때에도 그는 모스크바를 포기하지 않았으니까 말이지요.

『동물농장』은 러시아 공산주의를 비판하려는 의도를 숨기지 않는다. 그렇지만 오웰은 더욱 일반적인 의미를 담고 있다고 주장했다. 즉 그는 '축음기 정치(gramophone mind)'를 공격하는 우화를 구상했다고 한다. 축음기 정치란 슬로건과 정치 선전문구를 이용하여 인민의 능력과 문화를 현혹하고 지배하는 것을 가리키는데, 대중의 무지를 이용한 주입 행위를 이겨낼 문화는 어디에도 없다는 것이 그의 생각이었다. 따라서 '지금 이 순간 돌고 있는 축음기판에 동의하건 반대하건' 그 과정 자체에 대한 저항이 중요하다는 것이다.

『동물농장』은 탁월한 아이러니를 발휘한다. 이 작품은 스탈린 통치하의 러시아는 물론 많은 독자들까지도 풍자의 대상으로 삼고 있다. 1930년대 영국 사회주의자들은 러시아를 사회정의와 경제 평등의 등불처럼 여겼다. 돌이켜보면 놀랍기 짝이 없다. 1930년대의 중산층 공산주의자들은 참으로 순진한 존재들이었던 것이다. 그들은 러시아판 경제 기적을 말해주도록 날조된 통계수치들을 그대로 믿었고, 열정으로 러시아를 찾아가서도 러시아 인들이 보여주고 알려주는 대로만 믿었다.

이것은 스퀼러가 순진하고 배고픈 동물들을 능숙히 속여 넘기는 장면에서 통렬히 나타나고 있다.

스퀼러는 쇳소리 나는 목소리로 다급하게 숫자를 주워섬겼다. 그가 제시한 상세한 수치들에 따르면 농장은 존스 씨가 지배할 때보다 귀리와 건초와 순무를 더 많이 생산했고 노동시간은 줄어들었으며, 먹는 물의 수질도 개선되었고, 동물들의 수명도 길어졌다.

농장의 동물들처럼, 1930년대의 영국 사회주의자들은 러시아가 내놓은 주장을 "한 자 한 자 그대로 믿었다." 공산주의 혁명이 승리를 거뒀다, 러시아형 사회가 자본주의 사회보다 도덕적으로도 우월하다 따위의 주장을 말이다. 집단농장화, 숙청, 강제 노동수용소 등 1,500만 명의 인민을 학살한 이 체제의 잔혹성을 입증하는 증거들이 갈수록 늘어나는데도 영국 사회주의자들은 이를 인정하지 못했다.

폭넓은 점을 풍자하고 있는데도 『동물농장』은 놀라운 호평을 받았고, 판매고도 대단히 높았다. 우화를 통해 정치비판을 하셨다는 오웰의 구상이 현명했다는 것이 입증된 셈이다. 등장인물을 동물로 단순화시키는 알레고리 기법을 선택했기 때문에 폭넓은 의미를 담고 독자층을 넓힌 것이었다. 독자는 작품이 다루는 진실에 흥미와 관심을 느꼈다기보다는 이런 기법 때문에 호소력과 재미를 느꼈다. 이전 작품을 능가하는 위트를 섞어 넣은 세련된 필치는 정치 책자를 떠들어볼 생각을 전혀 하지 않던 독자들에게도 즐거움을 선사했다. 원고를 출판할 생각이 없던 엘리엇도 이런 솜씨를 인정했다. "매우 능숙한 역량을 발휘하여 우화를 소화해내고 있으며, 독자의 관심을 잃지 않게 하는 내러티브 서술이 돋보입니다. 『걸리버 여행기』 이래 이만한 역량을 발휘한 작가는 손으로 꼽기도 어렵습니다."

오웰은 공개적인 자리에서 자기 작품을 평하는 일이 좀체 없었지만 『동물농장』은 예외였다. 그것도 아주 재치 있는 방식으로 해냈다. 1947년 최초의 우크라이나 어 번역본 『Kolgosp Tvarin』이 출간되었을 때 오웰은 작가 서문을 특별히 덧붙여 썼다. 이 서문에서 그는 "소비에트 신화가 서구 사회주의 운동에 미친 부정적 영향"을 드러내고자 작품을 썼다고 말했다. (이런 설명을 굳이 우크라이나 어 번역판에만 넣은 이유는 무엇일까.) 여기서 그는 (우크라이나 어를 구사하는?) 독자들에게 농장에서 벌어지는 일은 모두 특별한 정치적 의미를 지닌다고 설명했다.

내 작품에 대해 별도의 평을 붙이는 일은 피하려 한다. 작품 스스로 말하지 못한다면 실패일 뿐이니까. 다만 두 가지만 강조하고자 한다. 첫째, 작품 속의 사건들은 러시아 혁명의 실제 역사에서 빌려온 것이지만 나는 사건의 관계를 그대로 유지하되 발생순서는 바꾸었다.…… 둘째로, 대부분의 평론가들이 간과한 것이 있다. 이는 내가 작품에서 충분히 강조하지 못해서 생겨난 것이다. 즉 많은 독자들이 작품의 결말에서 돼지들과 인간들이 완전히 손을 잡았다는 인상을 얻었다고 한다. 이것은 나의 의도가 아니라 오히려 그와 반대이다. 내가 이 대목을 쓴 시점은 테헤란 회담 직후로, 당시 모두들 소련과 서방 국가들이 최선의 관계를 맺었다고 믿고 있었다.…… 나는 이런 선린관계가 오래 가지 않으리라 생각했다. 이후 사태가 보여주었듯이, 내 예견은 그리 틀리지 않았다.

오웰 수집가들이 『동물농장』의 이 우크라이나 어 번역본을 애써 구하려 하지 않았다는 점은 언제 생각해도 놀랍다. 그동안 내가 취급한 우크라이나 번역본은 딱 두 권으로, 권당 125파운드(225달러)를 넘은 적이 없다. 이 판본이 영어판 초판본보다도 훨씬 희귀했는데도 말이다. (영어판 초판본은 상태가 좋으면 권당 3,000파운드, 즉 5,400달러가 넘는다.) 오늘날 인터넷에서는 우크라이나 어 판본이 단 한 권만 (300달러에) 등재되어 있다. 영어판 초판은 20여 권이 올라 있는데 어떤 것도 이보다 높은 가격표가 붙어 있다. 나 역시 인터넷에 오른 『Kolgosp Tvarin』을 수장용으로 구입할 생각은 없다. 그러나 많지 않은 오웰 수집가들은 성정이 고지식해서 희귀하다는 이유로만 끌리지 않는 사람들이다. 의욕에 불타는 사서가 있어서 이 판본을 사지 않을까 기대할 수도 있지만, 우크라이나 어판 서문이 오웰 저작집(Collected Essays, Journalism, and Letters)에 실려 있으니, 따로 우크라이나 어 판본을 입수하려는 수집기관이 나서지는 않을 것이다.

그런데 이 우크라이나 어 판본을 소장하고 있는 사람이 있다. 내 친구이자 작가이며 수집가인 톰 로젠탈(Tom Rosenthal)이다. 그는 이밖에도 라트비아 어 번역본도 소장하고 있다고 (자랑스럽게) 말했다. 라트비아 어 번역본은 오웰 저작물 목록에서 누락되어 있기 때문에 그는 런던의 유니버시티 칼리지(University College)에 있는 오웰 문헌보관소(Orwell Archive)에 이 책을 사후에 기증하기로 했다고 한다. 앞서 내가 오웰 수집가들을 단순한 물신숭배자로 매정히 비꼬았지만 톰 로젠탈은 거룩한 예외인 셈이다. 게다가 그는 오웰의 서명이 쓰어 있는 프레드 워버그 판 초판본도 갖고 있는 행운아다. 내가 이 책을 입수하려고 애쓴 것이 한두 해가 아니지만 그는 (당연히 현명하게도) 팔지 않고 있다.

아쉬운 사실은, 요즈음에는 한 작가의 작품만을 수집하는 전작 수집가(single-author collectors)가 더 늘어나지 않는다는 점이다. 20년 전부터 바로 얼마 전까지만 해도 한 작가가 생산해낸 모든 문헌을 구하는 수집가는 엄청나게 많았다. 작가 이름으로 발행한 책은 물론 다른 책이나 정기간행물에 기고한 글, 그밖에 온갖 잡문도 마다하지 않는다. 이런 수집욕을 지닌 소유자는 그가 선호하는 작가의 외국어 번역본이나 재발행 판본도 찾는다. 재력과 심미안을 아울러 갖춘 수집가는 작가의 원고나 편지뿐 아니라 다른 사람이 이 작가에 대하여 쓴 저작은 물론, 작가의 수택본도 수집품목에 추가한다. 이것은 유명세 높은 책의 완벽한 판본만 손쉽게 훑는 행위와는 비교할 수 없는 노고와 애정을 투여해야 하는 고된 작업이다. 수효가 적어서 희귀한 것이 아니라 가치가 높기에 희귀한 것, 물신숭배나 금전 가치 때문이 아니라 연구 가치가 높은 것을 찾아나서는 작업이다.

이렇게 철저한 수집의 대상이 될 만한 대표적인 작가가 오웰이다. 그의 글이 단행본에 그치지 않고 신문 기고문, 군소 잡지에 실린 투고문, BBC 방송 대본까지 망라하고 있기 때문이다. 오웰 전기의 표준을 썼다고 평가받는 질리언 펜윅(Gillian Fenwick)은 그 전기에서 이 점을 빼어나게 기술하고 있다. 그렇지만 나는 정말로 재력과 식견과 인내심을 갖추고 오웰 전작 수집에 매진한 수집가를 만나지 못했다. 수집 목록이 많고 적고는 차치하고 말이다. 부끄러운 일이다. 더 많은 돈을 쏟아 더 깨끗한 겉표지를 갖춘 판본으로 바꿔나가는 것도 재미있겠지만, 전작 수집은 이보다 훨씬 더한 즐거움을 안겨준다. 전작 수집가 품 속의 문헌은 연구자들에게 귀중한 원천이 된다. 책 수집이 소유와 투자의 울타리에만 갇혀 있을 까닭이 없다. 거기에는 특유의 감식 윤리(connoisseurship)가 요구된다. 수집가 자신과 타인 모두를 사로잡는 품목을 학자의 마음으로 창의적이고 실용적으로 모아놓을 수 있어야 한다. 이를 위해서 우리는 더 공부해야 하며, 감별 능력을 곱게 닦아야 한다. 가치의 희귀성, 오늘날 요구되는 바가 이것이다.

12 아들과 연인
초판이건 41판이건 무슨 상관인가?

D. H. 로렌스

악마 숭배자이며 색정광이자 냉혹한 스릴러 작가인 데니스 휘틀리(Dennis Wheatley)는 (뜻밖에도) 초판본 수집가였다. 1979년 블랙웰 사가 그의 소장 문헌 목록을 발행한 바 있다. 여기에는 집필을 위한 연구 자료를 포함하여 총 2,274종의 문헌이 실려 있다. 그중에는 "『악마는 두 번 트림한다(The Devil Burps Twice)』 집필에 이용함"이라고 연필로 호기롭게 휘갈긴 노트도 들어 있었고, 영매의 정신적 팽창 상태를 기술한 문헌도 포함되어 있었다.

그런데 목록에 실리기에 앞서 먼저 팔려나간 책들이 몇 종 있었다. 최상급에 속하는 이 책들을 운 좋게 구입한 사람 명단에 나도 한 자리 낄 수 있었다. 양장 겉표지까지 있는 D. H. 로렌스의 『아들과 연인(Sons and Lovers)』 초판을 구입했던 것이다. 의젓한 그 겉표지의 일부가 약간 떨어져나간 상태였다. 구입가격은 400파운드(700달러)로 약간 비싸게 치른 셈이었지만, 당시만 해도 나는 열렬한 수집가였기 때문에 즉시 이 책을 내 나름의 로렌스 애장판 목록에 포함시켰다. 나는 같은 책의 겉표지가 몇 장 더 있다는 말을 듣긴 했지만 구태여 그 소재를 찾지는 않았다. 책보다 그 책의 겉표지가 열 배, 때로는 그보다 더 비싸게 호가한다니 참으로 희한한 일이다. 겉표지 없는 양장본은 마치 다리 없는 치펀데일(Chippendale)[1] 의자처럼 취급받고 있는 것이다. 이 양장 겉표지는 딱히 멋진 점도 없다. 단지 로렌스가 직접 고안했다고 여겨지는 '안내문'이 씌어져 있다는 사실만은 높이 살만 했다. 앞표지에 실린 문구는 이렇다.

D. H. 로렌스 씨의 신작 소설은 폭넓은 영역을 넘나든다. 갱도에 묻혀 사는 인생, 농투성이의 삶, 공장 지대 한복판의 인생 등이 그것이다. 이 책은 두 세대의 대조적 인생관을 넘나든다. '아들과 연인'이라는 제목은 한 젊은이의 어머니와 연인이 사랑의 우선권을 놓고 다투는 갈등을 가리킨다.

이 광고 문구는 영문학사에서 『아들과 연인』이 두 가지 측면에서 돋보이는 위치를 차지하고 있음을 알미울 정도로 적격하게 지적하고 있다. 정신분석적 수법을 지배적 원리로 채택한 효시라는 점, 노동 계급의 일상을 노동 계급 내부자의 목소리로 다루고 있다는 점들이 그것이다.

D. H. 로렌스는 1885년 노팅엄셔(Nottinghamshire)의 탄광도시인

---

[1] 18세기 영국의 가구 디자이너로 프랑스 로코코 양식의 영향으로 곡선을 주로 활용한 가구 디자인으로 유명함.

이스트우드(Eastwood)에서 광부의 아들로 태어났다. 어머니는 프티 부르주아지 출신에 신분상승 욕구가 강한 여성이었다. 그는 어려서부터 광범위한 분야의 책을 닥치는 대로 섭렵하면서 문학의 세계에 발을 들여놓았다. 독학자였지만 편벽되지는 않았다. 이스트우드가 문학을 활발히 수용하는 지역인 덕택에 수준 높은 교육을 받을 수 있었기 때문이다. 그의 배움은 1906년 노팅엄서 대학(Nottinghamshire University College)에 시험 성적 1등으로 입학하면서 절정에 달했다.

대학을 최우등으로 졸업한 로렌스는 크로이든(Croydon)에서 몇 년간 교사로 일했지만, 이때가 그에게는 가장 우울한 시기였다. 1911년 발표한 『흰 공작(White Peacock)』과 1912년 발표한 『침입자(Trespasser)』 모두 호의적인 평가를 받았지만 먹고살 수입을 가져다주지는 못했다. 첫 작품 『흰 공작』의 선불 인세로 50파운드(90달러)를 받았다는 이야기에 아버지는 "날품을 팔아도 이보다 낫겠다!"며 '그러면 그렇지' 히는 빈응을 보였다. 1912년 3월 잠시 고향으로 내려온 김에 그는 평소 각별히 생각했던 어니스트 위클리(Ernest Weekly) 교수를 찾았다. 위클리의 아내 프리다 폰 리히트호펜(Frida von Richthofen)은 젊고 매력이 넘치는 여성이었다. 이로부터 6주 뒤에 로렌스와 프리다는 (프리다의 어린 아이들을 영국에 남겨둔 채) 대륙으로 도피 여행을 떠났다. 이때 로렌스는 『아들과 연인』 미완성 원고도 함께 갖고 갔다.

그때까지 그는 『아들과 연인』 원고를 채 끝맺지 못하고 있었다.

그는 자신의 동년배를 주인공으로 그리고자 했다. 그러나 로렌스 자신이 철이 드는 일이나 작품이 완성되는 일이나 모두 순탄하지 못했다. 사춘기 시절 로렌스는 첫사랑 제시 채임버즈와 어머니 사이에서 극심한 분열을 겪었다. 어머니는 신분상승의 야망에 불타 있었고, 첫사랑 제시는 『아들과 연인』의 초기 원고를 써내려가는 데 도움을 주었지만 로렌스가 어머니보다 자신에게 더 사랑을 쏟아달라고 요구했다. 로렌스는 결국 어머니가 살아 있는 한 사랑의 자유는 없다고 믿게 되었다. 그때까지 어머니에 휘둘리는 삶을 살아왔던 것이다.

　이런 아들의 생각에 무의식적으로 동의라도 한 것일까. 어머니 리디아 로렌스가 1911년 세상을 떠났다. 이로써 로렌스는 제 뜻대로 작품을 쓸 수 있게 되었다. 그렇지만 어머니의 죽음은 오히려 그를 무기력하게 만들었다. 그는 어머니가 없다는 두려움 때문에 작품을 진전시키지 못했다. 이때 프리다가 그의 삶에 불쑥 끼어들면서 그는 비로소 작품의 끝을 맺을 수 있었다. 그러나 어머니의 부재는 여전히 그를 억누르고 있었다. 가련한 제시 채임버즈는 작품을 읽고 부들부들 떨었다. 로렌스가 자신과의 관계를 배신하고 어머니 식의 인생관을 택했다고 믿게 된 것이다. 오랜 시간이 흐른 후 로렌스도 인정했다. 이전까지는 어머니가 옳았다고 생각했었지만, 사실은 아버지를 추방시킨 어머니와 충돌을 빚어온 것임을 나중에야 깨달았다고.

로렌스는 주인공 폴 모렐(작품의 원제도 『폴 모렐』이었다)을 자신이 빚어낸 최고의 인물이라고 여겼다. "이제야 제대로 된 형상, 그래요 형상을 갖췄습니다. 피와 땀으로 끈덕지게 만들어낸 형상이지요.…… 내 소설을 읽어보십시오. 위대한 소설입니다. 작품이란 생명이 자라듯 천천히 발전하는 법입니다. 내 작품이 발전하고 있음을 알아채지 못하는 사람도 있지만, 나는 분명히 알 수 있습니다."

　이것은 1912년 11월 에드워드 가넷(Edward Garnett)[2]에게 보내는 편지에 씌어진 내용이다. 로렌스는 포드 매덕스 포드(Ford Madox Ford)[3]의 소개로 1911년 가넷을 만났다. 가넷은 소설가였지만 편집자로 더 유능한 사람이어서 여러 출판사의 원고검토자 노릇도 했다. 가넷이 공정한 검토를 하겠노라 다짐해주었지만 로렌스는 자신의 원고가 어떤 결말을 맞게 될지 몰라 전전긍긍했다. 자신의 처녀작 두 편을 출간한 하이네만 출판사(Heinemann)가 바로 얼마 전 이 원고를 반려해왔기 때문이다. 하이네만(로렌스는 "그의 이름을 저주의 문구로 사용해야겠다"고까지 썼다)은 작품이 책으로 출간하기에는 부적합하다고 생각했다.

　이 작품이 불만족스럽다고 여겨집니다.…… 서술에 생략이 많아서, 안

---

[2] 영국의 작가이자 편집자(1868~1937).
[3] 영국의 시인, 작가이자 편집자(1873~1939).

되었지만, 영국에서 출간하기엔 어울리지 않습니다. 도서관의 횡포가 심해서 지나치게 간결한 책은 아예 저주를 받고 마니까요.

소설가로서 사명감이 유달랐던 로렌스는 가넷에게 다음과 같이 실망감을 털어놓았다.

왜, 왜 하필 나는 영국인으로 태어났단 말입니까! 저주받을 썩을 놈의 멍텅구리 촌놈들에게 원고를 보낼 수밖에 없다니요! 십자가에 매달린 예수도 나처럼 제 족속들을 증오했을 것입니다.…… 돼지처럼 빈들거리는 축생들, 지렁이처럼 줏대 없이 기어다니는 자들, 가련한 건달인생들, 욕정만 넘치는 호모들, 콧물 범벅 침 범벅에 제 노릇도 못하는 축생들이 영국 땅에 득시글거립니다.…… 내가 얼마나 저들을 증오하는지! 이 얼간이들에게 신의 저주가 있기를. 이 무익한 자들에게 신의 심판이 있기를. 저 인간쓰레기들을 절멸하시기를.

이쯤되면 조셉 콘라드의 작품을 반려한 커츠(Kurtz)는 로렌스에게 오히려 아량 있는 사람으로 평가받지 않았을까? 독설과 자위의 말로 화풀이하던 로렌스는 가넷에게서 곧 위안을 얻었다. 가넷이 원고를 출판 가능한 꼴로 재구성하는 데 도움을 주었기 때문이다.

이즈음 이탈리아 가르가노에 머물던 로렌스는 프리다의 황홀한 품에 안겨 행복한 나날을 보내고 있었다. 그는 연애하면서 연작에 손을 대기 시작한 상태였다. 이 작품들은 1916년 시집 『보라, 우리는 통하였도다(Look! We have come through!)』로 빛을 보았다. (독설가 버트란트 러셀은 "두 사람이 통했는지는 모르겠지만, 왜 시집을 굳이 보아야 하는지 모를 노릇"이라고 꼬집었다.)

프리다는 로렌스의 불같은 심성 탓에 작품이 제대로 진전되지 않고 있음을 알고 있었다. 결국 로렌스는 프리다의 도움으로 비로소 『아들과 연인』 초고를 탈고할 수 있었다. 프리다는 이렇게 회고했다.

> 이 책은 고통스러운 내 삶의 결과물이기도 하다. 그가 "우리 어머니가 어떻게 느꼈을 것이라고 생각해?"라는 질문을 해왔을 때에는 원고 일부를 내가 써 보이기도 했다. 첫사랑 미리엄을 비롯한 인물들의 삶에 나도 깊이 빠져들 수밖에 없었다. 어머니가 죽는 장면을 쓰고 있을 때 그는 비탄에 잠겨 몸까지 쇠약해졌고 나 역시 앓았다.······『아들과 연인』이 마무리될 즈음 나는 이 '아트레우스[4]의 기문' 같은 느낌에 진서리를 쳤다. 나는 『폴 모렐 혹은 어머니의 연인(Paul Morel, or his Mother's Darling)』이란 토막극을 썼다. 작품을 읽어본 그는 쌀쌀맞게 말했다. "이걸 토막극이라 할 순 없겠군."

프리다의 비아냥을 좋아하진 않았겠지만, 로렌스에게 프리다

---

4) 그리스 신화의 미케네 왕. 음모에 빠져 자신의 아들을 죽이게 된다.

는 도움의 손길을 지닌 후원자이자 사랑으로 작품의 완성을 도운 완벽한 존재였다. 그리고 또 하나의 완벽한 존재는 가넷이었다. 가넷은 최종 원고의 10분의 1을 잘라냈는데, 이것은 작품을 더 돋보이게 만들었다. "근사한 가지치기를 해주셨습니다. 제발 만수무강하셔서 내 작품이 출판될 때마다 가위질을 해주길 부탁드립니다."

최종 완성된 작품은 그의 여느 소설들이 그렇듯 철저한 체험과 과도한 일반화의 혼합물이었다. 모렐 가(家)의 일상을 다룬 묘사는 섬세하고 꼼꼼하며 설득력이 넘쳐났다. 대상 하나의 묘사에 집중할 때 로렌스의 강점은 최고로 발휘되었다. 그러나 그가 머리를 들어 사색하고 일반화할 때에 그의 글은 지독히도 진부하고 오류투성이였다. 곤경에 빠진 주인공 폴 모렐이 사색에 빠진 대목을 살펴보자.

그는 주위를 돌아보았다. 그가 알던 멋진 사람들은 한결같이 그 자신과 같은 모습이었다. 그들은 자신들의 동정(童貞)에 매여 한 발도 나가지 못했다. 그들은 제 여인네들의 일거수일투족에 신경을 쓰고, 제 여인들에게 조금이라도 해나 불공평함을 끼치느니 차라리 여자 없는 인생을 택할 사람들이었다. 아버지들은 여성주의적 신성한 의무를 보기 좋게 팽개쳤겠지만, 그 아이들은 내성적이고 수줍기만 한 아들 노릇을 했다. 그들은 무릇 모든 여자란 제 어머니와 같은 족속이라 여겼다. 그들에게는 어머니에 대한 느낌과 감정이 전부였다.

절규하는 이 대목은 두고두고 기억될 만하다. 혹시 중고 서점에 나온 페이퍼백판을 발견하게 되면 이 대목에 어김없이 밑줄이 그어져 있음을 확인하게 될 것이다. 로렌스가 택한 주제가 특이하면 특이할수록 작품은 성공에서 멀어질 것이며 문학도들은 더 진하게 밑줄을 그을 것이다. 『아들과 연인』에서 '가장 멋진 남자(nicest man)'는 폴이었다. 어딘가 또 다른 멋진 남자가 있을 수 있겠지만 그들은 주목받지 못했다. 폴과 같은 남자는 오직 폴밖에 없었다. 폴을 폴답게 그려냈기에 『아들과 연인』은 천재의 작품인 것이다.

1913년 더크워스(Duckworth) 출판사가 『아들과 연인』을 내놓았다. 평론가들은 로렌스의 주제에 대해 우려를 표시하기도 했지만 찬사 일색이었다. 「새터데이 리뷰(Saturday Review)」의 서평은 약간 모호하긴 하지만, 호의적 평가의 대표격이었다. "인간의 열정을 불붙였다가 삭힐 줄 아는 힘의 소유자로는 D. H. 로렌스만한 영국 작가가 없다." 존 미들튼 머리(John Middleton Murry)[5]는 로렌스가 청년 소설가의 선두라고 평했다. "단연코 전도유망한 작가다. 수준 높은 평자라면 당연히 그의 작품을 필독해야 한다."

평단의 주목에 흡족해 하면서도 로렌스는 곧바로 다음 작업에 관여해야 했다. 원고를 출판사에 넘기면 작가가 할 일은 더 이상 없기 마련이다. 책을 인쇄해내는 다음 단계는 출판사 내부의 공정이기

---

5) 영국의 작가이자 평론가(1889~1957). 캐서린 맨스필드의 남편이기도 했음.

마련이다. 하지만 『아들과 연인』은 달랐다. 그리 달갑지만은 않은 최종 작업이 로렌스에게 맡겨졌다. 양장본 겉표지 디자인을 로렌스가 직접 하는 것이 어떠냐고 가넷이 제안한 것이다. 로렌스는 약간 곤혹스러웠다. 그 당시만 해도 아무도 양장본 겉표지에 신경쓰지 않았다. 겉표지는 순전히 실용적 용도일 뿐이어서 아무 그림이 없는 것이 대부분이고 서점들도 구입 즉시 벗겨버리기 일쑤였다(1919년 이전의 책들의 겉표지가 희귀한 것도 이 탓이다. 그러다 보니 오늘날 이 시기의 겉표지는 비싸게 쳐준다).

로렌스에게 이런 제안이 온 데에는 이 소설이 노동계급 출신의 작가에 의해 씌어졌다는 사실을 판매에 활용하려는 출판사의 잇속이 작용했음이 분명하다. (노동자 출신이 소설을 다 썼다구! 겉표지 디자인까지 직접 해냈다니까!) 출판사는 이렇게 문의하기까지 했다. "혹시 갱도 그림을 넣어주면 어떨까요?" 로렌스는 화가 치밀었다. 그는 지금 "사방 수십 마일을 가고 또 가도 탄광 하나 없는" 이탈리아에 자기가 살고 있다고 하면서 예술가로서 자신의 과업이 그 따위 일까지 떠맡을 필요는 없는 것이라고 적어 보냈다. 그래도 그는 표지 그림을 시도했지만 결국 실패했고, 이 일을 어네스트 콜링즈(Ernest Collings)에게 넘겼지만 콜링즈 역시 해내지 못했다. 결국 더크워스 출판사는 서체 디자인만으로 장식한 겉싸개 표지를 선보였다. 사실 여느 일러스트레이터가 탄광 갱도를 활용한 표지 디자인을 할 수 있었겠는가. 그 대신 출판사는 표지에 로렌스가 직접 쓴 광고 문구를 넣었다.

이렇게 해서 『아들과 연인』 표지에 작가 자신이 쓴 작품 개요가 들어간 것이다. 갱도 그림이 들어갔다면 페티시즘 같은 인상을 풍겼겠지만, 그렇지 않음으로 해서 가치가 오히려 살아난 셈이다. 사정은 그 이상이다. 오늘날 겉표지 없는 양장본은 보존 상태가 좋을 경우 1,000파운드(1,800달러)가 넘는다. 데니스 휘틀리 소장본(나의 소장본이기도 하다)이 1979년 선보인 이래 겉표지 없는 양장본은 아직 나타난 적이 없다. 겉표지까지 갖춘 판본이 얼마나 호가할지는 짐작하기 어렵지만 겉표지가 있는 『위대한 개츠비』나 『해는 또다시 떠오른다』의 초판본이 최근 50,000파운드(90,000달러) 선을 돌파한 기록으로 미루어 보건대 같은 경우의 『아들과 연인』은 이보다 못하지 않을 것이다.

로렌스가 이런 일을 겪게 되었다면 흐뭇해하면서도 오히려 어이없어 했을 것이다. 그는 초판본 따위에 마음을 두지 않았다. 일단 책이 출간된 뒤 두 번 다시 읽지 않는 것이 그의 습성이었다. 그는 미국 뉴멕시코 주의 농장과 『아들과 연인』의 원고 뭉치를 맞바꾸어버렸다. 농장의 원 소유주는 두 사람이었는데, 한 사람은 그의 친구였고, 또 한 사람은 그의 후원자인 메이블 더지 루한(Mabel Dudge Luhan)이었다(메이블은 후에 자신의 정신분석가에게 비용 대신 이 원고를 넘겼다). 1924년 로렌스가 농장을 구입하기 위해 치른 위의 거래는 분명 최악이었다. 그때에도 이 원고는 매우 귀중한 것이었지만 농장은 별 가치가 없었다. 그래도 로렌스는 개의치 않았다.

『책의 뒤안(The Bad Side of Books)』라는 에세이에서 로렌스는 날카롭게 말하고 있다. "나에게 책이란 허공의 목소리처럼 실체 없는 존재이다.…… 초판본이든 최종본이든 무슨 상관인가? 나는 출판된 내 작품을 한 번도 떠들어본 일이 없다. 내게 책이란 출간 시점도 없고 제본이 어떤가도 중요치 않다." 1924년에 정리된 작품 목록집에 그가 쓴 서문은 그의 입장을 은유적으로 잘 표현하고 있다. "의문에 싸인 자신의 영혼과 씨름하는 사람에게 책이란 한때 꽃 피웠다가 씨를 맺고 스러져가는 존재이다. 초판본이든 제41판이든 껍데기일 뿐이다."

이런 껍데기에 목을 매달다시피하는 나 같은 업자들은 로렌스의 말에 부끄러움을 느끼지 않을 수 없다. 중요한 것은 내용이며, 겉치레는 시간과 공간에 휘둘릴 뿐이다. 열성적인 독자라면 그의 손에 들린 책이 몇 번째 판본이든 무슨 상관이랴? 그렇지만 여전히 나는 겉표지를 갖춘 『아들과 연인』을 되찾고 싶은 마음을 금할 길이 없으니 어쩌랴. 아아, 나는 1982년 나의 첫 판매목록집에 그 책을 1,850파운드(3,300달러)에 내놓고 팔았던 것이다. 돌이켜 생각하면 두 가지 점에서 속내가 뜨악하다. 첫째, 그 책을 손에 쥐고 내놓지 말았어야 했다(서적상의 한탄이랄까). 두 번째는, 이게 더 중요한데, 당시에 나는 희귀한 표지라는 점에 마음이 휘둘려 판매목록에 굵고 큼직한 대문자 제목으로 "양장 겉표지에 싸여 있다는 점에 주목하시압!(IN THE DUSTWRAPPER!)"이라고 강조까지 했던 것이다. 대문자로 박아 넣은 것은 용서할 수 있겠지만 느낌표는 심했다고 생각한다. 느낌표란 대체로 '나(I)'를 소문자 'i'로 써놓고 스마일 기호를 멋쩍게 그려 넣는 심약한 이들이나 즐겨 쓰는 것이다. 그 후 22년 동안 나는 판매목록에 두 번 다시 느낌표를 집어넣지 않았다. 미심쩍은 전설이지만, 스파르타 사람들은 훈련과 명예를 생명으로 여겼기 때문에 여우를 훔쳐 뱃속에 감춘 스파르타 소년은 여우가 배를 물어뜯어도 비명을 지르지 않았다고 한다. 내장을 물어뜯겨도 감탄사를 내뱉지 않는 소년이 있을 수 있다면, 나도 그럴 수 있지 않을까.

13 거상(巨像)

아내의 헌정 시집을 시장에 내다 판 남편

실비아 플라스

HOBBIT
POEMS
T.S. ELIOT
High Windows
Philip Larkin
William Golding
Lord of the Flies
ON THE ROAD
POTTER
and the Philosopher's Stone
ULYSSES
JAMES JOYCE
THREE STORIES & TEN POEMS
ERNEST HEMINGWAY
ANIMAL FARM
FAIRY STORY
GEORGE ORWELL
Sylvia Plath
The Colossus and other poems
A Confederacy of Dunces
SONS AND LOVERS
D. H. Lawrence's New Novel
BRIDESHEAD REVISITED
EVELYN WAUGH

희귀본 거래자라면 책에 정을 느끼거나 과도한 애착을 가질 여유가 없다. 돈을 쌓아놓고 있는 사람이 아니라면, 손에 들어오는 책들은 소장하기 위해 존재하는 것이 아니다. 그 책과 사랑에 빠진다 해도 어쩔 수 없는 일이다. '사랑', 그것은 너무 도발적인 단어인지라 입에 올리기가 머뭇거려진다. 그러나 강렬한 애착과 에로틱함을 불러일으켜 애를 끓게 하는 책이 불쑥 튀어나오는 경우가 이따금 있으니, 그럴 때면 그냥 지나칠 수 없게 된다. 거기서 뿜어 나오는 압력은 유혹이라는 힘의 장(force-field)을 형성한다. 재닛 윈터슨(Jeanette Winterson)[1]은 여기에 '책의 심리측량학(psychometry of books)'이리는 멋진 말을 붙여주었다. 나는 그 힘에 그 누구보다도 강렬히 사로잡혔으며, 앞으로도 거기서 벗어날 수 없을 것이다. 가령 내가 워릭 대학에서 강의를 하던 시절에 만났던 학생들 중 지금까지 기억하는 학생은 극소수다. 마찬가지로 내 손을 거쳐 간 숱한 책들 중 기억에 남아 있는 책도 매우 적다. 허나 여기에는 이보다 더 중요한 사실이 숨

---

1) 영국의 소설가(1950~현재).

어 있다. 최고의 책들 중 몇몇은 내가 스쳐간 그 많은 사람들보다도 기억 속에 더 생생히 살아 있다는 사실이다.

이런 일은 극히 당연한 것이다. 원칙을 따져가며 힐난할 분도 있겠지만, 여기에 답하는 대신 1992년 나의 판매목록 16호를 펼쳐본다.

실비아 플라스(Sylvia Plath)의 시집 『거상(The Colossus and Other Poems)』, 뉴욕, 1962년. 미국판 초판. 플라스의 헌사가 쓰어 있음. "테드에게. 시 거상과 오토 왕자(Prince Otto)의 기법(craft and art)은 당신이 가르쳐 주었습니다. 사랑하는 실비아가.

이 책이 얼마나 기막힌 책인지 몰랐거나, 이 자리에서도 즉각 느끼지 못하시는 분이 있다면 이렇게 속삭여보시기 바란다. "얼마나 멋진 헌사인가!" 그래도 마찬가지라면 그분은 책 수집가가 되긴 틀렸다. 그런 분은 희귀본 거래업자가 좋아할 분도 아닐 것이다. 이 판매목록에도 써놓았지만, 이 헌사는 참으로 심금을 울린다. 헌사에 언급된 오토는 아버지인 분명 오토 플라스(Otto Plath)를 가리키는 것이다. 독일계 미국인인 오토 플라스는 실비아가 여덟 살 때 세상을 떠났지만, 실비아는 평생 그 아버지 그늘에서 벗어나지 못했다. 실비아의 상상력이나, 실비아가 일생동안 추구한 남성상도 한결같이 아버지의 영향력에 사로잡혀 있었다.

실비아의 남편인 테드 휴즈(Ted Hughes)[2]는 실비아와 테드가 위저 보드(Ouija board)[3] 놀이를 즐겼다고 회고했다.

오토 왕자라는 존재가 내려보냈다는 심령이 매번 이런저런 행동을 지시했다.…… 실비아가 심령과 직접 대화하려고 애를 쓰면, 그때마다 오토는 실비아와 직접 말을 나눌 수 없다는 메시지가 나타났다. 오토가 '거상(The Colussus)'의 명령을 따라야 하기 때문이라는 설명이었다.…… 실비아는 이 거상의 의미를 붙잡으려 애썼는데, 이것이 훗날 실비아의 시에 중심으로 점점 굳게 자리 잡았다.

실비아 플라스의 첫 책에 새겨진 헌사보다 더 내밀한 것이 있을까. 헌사는 실비아가 열렬히 사랑했던 남편 테드 휴즈에게 바쳐지고 있는데, 올림포스 신에 비견되는 부친과 수호신도 함께 언급되고 있다. 실비아의 시에서 가장 유명한 작품인 〈아버지(Daddy)〉는 남편 테드와 아버지 오토를 충격적으로 합쳐놓고 있다. 시인은 먼 곳에 있지만 여전히 힘 있는 아버지를 음울하게 불러낸다.[4]

전 언제나 아빠를 두려워했어요.

---

[2] 영국의 현대 시인으로 계관시인의 칭호를 받았다. 1930-1998.
[3] 서양의 심령술 도구.
[4] 이하는 『거상』(윤준·이현숙 옮김, 청하출판사)의 번역을 따름.

아빠의 독일 공군, 아빠의 딱딱한 말투.
그리고 아빠의 말쑥한 콧수염
또 아리안 족의 밝은 하늘색 눈.
기갑부대원, 기갑부대원, 아, 아빠……

오토 플라스의 죽음은 실비아 플라스의 삶을 결정짓는 사건이었다. 그때까지 누려오던 행복은 더 이상 손에 쥘 수 없게 되었다. 실비아의 회고에 따르면 그녀는 아버지를 다시 만나기 위해 스무 살 나이에 자살을 계획하고, 실제로 자살을 기도했다(실비아의 유일한 소설 『벨 자(Bell Jar)』의 소재가 이것이다). 그녀의 강렬한 애착은 아버지에 대한 추억을 향한 것이 아니었다. 그녀는 자신의 내면 속 아버지의 존재감을 더 강하게 느꼈다. 지워질 수 없는 이 애착에 이끌려 그녀는 남자를 사귈 때마다 아버지 상을 투사할 수밖에 없었다. 시 〈아버지〉의 후반으로 갈수록 오토 왕자와 테드 휴즈의 구분은 모호해진다.

전 아빠를 본받기 시작했어요,
고문대와 나사못을 사랑하고

『나의 투쟁』의 표정을 지닌 검은 옷의 남자를
그리고 저는 네 그렇게 하겠습니다, 네 그렇게 하겠습니다 하고 말했어요.

죽은 아버지의 존재가 권능을 발휘하면서 시인을 짓누르지만 새로운 사랑이 그 존재를 희미하게 지워간다는 희망으로 시는 결말을 맺는다.

아빠의 살찐 검은 심장에 말뚝이 박혔어요.
그리고 마을 사람들은 조금도 아빠를 좋아하지 않았어요.
그들은 춤추면서 아빠를 짓밟고 있어요.
그들은 그것이 아빠란 것 언제나 알고 있었어요.
아빠, 아빠, 이 개자식, 이젠 끝났어.

잊혀지지 않을 만큼 오싹한 이 시는 신경쇠약에 시달리는 강렬한 열정의 소녀가 써낸 것이다. 아들을 둔 어머니라면 이 소녀를 멀리 하라 하지 않을까. 테드와 실비아는 1956년 2월 케임브리지 대학 파티에서 처음 만났다. 두 사람은 충격이리 할 정도로 서로에게 사로 잡혔다. 실비아는 테드의 입술에 피가 날 정도로 열렬히 키스를 했다.

실비아는 "테드는 내 이상형이자 최상의 남자다"라고 쓴 적이 있다. 둘은 만난 지 4개월 만에 결혼식을 올렸다. 미국에 잠시 머물렀다가 런던에 꾸린 신혼 기간에도 둘은 각기 시를 썼다. 실비아는 유명 잡지에 이따금씩 시를 발표했지만 시집 출판을 받아주는 곳이 없어 좌절을 맛봤다. 테드의 첫 시집 『빗속의 매(Hawk in the Rain)』가

1957년 2월 먼저 출판되었다. 두 사람의 집은 문학의 온실인 셈이었다. 실비아는 테드에 대한 사랑으로 전율했지만 질투도 함께 느꼈다. 둘의 관계는 아슬아슬한 균형점에 놓여 있었다. 서로 돕는 동시에 서로 경쟁하고, 격려해주는가 하면 곧 폭발해버릴 것 같기도 했다. 실비아는 불안을 느꼈다. 1959년 11월 7일 일기엔 이렇게 적혀 있다. "매일매일 테드 곁에서 위험을 느낀다. 테드 없는 내 인생은 없다. 난 그저 그의 장식물로만 그치는 것 같다.…… 내 안의 나를 지탱해주는 내 인생이 필요하다."

그해 크리스마스에 실비아는 시 50편이 담긴 『거상, 그밖의 시편들(The Colussus and Other Poems)』 타자 원고를 하이네만(Heinemann) 출판사에 보냈다. 원고를 요청한 사람은 편집장 제임스 미치(James Michie)로, 문학잡지인 「런던매거진(London Magazine)」에 게재된 실비아의 시에 매료된 것이 계기가 되었다. 출간계약이 이뤄졌다. 시집은 "내 모든 어둠의 진원이면서도 나를 북돋워준 나의 모범" 테드에게 헌정되었다. 시집이 발간된 뒤 몇 달이 지나 실비아는 오식(誤植) 몇 개를 발견하고 낙담했다. 그러나 기뻐하기도 했다. "표지 색이 아주 마음에 들어 기쁘다.…… 3분의 4인치 두께로 서가를 차지하는 두툼하고 멋진 책이다." (테드의 시집 『빗속의 매』는 이보다 얇았다.) "솜씨 좋은 사람들이 잘 만들어준 책이다."

희열의 시간은 잠시였다. 책에 대해 호평일색이었는데도 실비아는 만족할 줄 몰랐다. 그토록 열망한 시집을 품에 안게 되자 이번에는 불행을 느끼기 시작했다. 좀더 주목받을 수 있었는데, 더 좋은 평을 얻고 더 괜찮은 문학상을 수상해야 하는데, 돈은 전혀 들어오지 않을 뿐 아니라 미국 쪽 출판사도 나서지 않는데, 등등. 이것이 야심의 병리학이다. 일단 목표를 성취하고 나면 그 목표가 마뜩찮아 보이는 것이다. 발간되자마자 주목할 시집이라는 격찬을 받았는데도, 실비아는 더 요란한 대접을 받고 싶어 했다. 문인들의 찬사를 받았으니, 이제는 대중적으로도 유명해지고 싶었던 것이다.

이듬해 5월 알프레드 크노프 출판사가 미국에 『거상』을 출판하기로 했다. 다만 분량을 줄이자는 조건이었다. 시인 매리앤 무어(Marianne Moore)는 시 10편은 빼내고, 나머지 시들도 좀 더 줄이고 제목도 바꾸자는 의견을 내놓았다. 실비아는 기꺼이 동의했다. "새로운 책이 나오는 거나 마찬가지네요. 이상형의 책(the Ideal)이에요"(기이하게도 뒷 문구는 실비아가 테드를 칭할 때 썼던 것이다. 실비아에게는 자신의 시집과 남편 테드가 플라톤적 완성미의 화신이었는지도 모른다)라며 감격했다. 당연히 이 시집은 열렬한 찬사를 받았다. 「뉴욕타임스」에 실린 조이스 캐롤 오츠(Joyce Carol Oates)의 서평은 당시의 분위기를 생생하게 보여준다.

> (실비아 플라스의 시들은) 심금을 울릴 만큼 탁월하다. 이 시집은 실비아 플라스를 우리 시대 눈물의 여왕(Queen of Sorrows) 자리에 올려놓았다. 실비아는 우리의 가장 은밀하고 참담한 악몽의 대변자다.…… 그 시들

은 완전무결하면서도 치명적이다. 시집이 실비아를 사로잡아버린 것처럼 우리들 역시 그 시집에 사로잡혀 있다.

불안감, 새로운 위기가 끊임없이 다가오고 있다는 강박이 플라스 시의 고갱이로 자리 잡고 있으며, 시 작법도 그러하다. 미국판 『거상, 그밖의 시편들』은 1962년 5월 14일 월요일에 출간되었는데, 며칠 뒤 금요일, 데본(Devon)5)에 살고 있는 플라스 부부에게 데이비드 웨빌(David Wevill)과 아시아 웨빌(Assia Wevill) 부부가 찾아왔다. 그들은 테드 휴즈의 런던 집에 사는 사람들이었다. 이날 저녁은 불운한 시간이었다. 이때 어떤 일이 일어났는가에 대해서는 이야기가 엇갈린다. 어쨌든 테드와 아시아 사이에 공공연한 애정 관계가 생겨났으니, 실비아의 반응은 익히 짐작할 만하다. 뒷날 아시아는 실비아가 그리 격한 반응을 보이지 않았다고 주장했다. 아시아가 나중에 테드와 또다시 내연 관계를 맺었다는 설은 근거 없는 어리석은 주장이라 그리 믿기 어렵다.

이후 두 달 동안 실비아는 질투심과 분노에 빠져 있었다. 6월 중순 테드가 런던에 가 있는 사이에(아시아를 만나러 간 것일까), 실비아는 테드의 원고를 뒤져 모두 불태워버렸다. 테드는 시인으로서 최악의 상황을 겪은 셈이다. 실비아의 이런 행동은 벌써 두 번째였다. 불쏘

---

5) 잉글랜드 서남부의 카운티.

시계를 쥐고 원고를 불태우는 동안 실비아는 검은 표지가 붙은 이름 '아시아'를 보았다고 한다.

9월에 테드가 짐을 챙겨 나갔다. 결혼은 파탄이었고, 두 아이와 남겨진 실비아는 그 어디서도 위로받을 수 없었다. 그렇지만 그런 가운데에서도 실비아는 시를 써나갔다. 절망은 실비아를 삼켰지만, 시는 풍성해졌다. 삶의 마지막 몇 주 동안 실비아는 위대한 시를 여러 편 써냈다. 이 작품들은 유고집 『에어리얼(Ariel)』(1965)에 실리게 되었다. 마치 카타르시스 작용 같던 시작(詩作)에도 끝이 왔다. 1963년 2월 11일 밤 피츠로이 가(Fitzroy Road)의 아파트에서 실비아는 아이들 방문을 조심스레 밀봉한 후 주방의 가스를 틀었다. 다음 날 아침 실비아는 사망한 채 발견되었다. (6년 후에는 아시아 웨빌이 딸 슈라와 함께 자살했다. 슈라는 테드 휴즈와의 사이에서 낳은 아이였다.)

만남처럼 헤어짐도 잠깐이었다. 시집 『거상』에 불길하면서도 애정 넘치는 헌사를 넣은 지 불과 7개월 뒤 실비아는 냉담한 남편을 두고 삶을 마감했다. 오토 왕자와 저승에서 다시 만날 수 있었다면 그나마 위안이 될까. 그래도 나는 여전히 가슴 아프다. 그 뒤 한 세대 동안 실비아는 미국 페미니스트들의 우상으로 받들어졌다. 이들 페미니스트들에게 여성이란 무의식적으로 무권리 상태를 주입당한 존재였다. 실비아는 페미니스트들을 싫어했다. 비록 실비아가 여성 권리의 대변자로 받아들여졌지만 그녀는 그런 존재와는 거리가 멀었다. 그 어떤 타인의 대변자가 되기에는 자기 자신에 너무나 몰입

된 사람이었기 때문이다. 그 몰입이 낳은 산물에 우리는 그저 고마워할 따름이다.

1962년이면 테드 휴즈가 한참 활약을 하던 시점인데 어떻게 그 『거상』 헌정판이 시장에 나왔을지 한 번쯤 의심해볼 만하다. 답은 간단하다. 테드가 그 책을 판 것이다. 여느 작가들과 마찬가지로, 테드는 문서로 쓰인 온갖 것들에 아무 애착을 갖고 있지 않았다. 자필 원고, 교정쇄, 편지, 저자의 헌정판 등등 모두 다 그에게는 중요하지 않았다. 테드는 이런 자료들을 건사하긴 했어도 숭배하지는 않았다. (그의 소장문헌은 에모리 대학에 팔렸다.) 실비아의 자필 헌사가 들어 있는 『거상』은 우리 같은 사람들에게는 마법의 물건일 테지만, 테드에게는 전처에게서 받은 책 더미 중 하나에 불과했다. 물론 돈이 되는 책 말이다.

이 책을 4,000파운드(7,200달러)에 살 의사가 있느냐는 제안이 내게 들어왔다. 중개인은 소더비의 도서 및 원고 담당 부서장이던 로이 데이비즈(Roy Davids)였다. 로이는 테드 휴즈의 친구로, 가끔 테드의 대리인도 겸하고 있었다. 나는 망설일 것도 없이 즉시 구입했다. 그때 나는 딱 두 가지, 첫째, 정말 멋진 책이고, 둘째, 구입액 이상의 가치가 있겠다는 생각만 했다. 이 책을 소장하는 동안 더 강한 애착을 느낀 나는 판매 목록에 9,500파운드(17,000달러)를 제시해놓았다.

목록이 배포되자마자 로이 데이비즈에게서 전화가 걸려왔다.

"테드가 펄펄 뛰고 있습니다!"

로이의 말은 필시 '왜 그 가격이냐'는 뜻이리라. "거래업자란 10퍼센트만 붙여야 하는 게 아니냔 거죠, 테드는." 로이도 만만한 사람은 아니었다.

"휴즈 씨에게 이렇게 전해주시죠. 우선 우리가 실제 책을 판매할 때에는 할인을 하기도 하고, 판매목록 발간비도 만만치 않고, 때로는 책을 팔지 못하는 경우도 있습니다. 휴즈 씨는 아마 일반 경매인들과만 거래해봤을 겁니다. 경매인은 자기 돈으로 거래하는 게 아니라 판매자와 구매자 사이에서 중개만 하는 사람들이니까요."

로이는 "이미 그렇게 말해뒀소"라는 말뿐이었다. 그런 설명이 테드에게 전혀 먹혀들지 않았다는 뜻이다. 나는 이에 덧붙여, 테드는 현금을 얻었지만(그것도 자신이 원하던 그 액수 그대로), 내 수중에는 팔리지 않는 책 한 권만 남은 셈이라고 말해주었다.

예전에 다른 일로 테드 휴즈의 까탈스러움을 경험한 적이 있었기 때문에 그의 반응이 놀랍지는 않았다. 실비아 플라스가 까맣게 메모를 달아놓은 『위대한 개츠비』를 판매목록에 올렸는데, 테드가 '코트 그린(Court Green)[6]에서 도난당한 책'이라고 주장했기 때문이다. 결국 이 책을 반환할 수밖에 없었지만, 나중에 조사해본 결과 이 책은 실비아의 어머니가 (훔쳤다기보다는) 판매한 것이었다. 테드는

---

[6] 잉글랜드 데본에 있는 테드 휴즈와 실비아 플라스의 저택. 이혼으로 플라스가 떠난 후 휴즈는 끝까지 이 집에 살았다.

마지못해 이 책을 다시 반환해왔다. 그는 복잡하고 꼬장꼬장하며 만만치 않은 카리스마를 지닌 사람이었다. 응축되고 정화된 내면의 에너지에 몰입해 있는 사람, 이런 사람의 상대로 지목당하면 정말로 견디기 어렵다.

나의 판매목록에 오른 도서 중 『거상』만큼 널리 알려지고 격찬을 받은 책은 없다. 「더 타임스」지에는 이를 문제 삼는 투고문이 실리기도 했다. 실비아의 옛 친구가 쓴 이 기고문은 이 책이 판매 대상이 된 것을 한탄하면서, 영국 바깥으로 팔려나가게 해선 안 된다고 주장했다(거기에는 이 책을 판 테드 휴즈를 힐난하는 뜻도 포함되어 있었다). 나로서는 테드 휴즈가 이 책을 팔았다고 흉을 볼 수는 없다. 이 책을 소유하건 팔아넘기건 그의 뜻이니까. 그렇지만 미국 시인이 자신의 미국판 시집에 헌사를 써서 남편에게 헌정한 책이 어째서 영국의 문화재라고 하는지는 알쏭달쏭할 뿐이다.

이처럼 찬사와 논란을 한 몸에 받은 『거상』 헌정판은 새 주인을 만나지 못했다. 어쩌면 1992년에 모습을 드러낸 것이 너무 시대를 앞선 일이었는지 모른다. 아니면 실비아 플라스와 테드 휴즈를 수집하는 붐이 아직 완전히 형성되지 않아서 그랬을까. 『거상』은 그 후 오랫동안 나의 서가를 차지했다. 그 책이 뿜어내는 힘은 언제나 느껴졌고, 마침내 점점 불편하기까지 했다. 가치는 있지만 팔리지 않는 책이라는 인식이 나에게도 고개를 들었나 보다.

결국 작년 하반기에 아주 신중하고 계산 빠른 시집 수집가가 나타났다. 필라델피아 사람인 그 수집가는 가격이 너무 과하다고 끈덕지게 주장하며 9,000달러(5,000파운드)를 제시했다. 나는 몹시 화가 났지만, 받아들였다. 이 위대한 책은 그의 것이 되었다가 다시 몇 년 후 다른 사람에게 넘어갔다. 필라델피아의 수집가가 소장품을 판매하면서 이 책을 훨씬 높은 가격으로 판 것이다. 이 책이 지금에는 얼마나 호가할지 장담할 수는 없지만, 나라면 25,000파운드(45,000달러) 정도는 아낌없이 지불할 용의가 있다. 그러고는 다시 시장에서 가격을 재검증해볼 것이다.

　이 책은 내 품에서 벗어나자마자 그 위력을 되찾은 셈이다. 당시 나는 판매한 즉시 후회했고, 지금까지도 그렇다. 이때 나는 작은 보상 하나를 유일하게 얻었을 뿐이다. 로이 데이비즈에게 내가 가격을 할인해서 팔았다고 알려준 것이 그것이다. 나는 예전의 내 말이 옳았음을 테드에게 전해달라고 로이에게 청했다. 로이는 그때 일을 잊어버리는 것이 좋겠다고 은근히 조언하면서(고마운 충고였다), 다음번에 대본으로 테드 휴즈를 찾아갈 일이 있으니 그때 전해주겠노라 했다. 테드의 반응은 과연 이전과 다르지 않았다.

14 해리포터와 현자의 돌

열세 번째 출판사에서야 초판 500부를 발행하다

J. K. 롤링

내가 언제나 궁금하게 여기는 것이 있다. 손을 대는 것마다 금으로 변한다는 그리스 신화에 나오는 미다스 왕은 어떻게 모든 것을 황금으로 변화시켰을까. 말 그대로 옛날이야기 아닌가. 아침에 눈을 떠 손가락을 까딱하기만 했는데 부자가 되어버렸다. 황금 칫솔! 황금 숟가락! 아, 물론 아이들을 껴안거나 아내에게 사랑을 표시하는 일이 없도록 조심해야 한다. 섬뜩하도록 놀랍고 우스꽝스럽고 위험한 이야기다. 어떻게 미다스 왕에게 이런 일이 일어났는지 아무도 제대로 설명한 적이 없다. 내 생각은 이렇다. 금을 만들어낼 수 있다고 해서 유명해진 현자의 돌(philosopher's stone)을 움켜쥐고 있었던 것은 아닐까.

 J. K. 롤링(J. K. Rowling)은 아마도 이 현자의 돌을 한 부대는 갖고 있을 것이다. 왜냐하면 지금껏 세계 출판 역사에서나 희귀본 시장에서나, 『해리포터(Harry Potter)』만한 물건이 없었기 때문이다. 책과 영화 양쪽으로 선을 보인 『해리포터』 덕택에 롤링은 영국 여성 중 최고 갑부 대열에 올랐고, 출판사인 블룸스버리(Bloomsbury)와 스콜라스틱(Scholastic)도 막대한 부를 얻었으며, 롤링의 저작권 대행사도 백

만장자 반열에 올랐다. 영화제작사 워너브러더스가 경이적인 수입을 올렸음은 물론이다. 심지어 책 표지 디자이너도(이 책은 겉표지 없이 합지로만 표지를 썼다) 원화료로 무려 86,000파운드(155,000달러)라는 현금 수입을 거뜬히 벌어들였다.

창작 과정과 관련된 일화는 워낙 많이 거론되었기 때문에 일종의 신화가 되었다. 그중 가장 대표적인 이야기는 이렇다. 실업수당으로 연명하는 가난한 싱글맘 조앤 롤링이 불기 하나 없는 냉기를 피하기 위해 동네 카페 한 곳에 자리를 잡고 갓난아기를 옆에 재우며 글을 썼다. 이렇게 해서 원고가 탈고되자마자 읽는 이마다 찬사 일색이고 어마어마한 부를 물어다주었다. 이제 해리포터는 크리스토퍼 로빈(Christopher Robin),[1] 허클베리 핀, 피터팬 등과 함께 어린이 문학의 팡테옹에 봉헌될 것이다. 그리고 조앤 롤링은 호그와트 마법학교만큼 커다란 저택을 사서 다음 여섯 권짜리 해리포터 시리즈 집필에 착수했다 등등.

이런 이야기는 대체로 사실과 다른 부분이 많다. 앞으로 자세히 살펴보겠지만, 롤링 스스로 곤혹스러워하면서 말한 적이 있다.

내 딸을 옆에 재우고 카페 여러 곳에서 글을 쓴 것은 사실이다. 이런 이야기에 무슨 낭만적 구석이 있다고 느끼는 분도 있겠지만, 실제로 겪으

---

1) 〈곰돌이 푸〉에 나오는 등장인물.

면 전혀 그렇지 않다. '냉기뿐인 셋방' 이야기는 완전히 그럴 듯하게 꾸며진 얘기이다. 따뜻한 곳을 찾아 헤맸다니, 그런 일은 없었다. 솔직히 말하면 커피 맛이 좋고, 가만히 앉아 있어도 알아서 빈 잔을 채워주는 카페를 골라 다녔을 뿐이다.

정말 전혀 사실과 다르다. 롤링은 생활에 쪼들려 원고를 채워대는 프롤레타리아가 아니었다. 롤링은 영국과 프랑스를 오가며 엑세터 대학(Exeter University)을 나온 유복한 중산층 사람이었다. 대학 졸업 후에는 포르투갈을 잠시 여행하다가 현지에서 결혼을 했다. 이때 낳은 아이와 함께 영국 에든버러로 돌아온 롤링은 극심한 우울증에 빠져 앞으로 무엇을 하고 살지 고민하고 있었다. 여느 문예창작 전공자들처럼 롤링도 습작을 하고 있었다. 롤링은 어려서부터 언제나 글쓰기를 좋아하고 솜씨도 좋았다.

롤링의 첫 작품은 여섯 살 때 쓴 『토끼(Rabbit)』였다.

나는 전형적인 책벌레 아이였다. 땅딸막한 키, 병원에서 무료로 맞춘 안경(National Health glasses)[2]을 쓴 아이 시절의 나는 공상에 깊이 빠져 이야기를 써댔다. 잠시 공상에서 빠져나오면 여동생을 붙들고 이야기를

---

2) 영국은 국가 의료제도를 채택하고 있기 때문에 지정 병원에서는 시력 검사와 안경 구입도 무료로 제공한다.

들려주거나 내가 궁리해낸 놀이를 함께 하곤 했다. 가엾은 여동생은 억지로 귀를 기울이며 놀아줘야 하는 바람에 곤욕을 치렀다.

세월이 지난 후 롤링은 기차를 타고 가다가 백일몽에 빠졌다. 창밖으로 젖소 떼를 바라보고 있는데 별안간 해리포터가 머릿속에 떠오른 것이다.

내 마음속 눈앞에 해리를 소재로 한 아이디어가 불쑥 튀어나왔다. 어떤 계기가 작용했는지는 지금도 모르겠다. 어쨌든 해리와 마법사 학교 이야기가 또렷하게 떠올랐다. 자기가 마법사인지 꿈에도 모르는 남자애 앞으로 마법사 학교 초대장이 날아오면서 펼쳐지는 이야기의 뼈대가 느닷없이 내 안에서 자라기 시작했다. 작품의 단상을 얻고 이처럼 흥분한 적은 처음이었다.

이때 펜도 종이도 없던 롤링은 기차에 있는 내내 그녀의 주인공 (그때까지 해리포터라는 이름은 붙여주지 못했다)이 찾을 마법사 학교와 그곳 사람들을 머릿속으로 그려놓았다. 기차에 내릴 즈음, 단짝 론 위즐리(Ron Weasley), 사냥터지기 해그리드(Hagrid), 목이 달랑달랑한 유령 닉(Nick), 소리의 요정 피브스(Peeves) 같은 주인공이 완성되어 있었다.

그러나 마음속에 품은 구상이 밖으로 나오려면 오랜 시간이 걸려야 했다. 한 권짜리 이야기가 아니라 마법학교 졸업 이후까지의 해리포터 시리즈를 써야겠다고 결심했기 때문이었다. 1990년부터 롤링은 시리즈 일곱 권을 동시에 집필해나갔다. 롤링은 그중 제일 마지막 권의 마지막 장을 가장 먼저 끝낸 후 서랍 속에 넣어두었다. 이제 결말이 확정되었으니 거기에 맞춰 이야기를 써 내려가면 되는 것이다.

이렇게 해서 롤링은 첫 권의 원고를 1995년에 탈고했지만 어떻게 출판해낼 수 있을지 막막했다. 전화번호부를 훑어보자 크리스토퍼 리틀(Christopher Little)이라는 이름의 저작권 대행사가 눈에 띄었다. 말하는 생쥐 스튜어트 리틀을 연상시켰기 때문에 그 회사 이름이 마음에 들었던 것일까? 아니면 〈곰돌이 푸〉에 나오는 크리스토퍼 로빈을 연상해서일까? 롤링은 즉시 원고를 보낸 후 (잠시 자비 출판 준비도 하면서) 오랜 기다림에 들어갔다.

출판사나 서식권 대행사에는 어마어마한 양의 투고원고가 날아온다. 평사원들이 하는 일이란 이 원고들이 산더미같이 쌓이기 전에 미심쩍은 눈길로 원고를 재빨리 훑어보는 것이다. 크리스토퍼 리틀 사무실에서 일하던 브라이어니 이븐스(Bryony Evens)라는 여자 편집자가 있었다. 브라이어니는 이름도 낯선 조앤 롤링이라는 사람의 『해리포터와 현자의 돌(Harry Potter and the Philosopher's Stone)』이라는 원고를 초벌 검토하게 되었다. 리틀 사는 어린이 책을 취급하는 저작권 대행사는 아니었지만 브라이어니는 "수준과 재미를 갖춘 탁월한 원고라서 빨리 검토해야 한다"며 이 원고를 강력히 추천했다. 브라이어니가 볶아대는 통에 크리스토퍼 리틀도 하룻밤을 새워 원고를 읽었다. 그도 원고가 마음에 들었다. 이때부터 몇 달 사이에 롤링은 리틀 사의 조언을 받아들여 원고를 일부 고쳤고, 마무리된 원고는 런던의 출판사들을 돌아다녔다.

하지만 출판사가 나서지 않았다. 펭귄 출판사가 거절했고, 하퍼콜린스와 트랜스월드도 마찬가지였다. 열두 군데 출판사에서 퇴짜를 맞은 원고는 블룸스버리 출판사의 책상에 올랐다. 때마침 블룸스버리는 이전까지 영업부서에서 주로 일하던 배리 커닝햄(Barry Cunningham)을 책임자로 하여 어린이 책 부문을 신설한 상태였다. 커닝햄은 원고의 수준에 대해 조금도 의심하지 않았다. "기막히게 흥미진진하다. 상상의 세계에서 곧장 시작한다는 것에 머리를 얻어맞은 듯했다. 조(조앤 롤링)는 인물의 성격과 사건의 전개를 완벽히 장악하고 있었다." 이로부터 한 달 뒤 블룸스버리는 출간 계약을 제의했고, 크리스토퍼 리틀 측은 롤링에게 이를 수락하라고 조언했다. 롤링은 기뻐하며 계약서에 서명을 했고, 선인세 1,500파운드(2,700달러)를 받았다. 리틀 사의 노파심 때문에, 저자의 이름은 조앤 롤링이 아니라 J. K. 롤링으로 표기되었다. 여자아이는 남성 작가가 쓴 작품을 읽지만 남자아이는 여성 작가가 쓴 작품을 읽지 않는다는 이유 때문이었다.

출판인들이 단골로 드나드는 소호 식당가에서 자축을 겸한 오찬 모임이 열렸다. 이 자리에서 배리가 롤링에게 출판계의 경구를 들려주었다. "어린이 책으로는 돈을 벌 수가 없답니다, 조(Jo)."

지금 계산해보면, 해리포터 책이 7권까지 나오고, 영화가 7편이 상영되고, 게다가 컴퓨터 게임과 각종 캐릭터 상품도 쏟아져 나오면, 롤링이 벌어들일 돈은 수십 억 파운드가 될 것이다. 이런 일이 하루아침에 일어난 것은 아니다. 세상에 그런 일은 있을 수 없다. 이것은 힘겹게 쌓아올린 결과일 뿐이다. 영국판 초판의 경우 블룸스버리가 신중하게 500부를 인쇄했다. 이 책이 미국의 스콜라스틱 출판사로 팔렸을 때 계약금은 10만 달러가 되었고, 작가 롤링은 하루아침에 신문 머리기사에 등장하는 명사가 되었다. 모든 서평이 호의적인 반응을 보였다. 저작료 수입은 천천히 늘어났다. 시리즈 두 번째 책 『해리포터와 비밀의 방(Harry Potter and the Chamber of Secret)』이 나올 즈음 롤링이 받은 수표는 불과 2,800파운드(5,100달러)짜리였다. 그런데 이로부터 겨우 2년이 지났을 때 해리포터 시리즈 1권에서 4권까지가 「뉴욕타임스」 베스트셀러 리스트에 올랐고, 한 해 저작료 수입은 2,000만 파운드(1,100만 달러)가 되었다. 출판 역사에 이만큼 짧은 기간에 이처럼 많이 팔린 책은 없었다. 너도나도 해리포터에 열광했다. 이 시리즈는 본래 여덟 살에서 열세 살을 대상으로 씌어졌지만 어른 독자도 수백만을 넘었다. 어른들은 처음에는 아이에게 들려주는 재미로 시작하더니 다음에는 절로 빠져들었다. 순전히 재미로 책을 구하는 어른들도 엄청난 숫자였다.

이런 어른 중에 책 수집가들도 포함되어 있다. 수집가들은 특히 제1권 『해리포터와 현자의 돌』을, 그중에서도 초판본을 찾았다. 제1권이 출간된 지 1년이 되었을 때 거래된 가격은 권당 500파운드(900달러)였다. 단단히 미쳤다고 생각하는 분들이 많을 것이다. 나 역시 그렇게 믿었다. 그런데 사정이 그렇지 않았다. 희귀본 거래업자가 아니라 일반 수집가들이 시장에 몰려들었기 때문이었다. 해리포터의 초판본 자체가 적었던 탓에 거래가격은 급격히 상승했다. 최근 경매에 나온 초판본 한 권은 13,000파운드(23,500달러)를 호가했다. 나는 어떤 경매 목록에서 25,000파운드(45,000달러)를 제시한 것도 본 일이 있다. 맙소사, 이런 가격이면 W. B. 예이츠나 조셉 콘라드, 혹은 D. H. 로렌스의 수집본을 훌륭한 것만 골라 여럿 구입할 수 있지 않겠는가.

나는 이런 이야기를 「인디펜던트」지의 칼럼리스트 존 월시(John Walsh)에게 은근히 종용하는 투로 말한 적이 있다. 그가 해리포터의 교정쇄를 판매하겠다며 내 사무실에 들렀을 때였다.

"제발 돌아가주십시오. 사고 싶지 않습니다. 자꾸 구입하라 하지 마세요." 나는 이런 식으로 거의 사정을 했다. 그의 표정이 굳어졌다. "허 참, 얼마를 원하시기에."

"2,000~3,000달러 정도. 그런데 다른 데 가져가시면 더 비싸게 쳐줍니다."

그는 머리를 끄덕였다. 며칠 뒤 과연 긴 칼럼이 실렸다. 교정쇄를 팔기 위해 책 거래업자를 만나고 돌아다닌 이야기를 쓴 것이었다. 최종 가격은 내가 내놓은 형편없는 액수보다 상당히 높았다. 그가 이 칼럼에서 나를 두고 "곱슬머리의 열혈아"라고 써주신 것만 해도 감읍할 지경이었다. 나는 그 뒤 한 주 동안 머리 모양을 이리저리 바꿔보기까지 했다. 그래도 나는 아직까지 해리포터 시장 곁을 맴돌지 않는다.

내가 이처럼 해리포터를 얕잡아보는 것도 아랑곳없이, 꼬마 마법사는 책과 영화에 뒤이어 희귀본 거래시장에서도 전례 없이 혁혁한 기록을 세우고 있다. 그래도 여전히 나는 궁금하다. "도대체 왜?" 이마에 상처를 달고 있는 이 작고 특출할 것 없는 사내 녀석이 영국의 소도시 케터링(Kettering)부터 네팔 카트만두까지 수많은 독자를 사로잡는 비결이 무엇일까? 나도 물론 이 시리즈를 즐겁고 감탄하면서 읽긴 했지만, 그렇다고 너도나도 입을 모아 책을 칭송하는 것은 이해하기 어렵다. 이미 익히 알려진 대로, 이 책은 널리 알려진 로알드 달(Roald Dahl)과 C. S. 루이스(C. S. Lewis)의 작품을 원천으로 교묘하게 짜깁기한 데다가, 부모 간섭을 떠나 신나게 학교로 떠난다는 마법사 전설을 공공연히 덧씌워놓은 것이다. 그렇지만 전체는 각 부분의 합 이상이 되기 마련이다. 마법의 손길이 이 책에 닿은 것이다. 황금, 황금, 모든 것이 황금으로 변했다.

전설은 미다스 왕이 후회를 하는 것으로 끝난다. 그렇지만 조앤 롤링은 에든버러에서 보낸 평범한 삶이 끝나버렸다고 후회하지는 않으리라. 롤링의 딸이 터뜨린 첫 말이 '해리포터'였다고 한다. 씁쓸한 일이다. 롤링은 딸아이의 아버지에게 저자 서명이 담긴 책을 보냈는데, 이 아빠는 그 책을 되팔아버렸고, 롤링은 당연히 화를 터뜨렸다고 한다. 그칠 줄 모르는 유명세와 판매 행사에, 저자가 즐거움을 느끼던 시절도 갔다는 조짐도 보인다. 롤링은 킹스크로스 정거장 플랫폼에 표시된 9와 3/4 표지판을 보고는 '미쳐도 한참 미쳤다'며 언짢아 했다고 한다. 이때 롤링은 '해리포터'식으로 마법의 문 너머로 사라지고 싶어 하는 듯 보였다고 한다. 당연한 일이지만 영국에서는 성공이 있으면 대가도 치러야 하는 법이다. 영국인들은 유명인을 골탕 먹이는 데서 제일 쾌감을 얻는 모양이다. 유명인이 은퇴할 때가 되어서야 겨우 호의적인 눈길이 오는 것이다.

해리포터에 대한 비판은 이제 흔하지만 롤링은 끄덕도 하지 않았다. 공식석상에서 모습을 감추는 대신 롤링은 수천만 어린이를 즐겁게 해줄 작품 집필에만 전념했다. 평론가들은 이 정도로도 만족하지 않았다. 그중에서도 2000년도 휘트브레드 상(Whitbread Prize) 심사위원이던 앤서니 홀든(Anthony Holden)은 롤링의 작품에 적의까지 나타냈다. "형편없이 따분한 글 솜씨로 빌리 번터(Billy Bunter)[3]를 빗자루에 태워놓은 작품을 끝까지 읽느라고 죽을 지경이었다." 홀든은 노벨문학상을 수여해야 한다는 이야기가 인터넷에서 놀림 삼아

---

3) 텔레비전 코미디극의 뚱뚱한 소년.

떠돌고 있었는데도 개의치 않았다. "J. K. 롤링에게 노벨문학상을 준다는 건 헨리 키신저가 노벨평화상을 차지한 꼴이나 진배없다."

아무래도 좀 지독한 말이다. 고급 풍자가로 자처하며 독설 세례에 한몫 끼어든 A. S. 바이어트(A. S. Byatt)의 말은 그래도 너그러운 편이다. 아이들과 어른들이 모두 이 책을 좋아한다고 지적하며 그녀는 이렇게 덧붙였다. "상상력은 텔레비전 만화를 넘지 못하고, 재미있지만 전혀 위험하지 않은 드라마, 리얼리티 쇼, 유명인들 잡담으로 과장된 이야기만 쏟아내는 텔레비전만 전부로 아는" 사람들이 바로 그 독자들이라고 비판했다. 해리포터 시리즈를 진지하게 변호하는 사람이란 지적 수준이 절반밖에 되지 않는 '정글 같은 도시의 원주민들'뿐이라는 것이다.

해리포터 시리즈 책은 엄청난 인기를 얻었다. 이것은 홀든과 바이어트도 마지못해 인정하는 사실이다. 이런 사실이 이 작품을 좋은 책으로 인정해주지는 않는다. 비판가들은 다급히 묻는다. 끔찍하게도, '문학'이란 용어를 이런 작품에도 써야 하나? 나는 이 자리에서 문학의 정의를 늘어놓고 싶지 않다. 자칫 피상적 정의에만 그칠지 모르기 때문이다. 『호빗』은 문학 작품이지만, 『유명 5인조(The Famous Five)』는 문학 작품이 아니다. 작가 에니드 블라이튼(Enid Blyton)은 우리 문학의 자산임이 분명하지만 문학계의 자산은 아닌 것이다.

그렇다면 J. K. 롤링의 자리는 어디일까(어느 자리든 차지할 자격은 될까)? 이런 판단이 취향의 문제가 되어서는 안 될 일이다. 에니드 블라이튼의 작품을 톨킨의 작품보다 좋아하는 분이 있다 해도 나는 이해할 수 있다. 그러나 에니드 블라이튼의 작품이 톨킨의 작품보다 낫다고 생각한다면, 그분은 몹시 순진한 아이가 아니면 바보다.

이런 분별력은 많은 책을 한 권 한 권씩 읽어나간 뒤에야 얻어진다는 것이 내 생각이다. 나만 해도, 필립 풀먼(Phillip Pullman)의 탁월한 3부작 『어둠의 것들(His Dark Materials)』를 읽은 뒤에야 비로소 해리포터 시리즈에 대한 생각이 달라졌다. 풀먼의 시리즈는 롤링의 작품과 마찬가지로 세계의 운명에 대한 질문을 핵심에 놓고 있다. 두 시리즈 모두에서 선과 악의 싸움이 벌어지며 모든 것을 어린이 주인공들의 힘과 믿음에 의하여 궁극적으로 해결된다. 그러나 두 작가를 나란히 비교한다면 풀만이 한층 탁월하고 심오하고 풍부할 뿐 아니라 독자에게 더 많은 것을 요구한다는 데에는 의심의 여지가 없다. 『어둠의 것들』은 문학의 고전이 될 수 있지만 해리포터 시리즈가 그럴 수 있을지 나는 회의적이다.

이것은 극히 당연한 평가이다. 마치 베토벤이 비틀즈보다 낫고, 키츠가 밥 딜런보다 낫다는 평가와 마찬가지이다. 재미를 주는 수단은 각양각색이긴 해도 말이다. 어쩌면 J. K. 롤링에 적개심을 갖는 무리가 한 자릿수밖에 되지 않을지도 모를 일이다. 롤링의 기막힌 인생유전에 대한 질투에서 그런 것일까. 지금 롤링은 역사상 가장 부유한 여성 작가가 되어 지난 한 해에만도 1억 2,500만 파운드(2억 2,500만 달러)의 수입을 올렸다. 롤링의 책은 전 세계 69개 언어로 번역되어 2억 3천만 권이 팔렸다. 이 모든 것이 불과 7년 사이에 일어난 일이다. '경이적'이라는 표현도 부족하다는 점은 롤링도 수긍할 것이다. 미다스 왕의 전설처럼 '마법에 걸렸다'는 것이 더 정확한 표현이 아닐까.

15 피터 래빗 이야기
원화 한 장에 10만 파운드?

베아트릭스 포터

BRIDESHEAD REVISITED
EVELYN WAUGH
POTTER
and the Philosopher's Stone
by Jack Kerouac
ON THE ROAD
THE HOBBIT
A Confederacy of Dunces
ANIMAL FARM
A FAIRY STORY
by
GEORGE ORWELL
THREE STORIES
& TEN POEMS
ERNEST HEMINGWAY
POEMS
T.S. ELIOT
High Windows
Philip Larkin
D. H. Lawrence's New Novel
SONS AND LOVERS
Sylvia Plath
The Colossus and other poems
ULYSSES
JAMES JOYCE
SALMAN RUSHDIE
William Golding
Lord of the Flies

고백하건대, 나 역시 어떤 사람이 의사라는 이유만으로 그 사람을 믿는 것은 아닐까 생각한다. 가령 의사 앞에 놓인 어린이들은 그 무한한 힘에 조용히 복종한다. 의사들이 우리를 쿡쿡 찔러서 아프게 하거나 바늘을 쑤셔 넣어도, 모두 우리를 위해 하는 일이니까 괜찮다고 한다. 그런데 좀 다른 '닥터'가 있다. 이 닥터는 재미있다. 그 이름은 닥터 수스(Dr. Seuss)[1]다. 만일 그의 이름이 닥터 수스가 아니라 미스터 수스였으면 재미가 덜하지 않았을까 모르겠다. 하지만 그래도 매력이 줄지는 않았을 것이다. '미스터 수스'는 그의 작품 속 동물 이름처럼 들릴 수도 있을 테니. 가령 『수스가 무스를 만나다(The Seuss Meets a Moose)』식의 작품도 나올 수 있지 않았을까.

실제 닥터 수스 또는 의사 수스는 '그린치'처럼[2] 가공의 인물이다. 이 작가는 의사도 아니고, 본명도 다르다. 본명이 테오도어 (수스) 기젤(Theodor Seuss Geisel)인 그는 독일계 이민자의 손자로

---

[1] 미국의 그림책 작가. 닥터 수스라는 필명으로 그림책 『모자 쓴 고양이』 등을 썼고, 그 공로로 퓰리처상을 받았다. 우리나라에도 그의 작품이 여럿 번역 소개되어 있다.
[2] 『그린치가 크리스마스를 훔쳤어요(How the Grinch stole the Christmas)』의 주인공.

1904년 매사추세츠 주 스프링필드(Springfield)에서 태어났다. 그는 다트머스 대학을 졸업하고 다시 옥스퍼드 대학원에 진학했다. 1937년 자신의 첫 그림책을[3] 내놓았고, 아카데미상도 세 번이나 수상했다.[4] '닥터 수스'가 비록 필명이지만 내게는 그의 의도대로 실제 인물처럼 느껴진다. 그의 존재를 전적으로 믿게 되니, 그는 살아 있는 인물이다.

기이한 형상, 형형색색의 색깔로 그가 빚어낸 동물들을 나는 정말로 좋아한다. 게다가 이 녀석들의 별스러운 행각들에는 사족을 못 쓸 만큼 매료된다. 『모자 쓴 고양이(The Cat in the Hat)』의 뒤죽박죽 행동거지를 보라. 『거북이 여틀(Yeatle the Turtle)』의 우스꽝스러운 모습은 또 어떤가.

나와 같은 시대에 유년기를 보낸 사람들에게 닥터 수스는 그저 좋아하는 작가 정도가 아니라, '유일무이한 작가' 급이었다. 우리가 세상에 대해서 배운 것들 중 상당수가 그의 그림책에서 나왔다. 돌이켜보면 당시 우리 시대는 고개 숙인 회색 시대였다. 그러나 그가 그림책으로 빚어낸 세상은 눈이 핑핑 돌 정도로 힘이 넘치고 무엇이든 이뤄질 태세이며, 사람들로 바글바글한 곳이면서도 터져 나가기 직전에 절묘한 균형을 되찾곤 했다. 그 밑바닥부터 명랑하고

■■■■

3) 『멀베리 스트리트에서 본 것 같아(And To Think That I Saw It On Mulberry Street)』를 말한다.
4) 아카데미상은 시사 문제를 다룬 애니메이션으로 수상했다.

낙천적인 세상, 지극히 미국적인 세상이 그의 그림책 속에 펼쳐졌던 것이다.

　미국 어린이들에게 닥터 수스가 있었다면, 바다 건너 영국의 어린이들에게는 당연히 베아트릭스 포터(Beatrix Potter)가 있다. 베아트릭스는 이 어린이들, 그것도 여러 세대의 아이들을 사로잡았다. 베아트릭스는 1943년에 세상을 떠났다. 요즘 아이들이 물론 『해리포터』에 더 끌리는 편이니, 첫 작품 『피터 래빗 이야기(The Tale of Peter Rabbit)』가 태어난 1901년 때의 인기가 예전 그대로라고 할 수는 없을 것이다.

　베아트릭스가 그려낸 것은 복슬복슬한 인형 모습의 동물들이 제 영역 안에서 평온히 살고 있는, 따뜻한 목가의 세상이다. 독자는 영국에서 거의 사라진 세계, 즉 모든 것이 친숙하고 아늑하며 가끔 몽니를 부리기도 하는 시골 생활을 되새김질하게 된다. 농부 맥그리거(McGregor)는 시도 때도 없이 토끼 피터를 쫓아다니지만 번번히 실패하고 만다. 베아트릭스 포터는 이빨과 발톱이 지배하는 냉혹한 세계가 아니라 파스텔처럼 부드러운 자연을 그려냈다. 자연을 이상화한 윌리엄 워즈워스처럼 베아트릭스도 런던 토박이였다. 런던 사람에게 '자연'이란 이상적이며 청결하고, 실체보다 개념이 앞서는 것이다. 영국인들의 정신세계에 큰 영향을 미친 작가가 이 두 사람이다. 영국인들은 산책 나가기 알맞도록 상쾌하고 건전한 시골은 영국에밖에 없다고 여긴다. 다른 나라에서 이렇게 산보를 나갔다가는 작은 동물들에게 쥐어뜯기거나 큰 놈들에게 잡아먹힌다는 것이다.

최근 3세대 동안 영국 중산층 집안에서 아이들 베갯말 이야기 책으로 빠질 수 없는 품목이 베아트릭스 포터의 책이었다. 서가마다 이 책들이 한 편을 빼곡히 차지하면서 손때를 묻혀왔다. 이 책에 흠뻑 빠진 아이들이 책장에 상처를 내고 낙서를 하다보면 표지는 닳고 얼룩이 묻어갔다.

어린이 책의 문제가 바로 이것이다. 이들 책의 주인은 아이들의 작고 때 묻은 손길이다. 아이들이란 똑같은 이야기에 박자를 넣고 몇 번씩 되풀이하기 좋아하기에, 몇 번씩 읽고 또 읽어 마침내 모조리 외워버린다. 아이들은 읽고 또 읽는 데서 기쁨을 얻는다. 무슨 일이 일어날지 미리 알고 있기에, 세상은 무섭지 않다. 그리고 책의 수명은 줄어든다.

중년의 사람이 어린이 책을 수집하는 일은, 어린 시절의 마술 같은 순간을 붙잡아보려는 향수의 소산이다. 그렇지만 옛 어린이 책을 온전한 상태로 수집하기는 거의 불가능하다. 베아트릭스 포터의 작품을 몰라볼 분은 없을 것이다. 서점 매대마다 이 책들이 올라 있다. 외양은 한결같다. 앙증맞은 그림이 그려진 표지는 티 한 점 구김 한 군데 없고, 본문 쪽들이 가지런히 붙어 있는 모습은 멋지기 한이 없다. 한마디로 새 책들이다.

이제 100년 전 모습 그대로 있는 베아트릭스 포터 작품 초판이 있다고 치자. 어딘지 이상하다는 느낌이 든다. 어째 중고책답지가 않네? 선물로 샀다가 구석에 팽개쳐두고 말았나? 어째서? 책을 산 이가 선물 주길 단념해버린 탓인가? 어쩌면 선물 받을 아이가 세상을 떠난 것일까? 아니면 선물을 받은 아이의 가정이 정리정돈에 한 맺힌 사람들이어서 속빈 선물상자처럼 정렬을 해놓고는, 베아트릭스의 바람대로 아이를 즐겁게 하는 도구로 쓰일 기회를 허용하지 않았던 것일까? 까닭이 가지각색일 수 있어도, 한 가지 공통된 점은 있다. 깔끔한 상태로 보전된 베아트릭스 포터 초판본이 있다면, 분명 높은 가격이 보장될 테고 너도나도 눈에 불을 켤 것이라는 점이다. 어린이 책 수집가들이야말로 수집욕에 관한 한 타의 추종을 불허하는 법이니까.

우스꽝스러운 표현일지 모르겠지만, 베아트릭스 포터의 일생은 빅토리아 시대의 전형에서 출발해서 또 다른 빅토리아 시대의 전형으로 끝났다고 할 수 있다. 1866년생인 베아트릭스의 어린 시절은 환상 속 놀이를 벗어나지 못한 외로운 시기였다. 성년의 베아트릭스는 자신이 처한 불행을 작품으로 승화시킨 고독한 독신녀였다. 결혼 생활을 시작하면서 작품 활동을 완전히 접었고, 두 번째 결혼은 행복하게 보냈다.

기억에 남는 가장 어린 시기부터 베아트릭스의 마음을 가득 채운 것은 오로지 그림과 이야기들뿐이었다. 소녀는 런던의 부유한 집안에서 태어났지만 바깥출입을 엄히 제한한 부모 탓에 정규교육을 받지 못했다. 소녀는 홀로 그림을 그리며 공부를 하는 것으로 위안을 삼았다. 17살 무렵까지 그려놓은 유화가 열두 점이었다. 소녀의 일기를 펴보자. "내가 하는 일은 똑같아. 데생하기, 붓질하기, 모형 만들어보기, 눈에 띄게 아름다운 것이 있으면 나도 모르게 그대로 그려놓는 충동에 빠져들기 등등. 그냥 보는 걸로 만족할 순 없는 걸까? 그리지 않곤 못 배기겠어. 그 결과는 형편없어도."

무슨 충동에 휩싸인 듯 소녀는 화랑과 박물관을 쏘다녔다. 일찍부터 발병한 예술의 열정 탓에 작가를 감별하는 눈이 생겼다. 소녀는 윌리엄 터너(Turner), 리처드 도일(Richard Doyle), 귀스타브 도레(Gustave Doré)의 그림을 아주 좋아했고, 라파엘 이전 화풍의 세밀한 자연화를 숭상했다. '자질구레한 것도 정말로 철두철미하게 그려낼 줄 아는 진정성'을 보았기 때문이었다. 소녀의 가족과 친분이 있던 화가 밀레이(Millais)는 소녀가 갓 그려낸 작품에 칭찬을 아끼지 않았다. "그림을 그린다는 사람은 숱하지만, 너는…… 남다른 관찰력이 있구나."

1890년 소녀는 그림엽서 6장을 그려 독일인이 운영하던 출판사 '힐데스하이머 앤드 포크너(Hildesheimer & Faukner)'에 보냈다. 놀랍게도 출판사에서 작품이 좋다며 6파운드(11달러)를 지불하고는 작품을 더 그려달라고 청했다. 이렇게 해서 3년 후 토끼를 비롯한 동물들을 연작으로 담은 소녀의 그림책이 『행복한 짝꿍(A Happy Pair)』이라는 제목으로 같은 출판사에서 출간되었다.

그때까지만 해도 베아트릭스는 위대한 작가나 화가가 되겠다는

1893년 9월에 베아트릭스가 노엘에게 보낸 첫 편지. 피터 래빗은 여기서 태어났다.

생각은 전혀 하지 못했다. 초기 작품은 대부분 친구의 아이들에게 생일 선물, 크리스마스 선물, 혹은 병상의 위로용으로 보낸 그림 편지였다. 그 당시에도 글과 그림이 곁들여진 작품은 이미 흔했다. 루이스 캐롤(Lewis Carroll), 에드워드 리어(Edward Lear)가 그 선구였고, 뒤이어 존 베처먼(John Betjeman)이 있었다. 이들의 작품은 독자뿐 아니라 작가 자신의 즐거움을 만족시키고자 씌어졌다.

피터 래빗이 태어난 것은 1893년 9월이다. 이때 베아트릭스 포터의 나이는 스물일곱으로, 그녀에게 독일어를 가르쳐준 선생이자 친구인 애니 카터 무어(Annie Carter Moore)의 다섯 살 난 아들 노엘에게 보낸 편지 여러 통 중 하나[5]에 이 토끼가 처음 등장했다. 피터 래빗의 줄거리도 이때 바로 태어났다.

무슨 이야길 들려줄까 궁리했는데, 토끼 네 마리 이야기가 어떨까. 플롭시(Flopsy), 몹시(Mopsy), 커튼테일(Cottontail), 피터(Peter), 이게 이 녀석들의 이름이야. 애들은 모래 둑에 있는 큼직한 전나무 뿌리 밑에서 엄마하고 살고 있었단다.

이런 줄거리와 함께 토끼 네 마리의 그림이 그려 있었다. 피터 래빗은 천하태평 성격에다 한껏 거만을 떠는 주인공이었다. 이 초기

---

[5] 이 책 257쪽의 그림 참조.

습작도 이미 베아트릭스 포터의 전체 작품에 일관된 특징, 즉 아주 손쉽게 그린 듯한 단순함이 역력했다. 그렇지만 결코 손쉽게 완성된 것은 아니었다.

> 내가 일하는 방식은 늘 이렇다. 우선 생각나는 대로 끼적거려 놓고는 다시 잘라내서, 고치고, 또 고친다. 길이를 잘라낼수록, 더 간결하게 만들수록, 작품은 나아진다.…… 내가 생각하기에 아이들을 위한 문학에서 가장 중요한 점은 빙빙 돌리지 않고 직접, 간단명료하게 말해주는 것이다.…… 고쳐 써라! 고쳐 써라! 고쳐 써라! 더 이상 고칠 수 없을 때까지!

베아트릭스의 어린 독자들은—그들의 부모는 말할 것도 없고—그림 편지를 어쩔 줄 모르고 좋아하고 열심히 챙겨서 친구들에게 자랑하고는 더 그려달라고 보채기 일쑤였다. 책을 내놓아도 되겠다는 자신감이 생겨났다. 이로부터 7년 후 미스 포터는 짐짓 지나가는 말투로, 지금까지 보내준 토끼 그림 편지를 갖고 있느냐고 노엘에게 묻는 편지를 보냈다. "혹시 여태 갖고 있으면 나한테 빌려줄래?"

노엘의 대답은 "예"였다. 물론 미스 포터는 그림 편지를 빌릴 수 있었다. 그녀는 이야기를 다시 쓰고, 펜화를 이용한 그림들을 추가로 그렸다. 첫 장에는 병에 걸린 피터 래빗에게 엄마 토끼가 카모마일 차를 먹이는 장면을 천연색으로 그려 넣었다. 표지는 마분지로 하고 H. B. 포터(H. B. Potter) 글·그림의 〈피터 래빗과 맥그리거 씨 정원 이야기(The Tale of Peter Rabbit and Mr McGregor's Garden)〉라는 제목을 붙였다. 이 원고는 1900년에서 1901년에 걸쳐 6개 출판사의 문을 두드렸지만 어느 누구도 특별한 관심을 보이지 않았다. 아마도 너무 작고 짧은 꼴의 책이 될 듯하여 상업적 이득이 없을 것이라 여겨졌기 때문이라고 생각된다. 그러나 포터는 물러서지 않았다. "6실링짜리 두꺼운 책 하나를 만드느니, 1실링짜리 책 두 권, 세 권 만들자는 반응들이었다. 쪼그마한 토끼들이 나오는 책이 6실링짜리가 되긴 어렵다는 것이다."

베아트릭스는 묘책을 궁리해냈다. 자비로 출판하는 것이다. 본문에는 흑백 삽화를 넣고 권두 그림은 3색으로 처리한 초판 250부를 인쇄하도록 했다. 책이 출고된 것은 크리스마스 선물 기간인 12월 16일이었다. 회녹색 종이 표지에 토끼 네 마리가 그려진 『피터 래빗 이야기』는 이렇게 탄생했다. 베아트릭스의 친구들에게 크리스마스 선물로 보내기에 안성맞춤이었다. 그러고도 남은 책은 권당 0.5페니씩 팔았다. 아서 코난 도일도 한 권을 샀다. 그 역시 이미 베아트릭스의 그림 편지에 매료된 사람이었다.

2주일 안에 250부가 바닥이 났고, 이듬해 2월 재판 200여 부가 인쇄되었다. 초판보다는 제본을 개선하고, 표지는 올리브색으로 바꾸었으며, 본문의 일부 오류를 바로잡았다. 초판에는 발행일을 표시하지 않았지만, 재판 책들은 "1902년 2월"이라고 표시되었다.

그런데 자비로 낸 초판이 세상에 나오기 직전에, 런던의 출판사인 프레데릭 원(Frederick Warne)이 '이 희한한 꼬마 토끼 책'을 출간하겠다는 결정을 내렸었다. 출판사는 한 가지 조건을 내걸었는데 본문 삽화를 천연색으로 하자는 것이었다.

미스 포터는 즉각 작업에 돌입했지만, 속내가 몹시 찜찜했다.

애초에 그림을 더 잘 그렸어야 했는데. 크기를 축소하면 확실히 나을 것 같아. 나도 이젠 기진맥진해. 내 그림이 점점 형편없어 보이는 거야.…… 동생도 흠을 보더라고. 맥그리거 씨 코는 전혀 코 같지 않고 귀처럼 보인다고 말이야.

이 『피터 래빗』의 원화는 오늘날까지 프레데릭 원 출판사의 자료실에 보관되어오고 있다. 얇은 천에 싸인 채 보관함에 간직된 그림들은 오랜 시간이 흘렀어도 그때 그대로의 모습이다. 나노 이 원화를 살펴볼 기회가 있었는데, 햇빛에 노출되면 바래버리고 마는 것이 수채화의 슬픈 운명이지만, 이 원화만은 작가의 손이 다녀간 그 시절의 풋풋함을 여전히 지니고 있었다. 이들이 시장에 모습을 드러낼 일은 좀처럼 없겠지만 그럴 경우 100,000파운드(180,000달러)는 족히 나갈 것이다. 물론 그림 한 컷 한 컷의 가격이 그렇다는 것이다.

판매 가능성에 대해선 작가나 출판사나 모두 조심스러웠지만, 책은 나오자마자 대성공이었다. 1902년 10월 첫 발행부수 8,000부에 뒤이어, 다음 달에는 12,000부, 다시 다음 달에 8,000부가 새로 발행되었다. 출판사가 찍고 또 찍어내고 사람들이 줄줄이 사는 동안, 피터 래빗은 하룻밤 사이에 아이들의 사랑을 받는 으뜸 창작물이 되었다. 출간 즉시 최고의 찬사를 받았고, 미국에서는 해적판까지 나돌았다. 베아트릭스 포터는 서른여섯의 나이에 들어서야 성년 대접을 받은 셈이다.

슬픈 일도 있다. 안타깝게도 베아트릭스 포터가 제일 좋아했던 애완용 토끼 피터는 자신의 새로운 명성을 즐길 만큼 오래 살지는 못했다. 개인적으로 발간한 책들 중 한 권에 베아트릭스는 다음과 같은 부고를 넣었다.

> 우리의 사랑하는 친구 피터 래빗, 1901년 1월 26일 사망하다. 향년 9세. 피터는 갓난아기 시절 셰퍼즈 부시(Sherpherds Bush) 부근 욱스브리지 로드(Uxbridge Road)에서 4실링이란 헐값에 지금의 주인 손으로 팔렸다.…… 머리가 그리 좋은 편도 아니고 가죽이나 귀, 발가락 들이 어딘지 모자라 보이긴 했지만, 성격만은 언제나 다정했고 몽니를 부리는 일도 전혀 없었다. 누구에게나 사랑받는 동료이자 말없는 친구였다.

피터의 활약을 담은 예쁜 초판본을 손에 넣은 행운아들을 비롯해서 애독자라면 누구나 이와 같이 느꼈을 것이다.

이후 13년 동안 미스 포터는 12종의 책을 더 펴냈다. 최고의 수준을 고집하는 성격은 이때도 변함없었다. 책의 정가 책정을 놓고 프레데릭 원 출판사와 다투기도 했다. 여느 위대한 '어린이 책 작가'들이 그러하듯이, 아니 여느 위대한 '작가'들이 그러하듯이, 미스 포터는 자신이 설정한 수준 밑으로 내려오는 일을 용납하지 않았다. 냉정하고 까다로운 독자 노릇을 스스로 해냈기 때문이었다.

출판사에 쓴소리를 마다하지 않을 정도로 철면피가 되어야 한다. 대중의 반응은 전혀 개의할 필요가 없다. 2페니짜리 단추 하나 그들에게 거저 얻을 수 없으니 두려워할 것도 전혀 없다. 내가 이 시리즈를 지금까지 끌고온 힘은 이런 마음가짐 덕택이라고 믿는다. 대부분의 사람들은 성공을 한 차례 거둔 다음에는 혹시 이전보다 못하게 될까 비굴한 마음에 빠져 다음 작품을 미지근한 것으로 만들어놓는다.

출판사 대표 노먼 원(Norman Warne)과 가까워진 베아트릭스는, 1905년 부모의 맹렬한 반대를 무릅쓰고 약혼했다. 하지만 약혼은 비극으로 끝났다. 노먼이 한 달 후 폐렴으로 사망한 것이다. 1913년 10월 베아트릭스는 변호사 윌리엄 힐리스(William Heelis)와 결혼했다. 베아트릭스가 인세 수입으로 농장을 구입할 때 힐리스가 변호 상담을 맡으면서 4년간 교제한 결과였다. 이 결혼생활은 베아트릭스 일생에서 가장 행복하고 가슴 벅찬 시기였다. 이전 일기에서 그녀는 이렇게 쓴 바 있다.

여자가 독신으로 자립하여 살아야 한다는 것이 요즘 풍습이다. 그렇지 않으면 어디 가서 하소연할 데도 없다고 한다. 하지만 나는 구식 사고방식을 갖고 있다. 행복한 결혼생활이야말로 여자의 왕관과 같다고.

행복한 결혼생활이었다. 영국은 이제 힐리스 부인이 된 베아트릭스의 신간 작품을 다시는 볼 수 없게 되었다. 그 대신 힐리스 부인은 한편으로는 시골 부인네로서 양을 키우며, 한편으로는 봉제완구, 장식물, 인형, 장난감, 도자기 컵, 장식 소품 등을 포터 상표로 제작 판매하는 거대한 공예품 산업을 관장하는 일에 힘을 쏟았다.

독자께서는 이렇게 생각할지 모른다. '이런 인생의 낭비가 어디 있나.' 그렇지만 나는 이것이 그녀 작품의 줄거리대로 귀결된 삶이라고 느낀다. 베아트릭스는 혼신의 힘을 다해 자기 작품을 만들어냈고, 그것으로 막대한 수익을 얻었다. 외롭게, 용맹하게, 최고의 목표에 헌신한 이 여성은 고되기만 했던 지난날의 생활을 되풀이할 여력이 이제 남아 있지 않았을 것이다. 자신이 설정한 높은 수준을 꾸준히 유지해온 것이 사실이지만 후반부의 작품에는 어딘지 힘겨운 기색이 엿보인다. 어쨌든 베아트릭스의 작품은 100년이 되도록 점자를 비롯한 거의 모든 언어로 번역되어 수천만 명이 넘는 어린이 독자들에게 기쁨을 안겨주었다. 베아트릭스의 은덕은 책 수집가들에도 미쳤다. 자비 출판된 초판본 『피터 래빗』 250부 가운데 온전한 상태로 보전된 것은 오늘날 40,000파운드(72,000달러)를 치러야 한다. 프레데렉 원 출판사에서 정식 출간한 초판본만 해도 2,000파운드 이상은 족히 나갈 것이다. (이와 달리 내가 오랫동안 소장해온 같은 작가의 다른 작품 『모자 쓴 고양이』는 초판본도 4,000파운드, 즉 7,200달러 정도이다.)

물론 이들 가격은 완벽한 상태로 보존되었을 경우에만 해당한다. 참으로 기이하게도, 수집가들의 보물이 될 책이라면 분명 최초 소유자인 아이에게서 버림을 받았어야 한다. 아이들이 아낀 책이라면 완벽한 상태로 보존되는 일은 일어나지 않는 법이니까.

16

누구나 데뷔는 고단하다

세 편의 단편과
열 편의 시

어니스트 헤밍웨이

THIS BOOK
IS FOR HADLEY

and this one is for
Edward J. O'Brien
from Ernest Hemingway

지금은 은퇴했지만 예전에 정신분석 전문의로 일했던 밀리센트 아주머니라는 분이 있다. 어느 날 그분이 흐뭇이 웃으며 환자 이야기를 해준 적이 있었다. 치과의사인 버니라는 환자가 몇 년 동안 상담치료를 계속해오다가 드디어, 이제 더 이상 환자에게 적의를 느끼지 않게 되었다고 고백했다고 한다. 버니는 덧붙이기를, 바로 얼마 전 같은 치과의사끼리 갖는 수요 골프 모임에서 자신의 이런 변화를 털어놓자 동료들이 모두 입을 딱 벌렸다는 것이다. "어떻게 그런 일이 있을 수 있어. 치과의사가 자기 환자를 미워하지 않게 되었다니 말이야."

독자들은 내가 하려는 이야기를 이미 짐작했을지 모르겠다. 치과의사가 환자에 적대감을 느끼듯이, 희귀본 거래업자 역시 고객에게 적대감을 느끼는 게 아니냐고. 부끄럽게도 나 역시 그런 문제로 마음에 상처를 입는다고 고백한다. 물론 책 수집가 모두에게 그런 것은 아니고 아주 소수의 힘 있는 수집가들에게만 그러하다. 그들은 거칠게 말하면, 미국인이고 부자이며 책탐이 강한 사람들. 나쁜 것만 절묘하게 모아놓았다고나 할까. 문제는 이들이 원하는 책이란 오로지 한 가지뿐이라는 데 있다. 그들은 새것처럼 보이는 책을 원한다.

　같은 초판본 중에서도 중고 티가 나는 평범한 책과 새것처럼 반짝이는 책 사이에는 가격 차이가 엄청나게 난다. 그러나 이런 관례도 깨지기 마련이다. 어니스트 헤밍웨이가 1923년 파리에서 내놓은 처녀 작품집 『세 편의 단편과 열 편의 시(Three Stories and Ten Poems)』가 최근 뉴욕의 한 경매장에 그 모습을 드러냈다. 보존 상태가 완벽해서 신간으로 착각할 정도였다. 이 책은 300부밖에 인쇄되지 않았지만 희귀한 편이 아니어서 돈을 쌓아놓은 사람이라면 쉽게 구입할 수 있다. 바로 그 몇 달 전 런던에서 22,000파운드(40,000달러)에 팔린 적이 있었는데, 뉴욕에 나온 이 책은 72,000파운드(126,000달러)에 팔렸다. 무슨 까닭이기에? 믿기 어렵겠지만, 글라신 표지가 발행 때 모습 그대로 살아 있다는 게 그 이유였다. 일반적인 겉표지 대신(애초에는 이런 표지를 씌우지 않았지만), 요즘 문방구에서 취급하는 비닐 책싸개가 발행 때 그대로 남아 있었던 것이다(이것은 얇고 투명한 용지로, 책을 발간한 프랑스에서는 이런 표지를 선호했다).

　글라신 표지로 싸인 것 자체가 희귀하지는 않지만 『세 편의 단편과 열 편의 시』는 보존 상태가 좋은 판본이 유달리 많은 편이다. 1960년 후반에 재기발랄한 어떤 미국인 책 수집가는 프랑스 디종의 다랑티에 인쇄소까지 발품을 팔아서는 '남아 있는 재고'를 있는 대로 사겠다고 했다. 모두들 어깨를 으쓱하고 지나치는데, 누군가 창고 서가에 옛날 책이 좀 꽂혀 있던 기억이 난다고 했다. 그 인쇄공이 옛날 책을 전부 가져왔다. 상자 하나에 새 책 티를 물씬 풍기는 『세 편의 단편과 열 편의 시』가 가득 담겨 있었다. 미국인은 책에 인쇄된 정가대로 값을 치렀다. 한 권당 2달러씩.

『세 편의 단편과 열 편의 시』의 외관은 당시 자비 출판 도서의 전형적인 모습을 잘 보여준다. 얇은 두께, 수제품다운 매력, 회색 표지에 멋지게 넣은 문자 도안, 놀랍도록 우수한 인쇄 상태 등등. 그 당시 정식 출판물들의 투박함이나 천편일률적 디자인과는 차원이 달랐다.

헤밍웨이는 신참내기 작가 때부터 그 이름이 사람들의 귀에 익어 있었다. 2년 전인 1921년 아내 해들리(Hadley)와 함께 파리에 온 그는 에즈라 파운드, 거투르드 스타인, 실비아 비치 앞으로 된 소개장도 지니고 있었다. 산문과 시를 몇 편 씩 발표한 바 있던 이 저널리스트는 팽팽한 근육질의 소유자로, 〈꼼돌이 푸〉에 등장하는 티거(Tigger)가 문학인의 몸을 빌려 나타난 듯했다. 거투르드 스타인은 헤밍웨이에게서 가능성을 발견했는데, 남의 생각 특히 거투르드의 생각에 "열정적으로 귀 기울이는" 모습에 흐뭇해했다. 에즈라 파운드는 "세계 최고의 산문 문체를 구사한다"고 격찬했다.

당시 서구의 문학은 버지니아 울프나 D. H. 로렌스의 화려한 문체와 거투르드 스타인과 제임스 조이스의 모호한 모더니즘이 지배하고 있었다. 이와 달리 헤밍웨이는 극도의 간결함에서 미학적 색채를 발휘했다. 그의 전기를 쓴 카를로스 베이커(Carlos Baker)는 헤밍웨이의 문체가 "정밀하고, 정확하면서도 고도로 함축적이며, 거칠고 엉성하면서도 시와 같은 격정이 담겨 있다"고 평했다.

가령 『세 편의 단편과 열 편의 시』에 실린 〈미시간에서(Up in Michigan)〉의 도입부를 살펴보자.

> 짐 길모어는 캐나다 호튼스 만 출신이다. 늙은 호튼에게서 대장장이 점포를 사들였다. 짐은 짧은 키, 짙은 턱수염, 커다란 손의 주인이었다.

헤밍웨이 예찬자들은 함축성 높은 문체에 매료당했다. 그의 글에는 아무것도 담겨 있지 않은 듯한 데도 그 너머의 광대한 지평을 느끼게 했다. 이것이 중서부 미국의 원형질이다. 평범한 말투에 섬세한 감성을 숨긴 사내, 장식과 과장, 아니 언어 자체를 혐오하는 남자의 숨결이 여기 있다. 그의 문체는 분명히 충격적이다. 그러나 나는 가끔 다시 생각해본다. 헤밍웨이는 그저 그에게 어울리는 문체를 찾아낸 재간꾼 이상은 못 된단 말인가? 협소한 사상과 냉혹한 감성이 그 문체 덕에 감춰지거나 혹은 적절한 만큼만 드러나고 있다는 것인가?

그렇지만 상대는 헤밍웨이다. 만인의 사랑을 받은 헤밍웨이인 것이다. 그는 이탈리아로 에즈라 파운드를 찾아갔고, 운 좋게도 파운드에게서 로버트 맥알몬(Robert McAlmon)과 에드워드 오브라이언

(Edward O'Brien)을 소개받았다. 이 두 사람이 헤밍웨이의 초기 경력에 큰 영향을 미친다. 맥알몬은 부유한 영국인 아내와 함께 유럽에 살던 미국인 작가로, 헤밍웨이를 만난 즉시 자신의 컨택트 출판사(Contact Publishing Co.)에서 첫 책을 내주겠다고 제안했다. 그가 설립한 컨택트 출판사는 자기 작품을 출간하기 위한 의도가 다분한 회사였다. 오브라이언은 매년 발표된 미국 단편의 우수선을 시리즈로 발간하는 편집자였고, 즉각 헤밍웨이의 작품을 실어주겠다고 허락했다. 오브라이언은 헤밍웨이라는 새로운 '물건'에 단박 매료되어 1923년 미국 단편선을 헤밍웨이 특집으로 하면 어떻겠느냐는 제안까지 했다. 헤밍웨이는 짜릿한 흥분을 느꼈다. "당신과 신 앞에 엄숙히 맹세합니다. 앞으로 내 인생에서 쓰는 소설은 오직 당신과 신만을 독자로 생각하겠습니다.……"

내 초판 소장품 중 1급에 꼽히는 품목에도 『세 편의 단편과 열 편의 시』 초판본이 포함된다. 이 책은 에드워드 J. 오브라이언에 바치는 헤밍웨이의 자필 헌사가 들어 있다. 책에는 "이 책을 해들리에게 바친다"라는 헌정사가 인쇄되어 있지만, 바로 그 밑에 자필로 "이 책은 오브라이언에 드린다, 어니스트 헤밍웨이 드림"이라고 써 넣었기 때문에 더욱 의미심장하다. 오브라이언의 도움으로 그의 경력을 쌓을 수 있었다는 고마움이 그만큼 강렬했기에 두 번째 헌정인물로 명시하였다는 결론을 우리는 내리게 된다(높은 경매가로 낙찰된 같은 초판본 책을 앞에서 거론한 바 있지만, 나에게는 이 소장본이 더욱 가치 있다고 느껴진다. 물론 나만의 생각일 수도 있겠지만).

이렇게 해서 『1923년 우수 단편선(The Best Short Stories of 1923)』이 1924년 1월에 출간되었고, 여기에 헤밍웨이의 『노인(My Old Man)』이 실렸다. 오브라이언은 약속한 대로 이 책의 헌정 대상으로 헤밍웨이만을 명시하는 명예를 베풀었다. 그러나 그 헌정사 자체가 문제였다. "어니스트 헤멘웨이에게(To Earnest Hemenway)." 대망신이었다. 그의 작품이 단행본 속에 실려 미국에서 선보인 일이 처음이고, 선집에 실린 일도 이 책이 처음이기에 도저히 묵과해줄 수 없는 일이었다. 책은 다른 작품들에도 이런 실수를 여러 개 범하고 있었다. 사후에 발간된 『이동축제일(Moveable Feast)』에서 헤밍웨이는 이름이 잘못 인쇄된 사실을 담백하게 털어놓으며, 오브라이언이 오타 없는 출판이라는 원칙을 전례 없이 스스로 깬 것이라고 지적하였다. 헤밍웨이는 실용적인 사람이라 오브라이언을 걸고넘어지는 일은 굳이 원하지 않았다. 그의 응어리가 풀렸는지 1926년 발간된 『우리 시대(In our time)』 미국판 초판에서 헤밍웨이는 오브라이언의 추천 문구를 표지에 집어넣었다.

맥알몬에 맡긴 『세 편의 단편과 열 편의 시』는 1923년 7월 권당 2달러 가격으로 300부가 발간되었다. 판형은 작았고(가로 4.5인치, 세로 7인치에 불과했다), 본문 쪽수도 55페이지밖에 되지 않았다. 시 중 6편은 이전에 『시(Poetry)』에 발표한 작품이었고, 단편 세 편은 극히 짧은 분량이지만 모두 새로 선보이는 것이었다. 헤밍웨이는 시가 뛰어나다는 평을 듣고 싶어 했지만 아무도 그런 평을 내놓지 않았다. 시와 단편이 서로 연관이 있다는 평도 없었다. 시 열 편은 책의 분량을 늘리고자 넣은 것이었다. 본문 앞뒤 여백지가 다른 책보다도 많은 것도 역시 책의 두께 때문이었다. 이유는 간단했다. 헤밍웨이가 갖고 있던 원고는 이들이 전부였으니까. 그의 문학적 소산이 이것밖에 되지 않은 데는 다른 이유가 있었다. 아내 해들리가 다른 원고를 몽땅 분실했기 때문이다.

원고 분실의 내력은 익히 알려져 있다. 여러 희곡이나 소설에서 제각기 조금씩 다른 내용으로 실려 있지만, 사실 자체는 명쾌하다. 1922년 11월, 헤밍웨이는 스위스 로잔에서 열린 국제평화회의를 취재하고 있었고, 아내 해들리도 그곳을 찾아가기로 했다. 해들리는 파리 리옹 역에 가기 위해 짐을 꾸렸다. 남편 사랑이 끔찍했던 아내는 혹시 남편이 쓰고 싶어 하지 않을까 해서 원고뭉치를 짐에 전부 집어넣었다. 손으로 쓴 원고와 타자 원고는 물론 (어리석게노) 먹시 복사원고까지 모조리 짐으로 쌌다. 장편소설 초고 하나, 단편 11편, 많은 분량의 시가 다 들어 있었다.

기차역에 도착한 해들리는 고즈넉함과 갈증을 달래려고 에비앙 생수와 영어판 신문을 샀다. 짐 가방은? (그래도 해들리 편이 되는 사람의 풀이에 따르면) 포터에게 잘 지키고 있으라고 일러두었다. 몇 분 뒤 해들리가 돌아왔을 때, 짐은 사라지고 없었다. 어찌어찌해서 로잔으로 찾아온 해들리가 거의 실성한 상태여서 헤밍웨이는 뭐가 문제인지

조차 알아차리지 못했다. 바람 피운 거야? 남자가 생겼다는 거지? 해들리는 눈물을 쏟았다. 그보다 더 나쁜 일이에요. 그러자 (헤밍웨이의 한 친구가 전하는 바에 따르면) 헤밍웨이는 가장 두려운 일이 일어났다는 듯 버럭 소리를 질렀다. "검둥이와 잤군! 이실직고해!"

해들리가 울먹였다. "그보다 더 나쁜 일이라니까요, 당신 원고가 없어졌어요. 몽땅요." 헤밍웨이는 완전히 미치광이가 되어 곧바로 파리행 기차를 잡아탔다. 리옹 역을 샅샅이 뒤졌다. 허사였다. 평생을 바쳐온 작품들이 사라져버렸다. (유일하게 남은 것은 단편 두 편. 하나는 서랍 밑에 넣어놓은 것이고, 다른 하나는 어떤 출판업자에 보낸 상태였다.) 잃어버린 원고를 다시 되살려 쓸 수 없다는 것을 그는 이미 잘 알고 있었다. "청년기 못지않게 덧없고 변화무쌍한 소년기의 서정적 기법"으로 씌어진 원고를 다시 복제해낼 수는 없는 일이다. 해들리의 말을 빌리면, "이 돌이킬 수 없는 손실은 그에게 끝까지 고통으로 남았다." 그는 다시는 글을 쓸 수 없을 것만 같았다. 한동안 시간이 흘렀고, 다시 시작하라는 거투르드 스타인의 충고 한 마디에 그는 일어섰다. "집중하라!" 이 충고는 어쩌면 겉치레로 내려준 축복이었는지도 모른다. 헤밍웨이의 작품이나 사람됨을 그다지 좋게 생각하지 않았다고 뒷날 스타인이 회고한 바 있었으니까. 그래도 『이동축제일』에서 헤밍웨이는 이렇게 술회하고 있다. "좌우간 나에게는 효험을 발휘했지 싶다."

그는 남아 있는 단편 두 편에 이어 새 단편 『우리들의 계절(Our

Season)』을 써냈다. 책을 출간해야 했지만 분량을 채워줄 것이 필요했다. 시 열 편으로도 모자라 백지를 잔뜩 넣기로 했다. 이렇게 해서 겨우 책을 맞춰 낼 수 있었다. 에즈라 파운드와 로버트 맥알몬이 책의 출간에 열정을 발휘해주었다. 그들은 디종의 다랑티에 출판사에 인쇄를 맡기고, 실비아 비치의 '셰익스피어 앤드 컴퍼니' 서점을 통해 배본했다. "『율리시즈』를 출판한 바로 그 친구들이지." 헤밍웨이는 이렇게 자랑했다.

바로 전해에 나왔던 『율리시즈』는 곳곳에서 서평을 받았지만, 헤밍웨이의 처녀 작품집은 아무 주목을 받지 못했다. 유일한 예외가 있다면 어머니 그레이스(Grace Hemingway)였다. 아들이 소년 때부터 병적일 정도로 글쓰기에 집착하던 모습을 놓치지 않았던 어머니였다. 그런데 『미시간에서』에 등장하는 음탕한 남녀 주인공들에게 가족들의 실명을 붙여준 것에 그레이스는 제일 큰 충격을 받았다. 몇 년 후 그레이스는 아예 헤밍웨이에게 자기 집안에서 글을 쓰지 말라는 금지령을 발동했다. "한 장 한 장 넘길 때마다 울화가 치밀어 병이 날 지경이다." 어머니가 제일 진저리친 작품은 『해는 또다시 떠오른다』였다. "올해 나온 책 중 가장 추잡한 책이다." 전혀 틀린 평은 아니지 아닐까.

제대로 된 반응을 하나도 접하지 못하자 헤밍웨이는 낙담했다. 그는 미국의 평론가 에드먼드 윌슨(Edmond Wilson)에게 한 권을 보냈다. 윌슨은 이 책이 마음에 들었다. 그는 얼마 뒤 「다이얼(The Dial)」

지에 이 책에 대한 서평을 실었다. 짤막하게. 세간의 주목을 받지 못했어도 헤밍웨이는 앞으로 나아갔다. 『우리 시대(In Our Time)』를 1924년 파리에서, 1925년 미국에서 각각 내놓았다. 몇 년이 지나지 않아 헤밍웨이는 "내 수중에 『세 편의 단편과 열 편의 시』가 한 권도 남지 않았어"라고 투덜댔는데, 이미 그 책은 희귀본이 되어 시중 가격으로 150달러나 됐다. 물론 돈을 주고 살 생각은 없었다. "뱀이 제 꼬리 먹는 꼴이 될 순 없지." 이 책은 1932년 경매장에 처음 모습을 드러냈다. 경매 호가가 130달러였다. 이때부터 이 책의 초판본이 꾸준히 경매장에 매물로 나왔다. 얇고 투명한 글라신 겉표지 판이 나오는 경우도 있었는데, 이런 매물은 50,000파운드(90,000달러)에 팔렸다. 80년의 세월에도 첫 모습 그대로를 간직하는 책 앞에 사로잡히지 않을 사람은 없는 법이다.

완벽한 상태를 유지한 책을 높이 사는 심리 앞에 나는 이런 질문을 던져본다. 왜? 고가구의 경우 우리는 그 표면에 묻은 세월의 손때를 오히려 가치 있는 것으로 쳐준다. 고색창연(patina)이란 말도 그래서 나왔다. 서투른 복원가가 옛 유화를 옛 시절 그대로 반짝반짝하게 되살려 내놓으면 당연히 사람들로부터 빈정거림을 받는다. 원형 그대로의 상태를 가치 기준으로 삼는 것은 자질구레한 수집품에만 해당한다. 우표, 테디베어, 딩키 사의 미니어처 자동차 따위가 그렇다. 그렇다면 책은 어떤가. 책은 어째서 후자 쪽에 속하는가?

왜, 어떻게 이런 일이 일어나는 것일까? 이 분야의 분석가라면 거기에 작용하는 병리를 캐볼 만하지 않은가? 완벽한 상태에 대한 과도한 집착은 합리적 목표치라기보다는 심리적인 증후군을 자아내는 법이 아닐까.

이 분야의 전문가는 아니지만, 내가 볼 때 어딘지 잘못된 점이 있다. 내가 화를 내거나 안달복달하는 것도 이런 풍조 때문이다. 이런 나를 보고 한 친구가 밀리센트 아주머니에게 상담을 받아보는 게 어떻겠느냐고 권했다.

아주머니는 심리치료사답게, 내 말을 주의 깊게 경청해주었다. 그리고 깊이 생각하더니 입을 열었다. "여러 가지가 얽혀 있다고 봐. 첫째, 처녀성을 소유하려는 욕망이지. 수집가란 수집 대상품을 순결한 상태로 획득해서 혼자서만 희롱한다는 특별한 성적 쾌락을 얻지. 그는―수집가는 일단 남자라고 하자고―수집대상과 자기만의 내밀한 관계를 맺게 되는 것이지."

나는 수긍이 갔다.

"그런데, 성적 일탈 행위가 그러하듯이, 여기에는 공포도 그 못지않게 도사리고 있단다."

"공포라고요?"

"접촉으로 병을 옮긴다는 두려움, 나쁜 짓 하다 들켜 수치를 당할지 모른다는 두려움, 그리고……"

"아이고, 아주머니, 책 얘기에 웬 공폰가요?"

"책이란 것은 튼튼한 표지로 싸여서 상자에 넣어 보관되지. 예방의료 기법과 비슷하단 말이야. 내가 볼 때에는 접촉성 질병에 대한 공포가 아주 짙게 나타난 결과라고 하겠는데……"

"접촉성 질병이라고요?" 아주머니는 (역시 다정하게) 말을 이어갔다. "얘야, 지금 우리가 사는 시대는 에이즈의 공포가 죽음의 공포와 비슷하단다. 누구나 죽음이 겁나고 섹스가 두렵고, 누구나 영원히 젊게 살고 싶어 하지……"

놀라웠다. "아주머니, 그러니까……"

"바로 그거야! 일종의 대리모적 행위가 작용하는 것이지. 우리가 바라는 그 상태를 책이 대신 유지해주기 바라는 거야. 책은 벽사(辟邪)의 부적이 되는 거지. 그래서 그 손바닥만한 헤밍웨이 책이 그토록 비싼 것이야."

아주머니의 풀이를 전적으로 인정하기 어려웠지만 나는 골똘히 생각에 잠겼다.

"그래서요?"

아주머니는 단호하게 말했다 "그래서, 정신심리 분석가의 견지에서 볼 때, 책 수집이란 정말로 합리적인 행위란다. 네가 거기에 마음을 앓을 까닭이 전혀 없어."

"고맙습니다, 아주머니! 정말로 큰 도움이 되었어요. 친구들에게도 얘기해줘야겠네요."

아주머니는 이렇게 덧붙였다. "버니를 소개해줘야겠다. 골프 좋아하지? 나보다 더 좋은 말 해줄 걸."

17 시(詩)들

버지니아 울프가 손으로 인쇄한 책

T. S. 엘리엇

For Virginia Woolf,
from the author,
T.S. Eliot

이 작고 우아한 책에 제목이 인쇄되어 있지 않았다면 누구나 한 폭의 그림으로 착각할 것이다. 이 책은 회화 작품을 표지로 사용했기 때문이다. 표지 그림을 그린 예술가는 바로 로저 프라이(Roger Fry)[1]인데, 표지로 사용한 대리석 문양 종이도 그가 손수 제작한 것이다. 노랑, 오렌지, 갈색이 소용돌이치듯 합쳐지는 색조 위에 밝은 초록을 물방울처럼 뚝뚝 떨어뜨린 이 기법은 추상적이면서도 화려하기 그지없어 잭슨 폴록(Jackson Pollock)의 작품을 연상케 한다. 호사스런 매력을 마음껏 발산하는 이 책은 20세기의 발간된 책 중 내가 두 번째로 아끼는 것이다. 우리는 겉표지에 인쇄된 제복 덕택에 이 작품이 무엇인지를 알 수 있다. 분량이 얼마 되지 않는 이 책은 T. S. 엘리엇의 시들을 묶어놓은 『시들(Poems)』이다. 이 책은 1919년 버지니아 울프(Virginia Woolf)와 레너드 울프(Leonard Woolf) 부부가 직접 운영하던 호가스 출판사(Hogarth Press)에서 수제 제본으로 출간되었다.

----

[1] 20세기 초반 영국의 대표적 화가이자 평론가(1866~1934).

1999년 런던에 있는 테이트 갤러리(Tate Gallery)[2]의 '블룸스버리 예술전'[3]에서 유리 진열장 안에 전시되는 영예를 입을 정도로 이 책은 그 매력을 인정받았다. 전시 큐레이터였던 미술사학자 리처드 숀(Richard Shone)은 북디자인을 이렇게 극찬했다.

> 손으로 조심스럽게 만져보면(물론 금지된 일이다), 표면에 직물을 씌웠음을 느낄 수 있다. 화가는 그 위에 물감을 두껍게 바르거나 얇게 펼쳐 놓았다. 솔이나 스펀지를 써서 종이 위에 물감 칠을 한 것으로 짐작된다. 대단히 아름다운 작품이다. 호가스 출판사의 초기 출간물 중 단연 최고의 아름다움을 자랑한다.

울프 부부가 설립한 호가스 출판사의 첫 책이 나온 것은 1917년이지만, 독자의 이해를 돕기 위해서는 그보다 2년 전으로 거슬러 올라가야 한다. 버지니아 울프의 1915년 1월 25일자 일기(이날은 버지니아의 생일이기도 하다)에는 그 사정이 잘 나와 있다.

> 오늘 하루 일을 모두 되돌아본다. L(레너드)은 나한테 줄 게 아무것도 없

---

[2] 런던 템스 강변의 국립미술관. 1897년 사업가 테이트의 기증품과 헌금으로 건축되었다. 뉴욕의 구겐하임, 파리의 퐁피두센터에 버금가는 명성을 갖고 있다.
[3] 20세기 초 런던 블룸스버리 지구에서 살던 버지니아 울프를 중심으로 형성된 예술가 그룹을 블룸스버리 그룹이라 한다.

다고 딱 잘라 말했고, 순진한 아내인 나는 그대로 믿고만 있었다. 그런 그가 내 침대에 기어들어와 작은 꾸러미를 내밀었다. 멋진 풀빛 지갑이었다. 아침상에는 신문도 함께 갖고 왔다. 해군이 승리를 거뒀다는 기사가 실려 있었다. 그는 사각형의 갈색 소포도 갖고 왔다. 『애보트(The Abbot)』[4]의 초판본이었다. 근사했다. 그가 운전하는 차를 타고 시내로 가니 한 턱을 냈다. 처음에는 영화관에서, 다음에는 버저즈 식당에서. 우리는 차를 마시면서 세 가지를 결정했다. 먼저 호가스(Hogarth) 하우스를 얻자. 다음에는 거기서 출판사를 열자. 마지막으로 불독을 한 마리 사자. 이름은 존이라면 좋겠다. 세 가지 일로 내 마음은 무척 두근거린다. 특히 출판사를 열자는 것이 더욱 그렇다.

세상에 이보다 더 큰 '턱'이 있을까. 세심한 사람으로 정평 있던 레너드 울프는 신경쇠약에 빈번히 시달리던 아내 버지니아의 삶에 변화를 주고자 했던 것이다. 비지니아는 막 처녀작 『출항(The Voyage Out)』을 끝마친 뒤였고, 전쟁이라는 상황에 몸서리를 쳤다. 이런 아내를 위해 남편은 우울증에 좋다는 온갖 방도를 동원하고 있었다. 그래서 이사를 하고, 새 취미도 가져보고, 손으로 일할 거리를 찾고, 애완동물도 기르자고 한 것이다. 호가스 하우스는 런던 리치몬드(Richmond) 거리에 있던 조지 왕조 풍의 단아한 저택으로, 두 사람은

---

[4] 월터 스코트의 1820년 소설.

이곳에 임대 계약을 맺을 수 있었다. 출판사도 설립했지만 출간용 원고는 2년 뒤에 확보할 수 있었다. 세 번째, 그러니까 애완동물 기르기는 어떻게 되었는지 나는 알지 못한다. 필시 존이라는 이름의 불독을 구하기가 어렵지 않았을까.

출판 작업은 자꾸 늦춰졌다. 이유는 돈 때문이었다. "인쇄기가 20파운드나 하는데 요즘 우리는 돈에 쪼들리고 있다. 3월까지는 어쩌지 못할 것 같다." 레너드의 기록에 따르면 3월에 행운이 찾아왔다.

1917년 3월 23일 패링던 스트리트(Farringdon Street)에서 홀본 바이어덕트(Holborn Viaduct) 쪽으로 산보를 하던 중 엑셀시오르 인쇄기자재 회사(Exelsior Printing Supply Company)를 발견했다. 그리 크지 않은 회사였지만 수동 인쇄기와 활자는 물론 식자용 스틱까지 인쇄 관련 기자재라면 없는 것이 없었다. 기자재들은 하나같이 멋져 보였다. 빵집의 케이크와 빵에 넋을 잃은 굶주린 아이처럼 우리는 창문이 뚫어질 듯이 쳐다보았다. 회사 안으로 들어가니 갈색 정장 차림의 인상 좋은 남자가 우리를 맞았다. 우리는 우리의 계획을 설명하면서 고충을 토로했다. 그 남자는 우리에게 큰 힘이 되었다.

이 친절한 영업사원에게서 울프 부부는 인쇄기, 활자와 활판틀, 조판도구 등 기자재 일체를 샀다. '시행착오 없이' 인쇄를 하게 도와

준다는 설명서도 받았다. 부부는 이 설명서 덕에 인쇄술을 배울 수 있었지만, 시행착오가 없을 리가 없었다. 1년여 동안 온갖 괴로운 시행착오를 겪은 뒤에야 버지니아는 인쇄기를 능숙히 다룰 수 있게 되었다.

활자들이 큰 덩어리로 뭉쳐져 있는데, 여기서 각 활자와 기호를 떼어내야 한다. 이들을 제자리에 박아 넣는 일은 끝도 없이 시간을 잡아먹었다. 가령 어제 나는 'h'와 'n'을 섞어 배치하는 작업을 했는데 이 일이 특히 그러했다. 우리는 한번 몰두하면 중단하는 일이 없었다. 이러니 실제 인쇄업을 하게 되면 평생을 다 바치겠지.

활판과 제본 작업은 버지니아의 병에 효험이 있었다. 문학 창작의 정신적 스트레스에서 멀어질 수 있었던 것이다. 준 인쇄업자 수준까지 오게 되자 일 자체가 즐거운 것은 물론 수입도 조금씩 생기기 시작했다. 레너드는 사업 감각이 뛰어난 사람이었다. 그는 출판 공정의 관리뿐 아니라 그로 인한 금전적 이득도 한 푼 한 푼 챙겨나갔다. 그는 책의 디자인에도 각별히 신경을 썼다. 자신이 직접 인쇄하고 제본 실을 꿰맨 책이 쌓여 있는 모습에서 그는 말할 수 없는 마음의 평안을 느꼈다.

이즈음 버지니아는 활자 작업에 몰두하며 나날을 보냈다. 속도가 빨라지고 정확도가 늘어나면서 출판물의 상태도 점점 아름다워졌다. "1918년 4월 10일. 수요일. 몹시 축축하고 흐림. 인쇄하며 보내다. 한 페이지 틀을 잡는 데 1시간 15분이 걸리다. 나의 신기록임." 이날 오후 「에고이스트(The Egoist)」의 발행인 미스 해리엇 위버가 울프 부부를 방문했다. 호가스 출판사에서 제임스 조이스의 『율리시즈』를 출판해줄 수 있을지 타진하러 왔던 것이다. 버지니아는 이렇게 쓰고 있다. "원고 분위기 때문에 아무 출판사도 나서지 않을 것이다. 그의 이전 작품이 거둔 성공을 고려하면 이번 작품은 훨씬 더 따뜻해야 한다."

미스 위버는 울프 부부에게 원고를 보여주었다. 그로부터 1년간 원고는 울프 부부에게 맡겨졌다. 이 1년 동안 부부는 상업인쇄업자를 찾았다. 당연히 그들이 직접 인쇄를 맡을 수는 없었다. 버지니아의 작업 속도가 워낙 늦은 탓이었다. 내가 계산해보니 당시 버지니아의 작업 속도로 한다면 본문 인쇄를 마치는 데만 47년이 넘게 걸렸을 것이다.

잘 알려진 대로 『율리시즈』는 1922년 파리의 실비아 비치가 발간했다. 그리스 국기와 같은 색조여야 한다고 조이스가 고집한 덕택에 파란 표지를 씌워 나온 『율리시즈』는 장중한 작품이 되었다. 20세기 출판물 중 내가 제일 아끼는 책이라면 단연 이것이다. 그렇지만 이 근대문학의 최고급품을 출간할 기회를 놓친 호가스 출판사도 곧 멋진 작품을 내놓을 수 있었다.

1918년 11월 15일. 금요일. 일기의 이 부분 어딘가를 쓰는 중에 엘리엇 씨가 찾아왔다. 이름만으로도 그의 사람 됨됨이를 알 수 있다. 세련된 교양에 섬세한 미국 젊은이다. 한 마디 한 마디를 얼마나 느리게 말하던 지 단어마다 마침표를 달고 있는 듯했다. 겉으로는 이러해도 매우 지적 이고 너그러우며 주관이 확고한 시인적 신조를 내면에 갖춘 젊은이였 다. 그는 매일 은행에서 일하는 탓에 작품을 많이 쓰지 못했다면서, 지 난 2년간 완성한 서너 편의 시를 우리에게 보여주었다. 그는 신경증 기 질을 지닌 사람들을 위한 정식 출판물을 내놓고 싶다고 했다.

신경증적인 엘리엇과 우울증을 앓는 버지니아 울프가 아주 안 성맞춤의 순간에 만난 것이다. 버지니아는 새로운 작가를 찾고 있었 고, 엘리엇은 새 출판사를 구하고 있었다. 엘리엇은 그 전해에 시집 『프루프록과 그밖의 관찰(Prufrock and Other Observations)』을 내놓았 다. 이 시집은 훗날 20세기의 위대한 작품 목록에 언급되지만, 당시 에는 그리 좋은 반응을 얻지 못했다. 그 대표적인 평가는 다음과 같 다.

엘리엇은 근엄한 비평가의 뒷다리를 재미삼아 잡아당기는 똑똑한 젊은 이 축에 속한다. "나는 막 머리에 떠오른 것을 시로 써놓고 제목을 'F. 알프레드 프루프록 연가(The Love Song of F. Alfred Prufrock)'라 붙였 다." 우리는 여기서 그의 후원자 노릇을 하려는 것이 아니다. 우리는 다만 엘리엇 씨가 전통적인 시작법에 충실하는 편이 더 좋은 작품을 내놓는 길임을 분명히 하고자 할 따름이다. 헛똑똑이가 일을 그르친다는 교훈은 바로 그를 두고 하는 말이다.

똑똑한 신참을 누가 좋아하겠는가. 그것도 T. S. 엘리엇처럼 똑똑하면 오죽할까. 울프 부인은 스스로 어지간히 똑똑한 사람인지라 이 청년에게 공감이 갔다. "엘리엇이 시 몇 편을 보내왔다. 우리는 『큐 가든(Kew Garden)』[5] 인쇄가 끝나는 대로 그의 작품을 작업하기로 했다."

엘리엇이 넘겨준 시들은 철저히 현대적이었다. 주지적이며, 명징하고, 역설적이며, 저급한 속어와 고급 학술어를 넘나들었을 뿐 아니라, 프랑스 어와 영어를 번갈아 쓰기도 했다. 제목만 보아도 알 수 있을 것이다. 〈나이팅게일 속의 스위니(Sweeney amongst the Nightingales)〉, 〈하마(Hippopotamus)〉, 〈집단 간통(Mélange audultere de tout)〉 등등. 〈엘리엇 씨의 일요일 아침 사무(Mr. Eliot's Sunday Morning Service)〉의 도입부도 그러했다.

번식력 과잉의
현명한 주(主)의 상인들이

---

[5] 1919년 발표된 버지니아 울프의 작품.

창문을 타고 표류한다.

태초에 말씀이 있었느니라.

태초에 말씀이 있었느니라.

공간(τὸ ἕν)의 과(過) 수태(受胎)는,

도량(度量)될 시간의 전환점에서

무력한 난교(Origen)를 낳았다.[6]

이쯤 되면 사전을 찾아야 할지 아니면 골치 아픈 머리 때문에 아스피린을 먼저 찾아야 할지 영어권 화자들도 헷갈릴 지경이다. 알 수 없는 단어가 8행 중에서 7개나 나오다니? 내가 사용하는 영문 철자 검사기도 이 가운데 5개 단어에 물음표를 띄워놓는다. 이제까지 시라고 인식되던 것과 전혀, 그리고 완전히 다른 작품들이었다. 시 감상이나 이해 이전에 문제풀이부터 해야 한다. 『프루프록과 그밖의 관찰』에 적개심을 내비치던 평단이 이번에는 분노를 터뜨릴 것이다.

후대의 관점에서 보면, 이 책은 형식과 내용의 완벽한 결합, 즉 급진적인 현대시의 목소리가 모더니즘적 회화의 옷을 입고 선을 보

---

6) 'τὸ ἕν'는 그리스 어인데, τὸ 는 'the', 'ἕν'는 전치사(at, in)에 해당한다. Origen은 독일어로 난교, '번식력 과잉'은 polyphiloprogenitive를 번역한 것으로 엘리엇이 합성하여 만들어낸 단어다.

인 결과물이었다. 엘리엇의 『시들』은 영국 모더니즘의 태동을 알리는 중요 텍스트라고 평가할 수 있다. 그러나 어떤 운동의 주역을 밝힌다는 관점에 선다면, 문학사의 결정적 기점이란 따로 존재하는 것이 아니라 단지 어떤 책 한 권이 세상에 모습을 드러냄으로써 나타나는 법이다. 울프 부부가 가장 공들인 것은 표지 색깔을 적절히 밝게 하는 일이었다. 이렇게 해서 태어난 결과물은 울프 부부가 옳았음을 입증해준다.

울프 부부는 여러 색지를 함께 사용하는 방법을 채택했는데, 리처드 숀은 이것이 자의적인 선택이 아니라 책을 성공시키는 데 큰 기여를 했다고 평가한다. "상점에서 이런 종이를 찾는 대신, 로저 프라이는 다른 화가 친구와 함께 큰 종이에 직접 그리는 쪽을 택했다. 이들은 이렇게 해서 완성된 새로운 종이를 잘라 접지를 하여 표지로 사용했으며, 제목은 그 위에 접착제로 붙였다."

울프 부부는 책의 디자인과 제본에 대해 항상 저자와 상의했다. 엘리엇은 그들이 보내온 시안을 마음에 들어 했다.

울프 부인께

여러 시안을 보내주신 것, 그밖에도 여러 가지에 대해 감사드립니다. 저는 여전히 처음 시안이 제일 낫다고 생각합니다. 독자들도 이 표지를 좋아할 것 같습니다. 암청색 시안도 좋긴 하지만 가격이 비싸게 나갈 것 같아서 저는 다른 시안들을 먼저 생각하고 있었습니다. 시안들 중에서

3개를 뽑아봅니다. 마지막으로 하나를 선택하는 일은 당신의 몫으로 남겨드려야지요.

오늘날의 워터스톤(Waterstone)[7] 같은 곳이 1919년에도 있었다면 판매 서가에서 놓여 있는 이 책이 정말로 기이하게 보였을 것이다. 다른 신간들은 그 당시 관행대로 점잖은 회색이거나 기껏해야 청색을 조금 넣은 비둘기색에 구식 이탤릭체를 제목으로 박아 넣은 채 얌전히 놓여 있었을 테니 말이다.

버지니아는 젊은 시인 엘리엇 씨에 대한 믿음은 확고했지만 눈과 귀를 모두 자극하는 신간 시집의 반응이 어떨지 불안스러웠다.

1919년 3월 12일. 우리의 출판 작업이 가장 바쁜 시기다. 오늘 아침 나는 (존 미들튼) 머리(John Middleton Murry)[8]와 엘리엇을 따라 공개적인 자리에 나섰다. 이 일 때문인지 오늘은, 징도는 악하시만, 우울하기만 하다.

이상할 것도 없겠지만, 대부분의 평론가들은 『프루프록』 때와

---

7) 영국의 대표적인 서점. 영국 내에 350개 이상의 체인을 갖고 있으며, 네덜란드, 아일랜드, 브뤼셀에도 지점이 있다.
8) 영국의 평론가(1989~1957). 문예지 「아테네움」의 편집자를 지냈으며, 캐서린 맨스필드의 두 번째 남편이기도 함.

비슷한 반응을 보였다. 타임즈 문학판(TLS)에 글을 기고하던 아서 클러튼-브록(Arthur Clutton-Brock)은 이 시집을 혹평하면서 엘리엇에게 쓴 소리를 뱉었다.

> 엘리엇 씨는 자기가 배워나가는 과정을 구태여 드러내는 쪽을 선호한다. 그는 제 나름으로 고안한 온갖 장치를 동원하여 독자를 놀라게 하려 한다. 그러나 시는 진지한 예술 장르인지라 이런 놀이를 펼칠 마당이 될 수는 없다.…… 급기야 실없는 사람이 될 지경에 처한 그가 다음에는 무엇을 들고 나올 것인가? 그가 머리(Murry) 씨의 시를 비롯한 작품들에 반작용을 하는 중일지 모르지만, 반작용이 능사는 아니다. 시인은 과거의 시인이 써놓은 온갖 오류와 그에 대한 반작용을 머리에서 지워야 한다. 시인은 자기 내부의 어리석음의 긍정적인 부분조차 넘어설 용기를 지녀야 한다. 그러지 못하면 그 어리석음의 부정적 측면에만 한없이 집착하는 쪽으로 추락할 것이고, 재능을 냅킨에 싸서 버리게 되며, 종내는 숨죽여 낄낄거리는 일 이외에는 아무것도 해내지 못하게 되는 것이다.

숨죽여 낄낄거린다는 것이 무언인지 진정 알려면 「아테네움」지에 실린 호평을 보면 될 것이다.

엘리엇 씨의 시는 분명 그 새로움과 낯섦 때문에 악평을 받을 것이다.

대부분의 예술 장르에서 새로움과 낯섦은 일시적이기 때문에 완전히 무시되기 마련이다. 그러나 엘리엇 씨에게는 이 두 가지 특징이 오히려 시 조직의 일부분을 이루고 있기 때문에 진지한 비평가의 주목을 받는다. 엘리엇 씨는 사라져간 모든 시인들의 시를 뛰어넘어 자라나는 무엇인가를 찾아 언제나 의식적으로 애를 쓰고 있다. 용의주도한 비평가라면 가엾은 제 종족들이 던지는 따가운 질문, 즉 '이게 시라고요?'라는 질문에 대답하기를 회피해야 할 일이다. 용의주도한 비평가는 오히려 여기 일곱 편의 짧은 시가 겉으로 말하는 것 이상을 찾아내도록 제 종족에게 요구할 수 있어야 한다. 솔직히 말하건대, 어떤 시인이든 이 일곱 편 정도의 시만으로도 자신의 시인됨을 충분히 입증해낼 수 있다. 엘리엇 씨는 모름지기 시인이다.

재미있는 평은 아니다. 정말로 재미있는 일은, 이 글을 쓴 사람이 레너드 울프라는 사실이다. 레너드와 비지니아는 이런 평을 발표하는 것이 과연 공정한 일인지 약간의 가책을 느꼈다. 결국 그들은 레너드가 엘리엇 시평을 쓰고, 버지니아가 미들튼 머리의 책 서평을 쓰기로 결정했다. 마치 도둑 두 사람이 한 집에 침입한 뒤 한 사람은 은괴를 찾아내고 한 사람은 창문 밖으로 옮김으로써 악행의 짐을 덜어보려고 생각하는 모양이랄까. 어쨌든 레너드 울프의 평은 옳았다. 엘리엇을 시인으로 인정해주어야 한다고 누군가 활자 매체에 써야 할 시점이었던 것이다.

『시들』은 초판 250부를 찍어 1년에 걸쳐 모두 판매되었다. 권당 가격은 2실링 6펜스로, 얼핏 싼 가격 같지만 당시 학교 교사의 반나절 급여에 해당했다. 지금의 화폐 가치로 단순 환산하면 한 권당 30파운드(55달러)에서 40파운드(70달러) 정도다. 이 책을 갖고 있는 사람은 행운아다. 오늘날의 실제 거래 가격은 보통 사람의 4~5개월치 급여를 넘기 때문이다.

　나는 이 책의 출간 시점에 맞춰 엘리엇이 서명을 써넣은 것은 한 번도 본 적이 없다. 사실은 엘리엇이 울프 부부에게 한 권이라도 서명을 해주거나 했는지, (만약 그렇다면) 이것들이 지금도 남아 있는지 궁금하다. 엘리엇은 수줍은 젊은이라 남의 이목을 끄는 행동은 좀처럼 꺼렸다. 그렇지만 그가 1920년에 알프레드 크노프 출판사에서 내놓은, 미국에서 발간한 처녀 시선집 『시들(Poems)』 한 권을 울프 부인에게 증정한 것은 분명하다. 그 책이 지금 어디에 소장되어 있는지 나는 잘 알고 있다. 내 소장목록에 들어가 있기 때문이다. 거기에 점잖고 완벽한 친필 헌사가 쓰여 있다. "버지니아 울프께, T. S. 엘리엇 드림."

　1919년판 『시들』 초판 중 서명 없는 판본 5권이 오랫동안 내 손을 거쳐 나갔다. 마지막 한 권은 10,000파운드(18,000달러)에 팔렸다. 그 한 권 한 권의 기억은 여전히 생생하다. 한 권은 붉은 문양, 또 한 권은 푸른 문양의 천을 표지로 사용했으며, 나머지 세 권은 조금 다른 무늬가 그려진 대리석 문양 종이를 표지로 씌운 것들이다. 눈을 감으면 그 모습들이 하나씩 떠오른다. 제 손으로 키운 아이를 세상에 내보낸 부모의 심정으로 나는 지금도 그 책들을 그리워하는 것이다.

18 다시 찾은 브라이즈헤드

초 판 50부

이블린 워

For Graham Greens
this antiquated work
from Evelyn Waugh

개 주인이 개를 닮는다는 말이 있다. 아, 개가 주인을 닮는다는 말이 거꾸로 전해진 것인가? 나로선 알 리가 없다. 개가 얼굴 핥는 게 싫어서 개를 안 키워왔으니까. 오히려 내게 이 말은 다른 식으로 다가온다. 책이 그 주인, 즉 작가를 닮는다는 것이다.

1928년과 1930년에 각각 출판된 책 두 권이 있다. 두 권 모두 밝은 색조의 겉표지로 싸여 있다. 해맑고 만화 같은 일러스트레이션들이 세상사에 찌들지 않는 유쾌하고 천진난만한 분위기를 뿜어내고 있다. 이 표지들은 책의 내용뿐 아니라 작품의 분위기를 나타내는 것이기도 하다. 과연 그럴 수밖에 없는 것이, 작가가 직접 그 표지들을 도안했기 때문이다.

첫 번째 책은 『쇠퇴와 타락(Decline and Fall)』이며, 두 번째 책은 『타락한 사람들(Vile Bodies)』이다. 모두 이블린 워(Evelyn Waugh)의 작품이다. 책의 모습대로 작가는 1920년대 후반의 밝고 신선한 젊음을 상징했다. 반면에 1944년 출판된 그의 세 번째 책은 사뭇 다른 옷을 입고 있다. 단단한 청회색 합지의 견고한 양장표지에 제목 『다시 찾은 브라이즈헤드(Brideshead Revisited)』와 저자 이름만 새겨 넣었다.

명랑한 겉옷을 갖춰 입은 초기 저작과 달리 엄숙한 색조에 단순한 서체를 곁들이는 쪽으로 변모한 것은 작가 자신의 내면과 외면 모두에도 변화가 있었음을 일러준다. 『다시 찾은 브라이즈헤드』가 출간된 것은 2차 세계대전이 끝날 무렵이었다. 이 작품은 젊은 세대가 그 순수함을 상실해가는 과정의 기록물이라고도 할 수 있다. 이들 젊은 세대들은 참호전으로 상징되는 1차 세계대전의 공포에서 벗어나 쾌활함의 시대를 맛보았지만, 2차 세계대전이 터지면서 그 시기는 짧고 어설픈 체험으로 끝나버린다.

어찌 보면 이 책은 환영받지 못할 작품이었으니, 친구들에게 줄 선물용으로만 겨우 50부만 인쇄했던 것이다. 이 초판 50부에는 다음과 같이 투박하기 짝이 없는 내용의 스티커가 부착되어 있었다.

이 책은 저자의 친우들만을 위해 사적으로 인쇄한 것으로, 판매용은 없습니다. 1945년 상반기에 일반 배본용 책이 발간되기 전까지는 이 책을 증정 대상자 이외에는 대여하지 말아달라는 것이 채프먼과 홀(Chapman and Hall) 부부의 당부입니다. 물론 서평용으로 언론사에 보내는 것도 금합니다.

나는 '증정 대상자(the circle for which they are intended)'라는 중의적 표현이 마음에 든다. 이는 우선 이블린 워가 책을 보낸 친구들을 가리키는 것이 분명하지만 그들이 보수적 계층임을 암시하고 있기도 한다.

수집도서 거래업자로서 『다시 찾은 브라이즈헤드』의 이 판본을 무엇이라 부를지 쉽지 않다. 이 판본을 '교정용 본(proof copy)'이라 이름 붙인 경우도 있었지만 엄밀한 의미에서는 틀렸다. 교정용 본이란 출판사 측이 내부 검토용으로 값싸게 출력한 것을 가리키기 때문이다. 이 책의 원고를 수정하여 6개월 후에 판매용 초판본을 발간했다는 이유로 '사전 출판본(pre-publication)'이라는 명칭을 붙이는 것도 적당하지는 않다. 이 책은 그저 『다시 찾은 브라이즈헤드』의 초판(first edtion)이다. 그러기에 더욱 희귀할 것임은 당연하겠지만.

이 초판본 중 상당수에는 사과의 말씀이 씌어 있다. 저자의 군복무 때문에 헌사를 써넣을 수 없다는 내용이다. 그렇지만 내가 본 책들은 대부분 이블린 워가 친구에게 보내는 헌사가 씌어 있었다. 그중 최고의 가격을 기록한 것은 그레이엄 그린에게 보내는 책이었다.

1990년 어느 날인가 그레이엄 그린이 내게 전화를 걸어왔다. 여느 때의 그린이 그러했듯이 장난기 어린 말투였다. "이블린이 나에게 보내는 헌정사 비슷한 게 있는 '브라이즈헤드' 사전판(advance copy)이 있는데, 게코스키 선생이라면 관심 있겠수?"

"당연하죠." 당연하게 내가 답했다.

"오……, 그럼 됐군." 그린은 놀란 눈치였다(그레이엄 그린을 상대하는 일은 재미있다).

"6,000파운드(11,000달러) 드리지요."

이렇게 말할 때 주의할 점은 감정가가 확실한 듯해야 한다는 것이다. 그렇지만 이렇게 독특한 책의 가격을 판별하기가 어디 쉽겠는가. 비슷한 내용의 친필 헌정사를 갖춘 다른 책이 있다면 이보다 낮은 가격을 부를 것이다. 그렇지만 이 책은 다르다. 헌정 대상이 그레이엄 그린이었으니까.

그린은 별 고민도 않고 답했다. "좋아요. 당신 앞으로 책을 보내드리리다."

어떤 책이라도 내 손에 들어오기 전에는 가격을 매기는 일이 쉽지 않다. 책의 지명도, 겉 상태, 느낌 따위가 중요하기 때문이다. 『브라이즈헤드』가 도착했다. 보존 상태가 완벽한 데다가 간결하고 멋진 헌사—"그레이엄 그린 님께 졸저를 드립니다. 이블린 워"—가 씌어 있었다. 나는 즉시 이 책에 마음을 빼앗겼다. 날이면 날마다 내 사랑은 깊어졌다. 값어치도 그만큼 올라갈 밖에. 애초에는 10,000파운드(18,000달러)—이 정도면 그리 비싼 편은 아니다—부터 시작하려 했지만, 책을 받아본 순간 12,000파운드(22,000달러)로 시작점을 올렸다. 그때부터 한 달이 좀 못 되는 기간 동안 나는 내내 가격을 올릴 궁리를 했다. 핑핑 돌아가는 택시 미터계가 그 책에 (아니 내 머릿속에) 달려 있는 것만 같았다.

책은 곧 희귀본 업자에게 팔렸다. 16,000파운드(29,000달러)였다. 구매자가 워낙 즉시 매입을 결행한 탓에, 잘하면 좀 더 받을 수 있었는데 하는 씁쓸함이 내 마음을 떠나지 않았다. 이런 일이야 물론 다 반사로 일어난다. 이런 경우를 나는 버티의 역설(Bertie's Paradox)이라 부르는데, 열 살짜리 내 아들의 반응을 관찰한 결과 내가 만들어낸 용어이다. 어떤 책을 12,500파운드에 팔아 짭짤한 수익을 올렸다고 언젠가 버티에게 자랑한 일이 있었다. 버티는 뭔가 속으로 따져 보는 눈치였다.

"그 가격에 팔렸다면, 13,000파운드에도 틀림없이 팔렸을 거예요."

"뭐 그랬겠지." 나는 머리를 끄덕였다.

"근데 왜 그렇게 안 하셨어요?" 옳거니, 나는 한 수 제대로 가르칠 수 있게 되었다며 흐뭇한 심정으로 선생님처럼 말했다.

"얘, 이렇게 생각해봐라. 그렇게 해서 13,000파운드를 얻었다고 해봐, 그랬다면 13,500파운드에도 팔 수 있다는 얘기잖아?"

버티는 그렇노라 했다.

"그럼 14,000파운드에도 팔 수 있겠지, 그렇지? 그리고 또 그런 식으로 꼬리에 꼬리를 물면, 결국 백만 파운드도 될 수 있다는 거잖아?"

요지를 알았다는 듯 버티의 머리가 끄덕이더니 말했다.

"알겠어요. 그래도 아빠는 그 책을 13,000파운드에는 파셨어야 해요! 500파운드가 작은 돈이 아니잖아요!"

『다시 찾은 브라이즈헤드』 초판본을 판매목록에 넣기 전에 나는 그레이엄 그린에게 전화를 걸었다. 평가액을 상향했기 때문에 책이 팔리면 그린에게 상당한 액수를 추가로 드릴 수 있다는 요지였다.

"천만에. 우리 사이에 한번 합의한 가격은 그걸로 끝이죠. 그때 내가 받은 걸로 만족하렵니다. 그 이상은 게코스키 선생 몫이죠."

이렇게 현실적이며, 너그러우시고, 지혜 높으신 분이 또 있으랴. 물론 그레이엄 그린이 만족을 느낀 또 다른 이유가 있었다. 1945년 발행된 판매용 『브라이즈헤드』 초판본도 갖고 있다는 것이다. 역시 멋진 헌정사가 씌어 있다고 했다. 내가 그 책도 사겠노라고 했지만 어림도 없었다.

"그 책은 내가 아끼는 책이라오. 읽을 생각으로 꽂아두기도 한 것이고." 가시 섞인 말투였다.

나는 펭귄 출판사 보급판을 보내드리겠노라 할까 망설이다가 마음을 접었다.

이블린 워가 『다시 찾은 브라이즈헤드』 집필을 시작한 것은 1943년부터였다. 그렇지만 유고슬라비아나 이탈리아를 비롯한 여러 곳으로 갖가지 임무를 하러 다니느라 원고지를 좀체 채워 넣을 수 없었다. 그의 군복무 자체는 평온한 편이었다. 외국 땅에서 배포 맞는 사람들과 맛집을 찾아다니는 일이 대부분이었다. 이 좋은 시절에도 벌컥 성을 내기 일쑤였으니, 그는 군인다운 사람은 아니었다. 저녁 식사에 반주를 너무 많이 마신다는 상사의 지적에 '평생 버릇을 상관님 때문에 바꿀' 이유를 못 찾겠다고 또박또박 말대답을 했다가 새 보직에 임명된 지 24시간 만에 취소된 일도 있었다. 게다가 그 상관의 무릎에 보르도 산 레드 와인을 엎어버렸으니 사태를 수습할 수도 없었다.

이블린 워는 소설 집필을 이유로 영국 전쟁성(War Office)에 무기한 휴가원을 제출했다. 상관들마다 처음에는 놀라다가 잠시 골똘히 생각에 잠기더니 허락했다. 이블린 워의 주장이 주효했다. 자신은 고문관이며, 나이도 먹고, 전투 훈련도 미비하고, 신체허약에 조직 경험도 없고, 말주변도 변변치 않은 데다, 머릿속엔 문학 작품을 완성할 생각만 들어 있다는 것이다. '최근에는 오락거리도 전쟁에 기여하는 온당한 수단으로 인정하고 있으니' 고문관 노릇보다는 글 잘 쓰는 일에 종사하도록 허락해주는 일이 낫지 않겠습니까, 이런 주장이었다. 중위 월급으로는 대가족을 먹여 살릴 수가 없다는 것도 덧붙였다.

요즘 군대에서 이런 주장이 먹혀들지 장담할 수 없다. 어쨌든 이블린 워는 휴가를 인정받음으로써 군대 생활에서 한숨을 돌릴 수 있었다. 반대로 이블린 워에게 휴가를 줌으로써 영국 육군도 골치를 덜지 않았을까. 휴가가 승인되면서 그는 곧 데본 카운티의 호텔로 자리를 옮겨 『신념의 일가(The Household of the Faith)』 집필에 전념했다―글을 쓸 때마다 호텔에 틀어박히는 것이 그의 습성이었다. 이때 쓴 작품이 『다시 찾은 브라이즈헤드』다. 이 작품은 그에게 새로운 출발점이기도 했다. 이전 작품 때보다 훨씬 격조 높은 문체와 함께 새로운 차원의 진지함을 획득해냈다. 데뷔 때부터 정확하고 엄격한 기법을 줄곧 유지해온 그는 하루에 몇 단어씩, 일주일에 몇 단어씩 써나갈지 계획을 세워놓고 집행해왔다. 그런데 이번부터는 작품을 집필해나가는 도중에도 그때까지 쓴 부분을 고치는 일을 병행하기 시작했다. 전과 달리 진척이 늦어지는 것이 그로서는 큰 고통거리였다. "나는 지금 다시 쓰기의 늪에 빠져 있다. 전날 쓴 원고로 되돌아가서 줄이는 일이 매일의 일과다. 이러다가 노처녀처럼 까다로운 문장가가 되는 것 아닌가."

부활절이 지나고서 그는 하이드파크 호텔로 방을 옮기고는 휴가를 연장하려는 생각에서 기자 직함을 내세웠다. 이때 문학 대리인 피터즈(A. D. Peters)에게 보낸 편지에 그는 자신의 '걸작'이 뚜벅뚜벅 진척되고 있다며 작품이 '덩치 큰 샴페인병(Jeroboam)'으로 커지고 있다고 알렸다. 육군에서 재소집 통보를 받았지만 작품은 착실히 진척을 보아 마침내 1944년 6월에 탈고할 수 있었다.

완성된 원고에 그는 몹시 흡족해했다. 그는 『다시 찾은 브라이즈헤드』야말로 걸작이라고 믿었다. 희망에 가득 차 있되, 절망과 거리가 먼 것만 약속되어 있기 때문에 희망이 있는 것이 아니라, 어떤 절망도 인류가 극복하고 구원을 얻을 수 있다는 의미에서 희망이 있다는, 음울한 종말론적 걸작이라는 믿음이었다. 그는 탈고 즉시 자비로 활판을 짜서 한정본을 찍어내고는 가족과 가까운 친구들에게 크리스마스 선물로 보냈다.

　귀한 말을 선물로 보냈더니 이빨을 벌려보며 흠을 잡더라는 서양 속담이 있다. 선물로 받은 『다시 찾은 브라이즈헤드』에 대해 친구들은 흠을 보았다. 여느 작가나 그러하듯이, 이블린은 서슴지 말고 혹평을 해달라고 부탁하고는 막상 지적을 받을 때마다 과잉 반응하기 일쑤였다. 다만 사실의 오류에 관한 지적에는 대단히 감사를 표했다. 가령 로널드 녹스 신부(Father Ronald Knox)는 교회 의식에 대해 세세히 조언을 해주었고, 낸시 미트포드(Nancy Mitford)는 유행에 관한 '대실수'를 바로잡아주었다. "핀 모양의 다이아몬드 장식은 1930년쯤에야 발명되었어요. 그러니까 작품 속에서는 여성 모자에 화살 모양 다이아몬드 장식을 달았다고 해야 하죠"(이런 지적에 앞서 낸시는 이 작품이 '고전'이 될 것이라고 말해주는 재치를 발휘했다).

　이블린이 한층 노심초사해한 것이 있었으니 작품 속 성적 묘사가 (상대적으로 순화된 묘사이긴 해도) 노골적이라는 지적을 받지 않을까 하는 점이었다. 줄리아와 찰스가 간통을 범하는 장면을 묘사할 때가 가장 힘들었다.

성적 행위 없이 성적 감정을 묘사하는 것이야말로 쓸모없는 일이다. 마치 식사하는 일을 묘사하듯 남녀의 교합을 묘사해야 한다.…… 이런 장면을 독자의 상상에 맡겨두는 일이야말로 오히려 외설적인 것이다. 이 대목들은 작가의 묘사가 정곡을 찌를 수 있기 때문이다.

그의 견해에 찬동하기는 어렵다. 교합(coitions)이란 용어를 쓸 때부터 이미 알아볼 만하지 않은가. 실제 본문을 펼쳐보면 잘 알 수 있다. 찰스 라이더가 줄리아와 처음으로 사랑을 나누는 장면의 묘사는 작가 스스로 불안하고 당황해하고 있었음을 보여준다.

나는 연인으로서 그녀에 대한 형식적 소유를 실행하였다.…… 나는 격랑에 휩싸여 그녀 허리의 좁은 사이를 마음껏 취했다.…… 나의 기수(機首)가 여전히 파도를 가르며 요동치게 하는 동안 나의 소유 행위는 하나의 상징이었고, 엄숙한 의미를 띠고 고대(古代)로부터 내려온 의식이었다.

여성 쪽의 즐거움이 들어설 틈이 없으니, 이 관계가 실패로 돌아갔음은 말할 것도 없다. 그레이엄 그린이 말한 대로 이 대목은 딱하기 짝이 없다. 이블린 워는 이곳을 완전히 다시 썼고, 다시 손을 보아 1960년 개정판에 넣었다. 하지만 이블린은 '교합'을 묘사하든 실행하든 안절부절 못 하기는 마찬가지 아니었을까?

한정본 초판본을 받은 캐서린 애스퀴스(Katherine Asquith)는 작품을 읽을 엄두를 내지 못했을 것이다. 이블린의 아내 로라(Laura)는 이런 대목에 거북함을 느낀 탓에 아예 남편에게 언급을 하지 않는 요령을 발휘했다. 오히려 이블린의 성직자 친구들이 적극적으로 옹호해주었다. 이블린 워가 성행위를 묘사한 것으로 인정된다고 하더라도 이는 신성한 의식이라는 차원에서 묘사되었다고 해석해준 것이다.

최종 원고에 대해 약간 할 말이 없지는 않았겠지만 이블린은 흡족해했다. 작업이 끝났다는 사실이 그를 안도하게 했다. 아내 로라에게 쓴 편지에서 그는 이렇게 토로했다. "지금처럼 행복한 때가 없었어요. 이제 순수한 기쁨만이 기다리고 있겠지." 그는 이 작품을 걸작이라 확신했고, 대중의 반응도 그러했다. 책은 나오자마자 팔려나갔다. 안타깝게도 전시라서 종이물자가 부족해 재쇄를 찍지 못했지만.

이런 사정으로 초판 당시만 해도 그의 형편은 크게 나아지지 않았다. 그러나 미국의 '이달의 북 클럽(the American Book of the Month Club)'에서 판권을 구입하면서 그의 경제 사정은 밝은 미래를 약속받게 되었다. 미국에서 75만 권이 팔린 것이다. 영화 판권으로 15,000파운드(83,000달러)를 지불하겠다는 제안도 받았다. 그는 이 제안을 사양했다. 시나리오 작업을 제대로 장악하기 어렵다고 생각했기 때문이다.

이블린은 파라비시니(Paravicini)라는 조각가에게 자신의 기념 흉상 제작을 의뢰했다. 안타깝게도 나는 이 흉상을 본 일이 없다. 이블린 워의 전기 작가는 이 흉상이 "영국 성공회 대주교를 연상케 하는, 간간한 온화함을 띠고 있다"고 쓴 바 있다. (아니면 학교 교장과 주교 두 얼굴이라는 뜻이었을까?) 로라에게 쓴 편지에서 그는 흉상이 마음에 든다고 했다.

표정이 근엄하면서도 상당히 심술궂긴 하지만 베토벤 두상처럼 힘차다오. 당신과 나에게는 멋진 소장품이 될 것이 분명해서 청동상과 테라코타 상도 같이 만들어달라고 했소. 제럴드 웰슬리(Gerald Wellsley)가 여행 중에도 선조 흉상을 갖고 다녔듯이 나도 그럴 작정이오. 내가 얼마나 이 흉상에 빠져 있는지 당신도 이제 알겠지.

이것이 약간의 자기혐오에서 나온 행동이 아니었다면 그리 용인해주기 어렵다. 주문한 흉상 중 하나가 먼저 들어오자 그는 모자를 날렵히 씌워 식당 벽면에 적당히 틀어 올려놓았다. 기괴함과 부조리함을 추구하는 취미의 소유자로서, 그는 스스로를 조롱의 대상으로 삼는 쪽을 즐겼다.

부자로 사는 일이 그에게는 맞지 않았던 모양이다. 취미로 저택을 구입하거나 빅토리아 시대 물품을 수집하거나, 서재를 꾸미거나, 와인 저장고를 채워 넣거나 하는 일이 모두 가능할 정도로 그는 부자가 되었다. 그렇지만 그는 돈에 쪼들려 글을 쓰던 시절의 초조감이 그리웠다. 이 초조감이 그의 감각을 숫돌에 갈린 칼처럼 예민하게 했고, 입맛을 더욱 까다롭게 했다. 말년에는 성질이 사나워지고 속물 취향이 심해졌고, 인간혐오증은 더욱 중증이 되었다. 표지를 보면 알 수 있듯이, 말년에 내놓은 작품들은 초기작의 경쾌한 정신이 담겨 있지 않다. 진지하고 엄격함을 담고 있는 표지는 『다시 찾은 브라이즈헤드』의 초판본, 그 딱딱한 청회색 양장 표지만한 것이 없다.

19

연인을 위한 선물이 희귀본으로

2년 후

그레이엄 그린

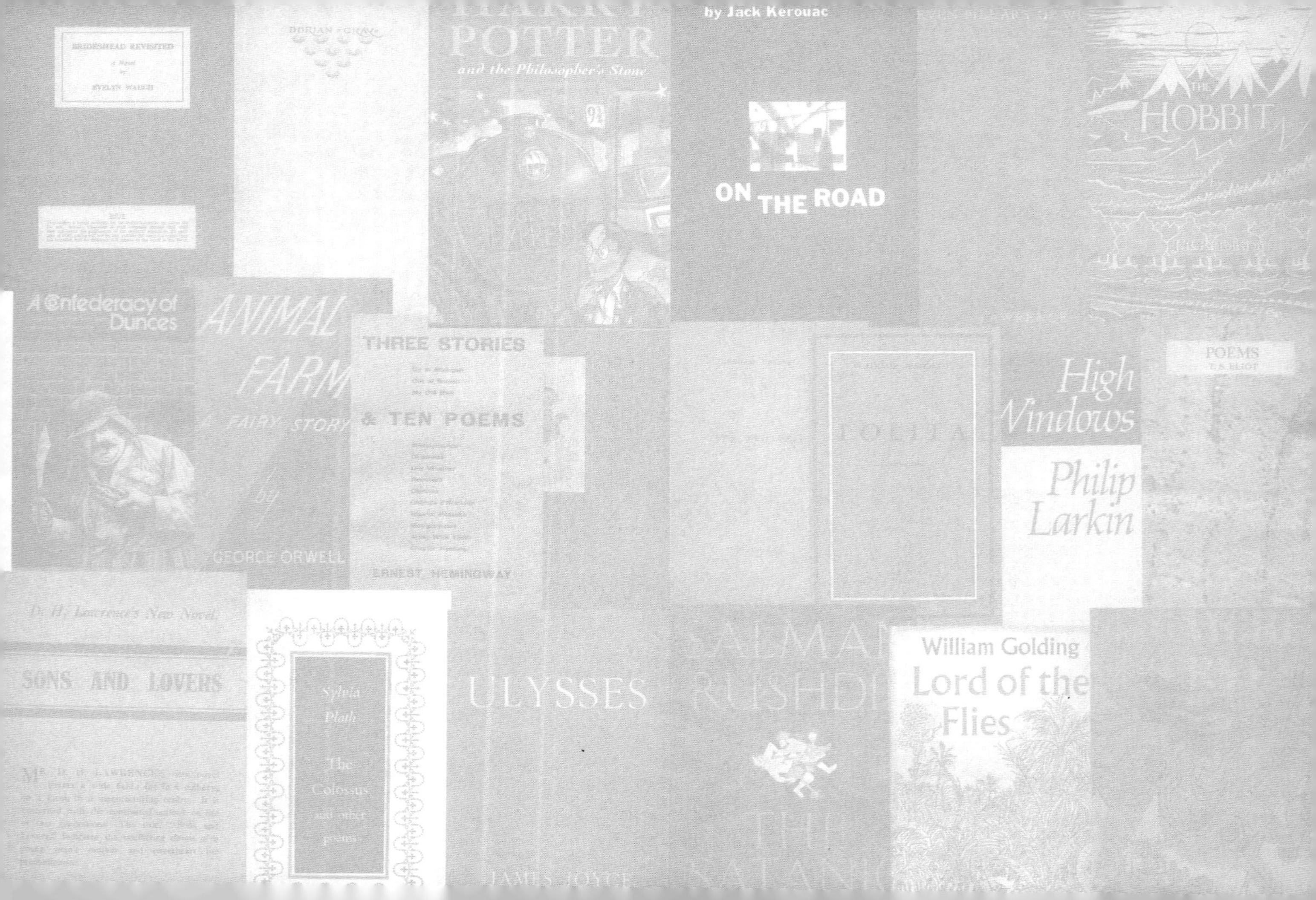

상대에 따라 조금씩 달라지긴 하지만, 희귀본 거래업자는 "고객님은 분명 모르실 텐데 말입니다……" 하는 식으로 떠보는 놀이를 즐긴다. 고객의 구미를 당기는 선수치기인 셈이다. 표준으로 인정받는 서지목록에서 오류를 발견해냈을 때 특히 신명이 난다. 오류가 아니라 누락이라면 그 재미가 더욱 더하다. 예를 들면, 가령 영문학 작가 수백 명의 출판 문헌을 망라해놓은 『케임브리지 영문학 작품 목록(Cambridge Bibliography of English Literature)』은 그 신뢰와 권위에서 누구나 최고라고 인정한다. 그런데 나로서는 즐겁기 짝이 없는 일이 있다. 이 거룩한 책자도 그레이엄 그린이 1949년에 발표한 『2년 후(After Two Years)』를 목록에서 빠뜨린 것이다. 내가 이 작품에 대해 소상히 알고 있는지라 그 내력을 이 자리에서 기꺼이 밝히고자 한다.

  1989년 가을 나는 새로 사귄 친구 그레이엄 그린을 찾아 앙티브[1]를 부지런히 드나들었다. 고약한 수집벽 덕택에 나는 그레이엄 그린이 써낸 엄청난 규모의 원고 뭉치를 입수할 수 있었다. 거기에는 기

---

1) 프랑스 프로방스 지방의 휴양도시.

행문, 꿈 일기는 물론, 내연의 관계였던 이본느 클로에타(Yvonne Cloetta)에게 보낸 편지도 포함되어 있었다. 눈이 휘둥그레질 정도의 원고들이었다. 세상에 이보다 귀한 것들이 있을까 싶었다. 어느 날 저녁 우리 둘은 생폴드방스(St-Paul-de-Vence)에 있는 식당 라콜롱브도르로 차를 몰았다. 그레이엄은 겁이 나는 듯 내게 차 속도를 줄여 달라고 연신 사정했다. 그러더니 이렇게 말했다. "성가시게 하려는 것은 아닌데, 내 책들을 처분할 생각일세." 나는 차 속도를 늦췄다.

"갖고 계신 것 몽땅 말이지요?" 내가 물었다.

"몽땅 다. 근데 문제는 그게 전부 파리의 내 아파트에 있거든. 쓸 만한 물건이라 생각되시면 사람을 시켜 챙겨드리리다." 이렇게 말하면서도 그의 눈은 앞으로 획획 다가오는 신호등만을 초조하게 바라보고 있었다. 그 얼굴은 애써 무표정했지만, 내 귀에는 그의 웃음소리가 들렸다. 그 이전까지 그는 일일이 시간을 내서 책 거래장에 나타나던 수집가였다.

이때 직업병이 도졌다. '겉표지는 있을까?' 하는 생각이 떠오른 것이다. 가령 그의 『브라이튼 록(Brighton Rock)』은 겉표지를 갖춘 판본이 오늘날까지 내가 목격한 바로 10권 중 1권밖에 되지 않을 만큼 희귀하다. 겉표지를 갖춘 판본은 그 당시에도 5,000파운드(9,000달러)를 호가했다. 『나이트폴의 풍문(Rumor of Nightfall)』은 가격이 그에 미치지는 못해도 겉표지의 희소성이 심하다. 그레이엄 그린이라면 당연히 자기 책을 처녀 출간 그 상태로 간직하고 있지 않겠는가? 아쉽게도 내가 너무 순진했다. 당시 나는 앙티브에 있는 그레이엄 그린의 서재를 드나드는 동안 그가 수집한 빅토리아 시대 탐정물들을 눈여겨보았던 터다. 그는 희귀본을 알아보는 눈이 있었고, 다양한 책 상태를 감식하는 능력을 발휘하고 있었다. 그렇지만 그는 책의 보존 상태에 연연해하지 않았다. 이런 풍의 수집가라면 자기 작품에 대해서도 마찬가지였을까?

몇 주를 기다린 끝에 나는 그레이엄 그린의 출판 대리인으로 일하는 프랑스 사람을 만날 수 있었다. 대리인은 파리의 불르바르 말쉐르브에 있는 그의 아파트 침실로 나를 안내했다. 옷장 속을 들여다보니 품목들이 두서없이 들어 있었다. 물론 안에 들어 있는 것은 그레이엄 그린의 속옷이 아니라 작품들이었다. 한눈에 보건대 소장 품목이 변변치 않았다. 이 방면의 전문가면 서가에 희귀본이 있는지 없는지 눈길 한 번에 간파할 수 있다. 곧바로 실망감이 밀려왔다. 중요한 책 두 권이 꽂혀 있었는데, 겉표지가 없었다. 여느 그레이엄 그린 수집가들과 마찬가지로 값나갈 만한 판본에는 겉표지가 달아나 있고, 그저그런 판본(『내부자(The Man Within)』, 『스탬불 열차(Stamboul Train)』, 『전장(It's a Battlefield)』 등이 그런 판본들이다)에는 겉표지가 갖춰져 있었다.

다행스럽게도 실망은 한순간이었다. 아들을 기대하다 잠깐 실망에 빠진 아빠가 곧바로 딸에게서 대단한 가능성을 발견한 것과 같다고나 할까. 서가 한쪽 구석에 희귀본 『2년 후(After 2 years)』(1949)와

『크리스마스를 위하여(For Christmas)』(1951)가 숨어 있었던 것이다. 그것도 각각 두 권씩이나. 이들은 전기 작가 R. A. 워브(R. A. Wobbe) 도 빠뜨린 작품이다. 나는 그 책들에 관한 얘기를 잠깐 들은 적이 있다는 기억을 떠올렸지만, 정확히 언제 어떤 경위였는지는 희미했다. 『2년 후』와 『크리스마스를 위하여』는 모두 시집으로, 로사이오 출판사(Rosaio Press)에서 각각 25부, 12부씩만 찍어냈을 뿐이어서 제대로 주목도 받지 못했고, 전설적 희귀본의 반열에도 오를 수 없었다. 내가 벽장 서가를 들여다본 이날까지도 이들 작품을 아는 사람은 거의 아무도 없었다.

    로사이오 출판사가 그레이엄 그린의 작품을 출판한 것은 이들 두 작품뿐이다. 출판사의 이름은 그레이엄 그린이 구입한 아나카프리(Anacapri)[2] 별장의 이름에서 따온 것이다. 별장 구입 대금인 3,000파운드(5,400달러)는 그가 영화 『제3의 사나이』 판권으로 받은 대금이었다. 이곳은 연인이던 캐서린 월스톤(Catherine Walston)과 지내기 위해 가끔 이용하는 장소였다. 캐서린은 노동당의 해리 월스톤 경(Lord Harry Walston)과 혼인한 미국 출신 미인이었다. 그린의 작품 『일탈의 끝(The End of the Affair)』의 여주인공 사라는 바로 캐서린을 모델로 한 것이다. 이 작품의 헌사는 'C(캐서린의 머리글자)에게'라고 되어 있다.

■■■■

[2] 이탈리아 카프리 섬의 높은 지대를 말한다. 전망 좋은 별장촌으로 유명하다.

침실 벽장에 숨어 있던 시집 『2년 후』 두 권에는 각각 1번, 2번이라는 번호가 매겨져 있었다. 1번은 그레이엄 그린 자신의 소장본으로 책의 뒷 면지에는 다른 시 여러 편이 씌어져 있었다. 2번 책은 캐서린 월스톤의 것으로, 캐서린이 그린 앞으로 애정을 담은 긴 헌사를 써넣은 것이다. 흰 표지만 사용하여 담백하고 얌전하게 인쇄된 데다가 그 안의 시들도 그리 인상적이지 못한 시집이었지만, 이 안에는 (그린이 즐겨 쓰는 표현대로) 깊은 애정이 담겨 있었다. 나의 옛 친구를 생각해서, 그리고 독자들의 시적 심미안을 존중해드리는 입장에서, 시집의 시들을 여기서 인용하는 일은 삼가련다. 다만 사적인 사랑을 진지하게 노래하는 산문시들이라는 점만 밝히고자 한다. 감미로운 작품들이라는 점도 덧붙인다. 이 시집의 분위기는 같은 시기에 쓰였다가 1983년에 발표된 『흘끗 뒤돌아보다(A Quick Look Behind)』라는 시에서 알 수 있다.

내가 믿는 사랑은 단 하나
마른하늘에 내려치는 번개와 같은 사랑뿐
나는 믿지 못한다. 우정이 싹을 틔워 천천히 사랑이 맺어졌다거나
"왜"냐고 물어야 하는 그런 사랑을 나는 믿지 못한다.
사랑이란 우리에게 전쟁처럼, 야수처럼,
별안간 찾아왔으니까.
부드럽게 피어올라 상처도 없이 스러진다는 그런 사랑

나는 품을 수 없네.

과연 사랑의 상처는 깊고도 많이 그어졌다. 애연가인 그린이 종종 담배 때문에 입던 상처를 말하는 것이 아니다. 옥스퍼드에서 아내 비비엔(Vivien)과 어린아이 둘을 슬하에 기르며 지내면서도 런던의 오랜 연인 도로시 글로버(Dorothy Glover)와 관계도 병행하던 1947년 초반, 그는 또 다른 혼외 관계를 맺기 시작했다. 캐서린이 나타난 것이다. 이미 다섯 아이의 어머니이던 캐서린의 등장으로 그레이엄 그린의 삶은 급격히 불안정해졌다. 연인 글로버도 싸움을 벌이다 못해 그레이엄을 놓아주었다. 그렇게 해서 그해 11월 그는 베니스로 떠난다.

세 여인과 얽히고설킨 감정이 교차하는 상황에서, 시집 속의 어느 한 구절이라도 새 연인에게 바치는 식으로 쓴다는 것은 어리석고 매몰차기 짝이 없는 짓이었으리라. "어떤 책이든 우리가 서로 주고받은 일은 없는 듯하네"라고 그린은 나중에 나에게 술회한 적이 있다. 하지만 캐서린과 그린이 서로 책을 보내고 받은 것은 사실이다. 또 『2년 후』의 3번 책은 캐서린의 언니인 본티 듀란(Bontie Duran) 앞으로 보냈다. 본티는 두 사람이 연인으로 지내는 동안 속내를 털어놓을 수 있는 사람이었다. 이 3번 책에는 다음과 같이 서명이 씌어 있다. "우리 두 사람의 큰 사랑을 모아 본티에게 드림. 그레이엄." 이 책은 2000년 2월 소더비 경매에서 18,000파운드(32,500달러)에 팔렸다. 그런데 그의 『브라이튼 록』이 양장 겉표지를 갖춘 양호한 상태로 시장에 나왔다면 이보다 훨씬 높은 가격에 팔렸을 것이다. 희귀본 시장은 이른바 '물건이 되는 책(big Books)', 즉 극히 희귀하며 완벽한 보존 상태를 유지한 책에만 주목하기 십상이다. 그런 탓에 오늘날까지도 『2년 후』와 같이 눈에 뜨이지 않는 작은 책에 막대한 대금을 치를 정도로 감식력을 갖춘 수집가는 희귀하다.

『2년 후』는 작고 평범한 외관뿐 아니라 이 작품이 그레이엄 그린의 목록에서 빠져 있다는 사실 때문에 희귀본 중의 희귀본이라 할 수 있다. 침실 벽장에서 『2년 후』와 『크리스마스를 위하여』를 두 권씩 발견했을 때 나는 이들을 모두 손에 넣고 싶은 욕망을 주체할 수가 없었다. 내키지는 않았지만 혹시나 해서 나는 그린에게 물었다. 전작(全作) 소장용으로 갖고 있는 것이냐고.

그는 잠시 생각하는 눈치였다.

"아니. 지금은 필요 없네."

나는 재빨리 이들 책을 챙겨 이날 저녁 영국으로 갖고 갈 책 보따리 속에 채워 넣었다. 혹시나 이 책들이 그의 눈에 띄면 마음이 바뀔까 전전긍긍한 탓이었다. 다행이 그런 일은 일어나지 않았다. 그린은 일단 어떤 거래나 일을 결정한 뒤에 다른 마음을 먹는 사람이 아니었다. 이때 그는 캐서린과 헤어진 지 오랜 시간이 지난 뒤였고, 마침 마지막 연인 이본느 클로에타가 합석해 있었다. 이본느의 얼굴에는 연인의 결심에 흡족해하는 표정이 살짝 드러났다.

그렇지만 다른 한 가지가 이본느를 불편하게 만들었다. 오랫동안 이본느에게 보낸 연서도 그가 나에게 팔기로 한 것이다. 이 편지 뭉치는 거래를 하더라도 아무한테나 하지 말아달라고 이본느가 부탁했다. 나는 대답했다. "그게 그렇게 안 됩니다. 그 다음을 장담할 수가 없는 거죠. 세상에서 가장 점잖은 사람에게 팔았다고 합시다. 그런데 이 사람이 버스에 치이고, 남편 잃은 부인이 소더비에 이것을 내놓고서는……."

그린이 끼어들었다. "걱정 마, 괜찮을 거니까." 이본느는 입을 다물었지만 불안감을 감추지 않았다. 내가 그 자리에서 상당한 액수의 수표를 끊어주자 이본느의 분위기가 한결 나아졌다. 몇 년 후 나는 이 편지들을 세간의 입에 오르내리지 않게 조용히 처분했다. 이본느는 이 소식을 어떻게 들었는지 펄펄 뛰었다. 그레이엄 그린의 전기 작가 노먼 셰리(Noman Sherry)[3]가 이 편지 뭉치를 써먹을까 염려한 것이다. 노먼 셰리가 집필한 전기에 그레이엄 그린과 캐서린 월스턴에 관한 이야기가 적나라하게 나왔기 때문에 이본느는 자신의 이야기도 똑같이 글로 나올까 안절부절 못했다.

미국 태생의 여인 캐서린, 즉 캐서린 크롬튼 월스턴은 미국인 어머니와 영국인 아버지 사이에서 유복하게 자랐다. 10대가 되어 깜짝 놀랄 정도의 미모를 갖추게 된 캐서린은 어떤 것에도 거리낌 없

---

[3] 대표적인 그레이엄 그린 전기 작가. 세 권짜리 전기가 각각 1989년, 1994년, 2004년에 차례로 나왔다.

이 행동했다.

　18살이 되자 캐서린은 해리 월스턴(Harry Walston)을 만났다. 말수가 적은 이 남성은 캐서린에게 적당한 혼처였고, 과연 두 사람은 만난 지 사흘 만에 약혼했다. 캐서린은 해리를 사랑하지 않고 있다는 것을 스스로 느끼면서도 예정대로 결혼식을 치렀다. 이 결혼이 신체적 정서적 모든 면에서 곧 실패로 끝난 것이 놀랄 일은 아니지만, 해리는 아내를 사랑했다. 그는 두 사람의 관계가 바로잡히리라는 기대를 품고 아내의 정기적 외도를 묵인했다. 그러나 관계가 회복될 까닭이 있겠는가. 그리하여 캐서린(그때로서는 월스턴 여사)은 고약한 별명을 얻었다. 맬컴 머거리지의 표현으로 '잔인하지만 기막히게 아름다운(sans merci but so belle)' 여자가 된 것이다.

　결혼 12년째가 되었을 때 캐서린은 그레이엄 그린에게 눈길을 보냈다. 그린의 소설에 감화를 받아 가톨릭으로 개종할 결심을 한 것이 인연이 있다. 1946년 캐서린은 그린에게 편지를 써서 자신의 대부(Godfather)가 되어달라고 청했다. 뒷날의 에로틱한 관계는 이렇게 시작되었다. 나는 캐서린이 처음부터 이런 관계를 마음에 품었으리라 생각한다. 당시 캐서린을 맞이했던 성당 신부는 그때를 생생히 기억하고 있다. "그 여성은 순결의 맹세를 굳이 피하려고 했지만 종교적 심성은 깊었다." 신부의 술회에는 한 가지 빠진 것이 있다. 그분 스스로 느꼈을 텐데, 처음부터 캐서린은 그레이엄 그린과 완벽한 한 쌍처럼 보였다.

그레이엄 그린은 캐서린의 요청에 응낙을 하는 대신 아내 비비엔을 성당 입교식 자리에 보냈다. 전해오는 이야기를 종합해볼 때 비비엔은 처음부터 이 대녀(step-god-daughter)를 탐탁스럽게 여기지 않았다. 부자인 것도 부담스럽고, 과다하게 세련되고 섹시했던 것이다. 비비엔은 이렇게 회고한 바 있다. "지금 생각해보면 그 여자는 남편을 염두에 두고 있었다. 아주 내놓고 붙잡겠다는 심사라고 느껴졌다."

얼마든지 그럴 수 있었다. 그린은 기꺼이 유혹에 응할 뿐 아니라 또 상대를 쫓아다닐 준비도 되어 있는 사람이었으니까. 여느 팜므 파탈(femmes fatales)이 그러하듯 캐서린은 그린을 그리워하되(또 사랑하되) 그린이 자신을 더욱 그리고 사랑하도록 만드는 데 능숙했다. 아일랜드에서 사랑의 도피 행각을 시작했다가 이탈리아의 아나카프리로 옮겨다니며 두 사람은 오랜 시간을 함께 지냈지만 이 관계에서 그린이 마냥 편안함을 얻은 것은 아니었다. 캐서린이 이따금씩 다른 연인을 만들자 그린은 질투를 내보였다. 캐서린은 자신이 용납할 테니 그린도 바람을 피우면 될 일이라고 응수했다. 그래도 캐서린은 가톨릭에 귀의한 탓에 양심의 가책을 느끼지 않을 수 없었다. 가책이 더할수록 일탈의 열정은 한껏 달아올랐으니, 두 사람의 관계는 기초부터 흔들리고 있었다.

이런 관계에서 그린이 도저히 안락을 얻을 리 없었다. 행동의 자유분방함이며 성적 자극에서나 캐서린은 비비엔이나 도로시보다

월등했고, 점점 강렬하게 그린을 사로잡았다. 취할 대로 취한 그린은 가족도 팽개쳤고, 버림받은 이들은 악담을 퍼부었다. 비비엔은 회고한다. "월스턴 부인을 만나기 전만 해도 상냥하기 그지없던 사람이었는데⋯⋯ 이제 완전히 다른 사람이 되어버렸다. 그 여자가 아주 나쁜 영향을 끼친 것이다. 그는 아이들에게도 무심해졌고 걸핏하면 왈칵 성을 내기 일쑤였다." 당사자인 비비엔의 반응이야 이럴 수밖에 없지 않느냐고 반문할 사람이 있을지 모르겠다. 하지만 그레이엄 그린의 동생인 휴(Hugh)도 비비엔과 똑같이 술회하고 있었다. 휴는 캐서린이 형제 사이도 갈라놓았다고 말했다. "형은 전보다 거칠고 사나워졌다. 이 모든 것은 캐서린 월스턴 탓에 일어난 것이다."

불륜의 관계가 그렇듯, 그 종말은 처음부터 내재되어 있는 법이다. 두 사람의 관계도 결국 사그라지는 듯했다. 캐서린은 이 관계를 끝내려고 몇 번이나 시도했지만 막상 그린이 물러가면 다시 그의 품을 찾았다. 멀리 떨어져 있던 그린은 이런 모습에 가슴이 철렁해지도록 겁먹었다. 그는 이렇게 쓴 일이 있다. "당신을 사랑하고, 당신을 믿으며, 내가 없는 사이 신부나 개똥 같은 것들이 당신에게 얼쩡거리지 않길 빌고 있소." 그러나 바로 그 신부나 개똥 같은 것들이, 결국 언제고 찾아올 양심의 자극제 역할을 하는 것이다. 파국은 시간 문제였다. 마침 의미심장하게도, 이즈음 그는 아나카프리 생활에 싫증을 느껴 이곳 로사이오 저택을 내놓겠다고 어머니에게 털어놓았다. 떠날 때가 왔음을 암시하는 일이었다. 로사이오 출판사 명의로 작은 책을 출판하는 일도 그만둘 작정이었다.

만난 지 4년이 되자 캐서린도 물릴 만했다. 그린은 그렇지 않았다. 그리하여 1951년, 반쯤은 겉치레로 캐서린에게 청혼했다. 이때 캐서린의 의구심은 커지고 있었고, 샛서방을 버려야 한다는 캐서린 남편의 최후통첩이 오면서 종말이 한 발 앞서 다가왔다. 그해 3월 그린은 『일탈의 종말』 원고를 캐서린에게 보냈다. 의도적인 이별 선물이었다. "당신을 사랑하오. 나는 나쁜 놈이오. 당신과 결혼하여 미시즈 그레이엄으로 대우하고 싶소. 1~2년만 더 나를 기다려주면 어떻겠소." 벤드릭스와 사라를 주인공으로 하는 『일탈의 종말』은 탁월한 장편소설이다. 런던을 무대로 벌어지는 두 주인공의 이야기가 곧 그린과 월스턴 자신들이었음은 단박 알 수 있으며, 실제 두 사람 사이에 그 이후 무슨 일이 일어났는지 이 소설이 잘 일러주고 있다. 시집 『2년 후』와 달리 이 소설은 널리 판매되었다. 이 소설을 통해 두 사람의 이야기가 드러난 데 대해 캐서린은 용감할 정도로 자랑스럽게 견뎌냈지만, 캐서린의 가족은 수치와 분노를 느꼈다. 이것은 그린의 가족도 마찬가지였다. 가족들의 입장에서 이 책은 사적인 인쇄물로 그쳐야 했고, 『2년 후』처럼 유통도 제한되어야 했다. 『2년 후』의 배본을 제한한 것은 분별 있는 일이며 문학사적 손실도 아니라 할 수 있겠지만, 『일탈의 종말』은 마땅히 출판할 가치가 있는 작품이다. 그로 인한 상처가 있다 해도 말이다. 이 안에 힘겹게 그려진 인물들은 이제 모두 세상을 떠나고 없지만 작품은 세대를 이어가며 새로운 독자에게 기쁨을 안겨주고 있다. 이 소설이 특히 여성 독자들의 사랑을 받고 있다는 사실도 그리 놀랄 일은 아니다. 나의 소장본에도 "여성들이 좋아하는 책"이라며 그린이 짓궂은 어투로 써놓은 헌사가 있다.

 1994년 8월 나는 내 생일 기념으로 조촐한 목록을 발행했다. 램펀트 라이언스 인쇄소(Rampant Lions Press)의 주인 세바스찬 카터(Sebastian Carter)가 근사하게 인쇄해준 이 목록은 『게코스키: 첫 50주년』이라는 제목을 달았다. 대략적인 개요와 잡다한 사항을 무작위로 적어놓은 것이었기 때문에 당연히도 친구들과 가족들 용으로 50부만 발행하였다. 생일 기념이든 그 어떤 용도로든 다시 찍을 생각은 없었다. 나에게나 친구들에게나 재미있는 경험이었다. 물론 그 이상 범위로 배포할 생각은 전혀 하지 않았다. 책이라고 생각한 적도 없고 단지 인쇄물 형식의 선물일 뿐이었다. 이런 식으로 생각하면, 그레이엄 그린도 자신의 『2년 후』를 책으로 분류하는 일에는 반대했을지 모를 일이다. 이 인쇄물이 삶의 산물일지는 모르되 작품 목록에 들어가기는 어렵다고 여기지 않았을까. 이런 것을 열심히 발굴해서는 작가의 의도를 부풀려 대단한 물건으로 만들어놓는, 전문가연하는 작자들의 슬픈 헛수고를 나 스스로 벌인 것일까. 그레이엄 그린의 문헌연구자, 전기 작가, 그리고 그 묵직한 『케임브리지 영문학 작품 목록(CBEL)』 모두 한결같이, 애인에게 바치는 사적인 소책자형 시집을 목록에 넣는 일은 온당하지 않다고 판단했을 것이다. 이런 까닭에 독자 분들께 다음과 같이 말씀을 드리기가 못내 면구스럽다. 하지만 기어코 말하지 않고는 못 배기겠다. 『2년 후』에 대해서는 내가 잘 안다고. 그리고 달리 이 책을 아는 사람은 (아마도) 없을 것이라고.

편지에 휘갈긴 시도 수집의 대상?

20 높은 창

필립 라킨

PHILIP LARKIN
REQUIRED WRITING
Miscellaneous Pieces 1955–1982

For Harold —
remembering his kindness
in enabling me to have
net practice
&
with kindest regards —
Philip

BRIDESHEAD REVISITED
A Novel
by
EVELYN WAUGH
POTTER
and the Philosopher's Stone
by Jack Kerouac
ON THE ROAD
THE HOBBIT
A Confederacy of Dunces
ANIMAL FARM
A FAIRY STORY
by
GEORGE ORWELL
THREE STORIES
& TEN POEMS
ERNEST HEMINGWAY
High Windows
Philip Larkin
POEMS
T. S. ELIOT
D. H. Lawrence's New Novel
SONS AND LOVERS
Sylvia Plath
The Colossus
and other
poems
ULYSSES
JAMES JOYCE
SALMAN RUSHDIE
William Golding
Lord of the Flies

똑같은 책을 오랜 세월 동안 사고, 팔고, 다시 사고, 또 팔게 되는 경우가 있다. 수집가가 싫증을 느꼈거나 취향이 바뀌었거나 소장 품목을 물갈이하면, 내가 몇 년 전 판매했던 책을 심심치 않게 다시 사들인다. 그렇지만 '원고(manuscript)'는 이런 일이 드물다. 희귀본 시장이 점점 작아지는 터라 우리가 판매한 편지며 원고는 대부분 도서관에서 순환을 마감하게 된다. 도서관이야말로 이런 품목을 보관하기에는 제격인 까닭이다. 그러나 나는 희귀도서가 공공기관에 소장되는 것만은 질색이다. 이런 도서가 공공기관에 소장되면 가치를 알아주는 사람도 적어지고 읽히지도 않기 때문이다. 그렇지만 원고는 연구 가치가 있기 때문에 연구자가 쉽게 접근할 수 있게 해야 한다.

이런 생각과 달리 나는 최근 필립 라킨(Philip Larkin)의 육필 시 원고를 다시 사들이려 했다. 5~6년 전 희귀본 거래자인 로이 데이비즈(Roy Davids)에게 팔았던 것인데, 그가 거래에 실패했던 것이다. 원고 거래에서는 로이가 나보다 수완이 좋았으니, 내가 원고를 되산다는 것도 대단히 무리한 일이었다. 원고의 내용을 밝히면 독자들은 왜 내가 굳이 원고를 다시 갖고 싶어 했는지 의아해할지 모른다. 나 또한 마찬가지니까.

〈다음 선거에 이기는 방법(How to Win the Next Election)〉이라는 1970년작 라킨의 시는 '릴리 불레로(Lilibullero)' 곡[1]에 맞춘 노래 가사로 씌어졌다.

데모꾼에게는 감옥이 있다네
고양이를 내놔라
검둥이를 쫓아버려라
그건 어때?
(코러스: 검둥이, 검둥이, 검둥이…)

제국과 거래를 트고
음탕한 놈들을 금지하라
빨갱이를 잡아들여라
신이여 여왕을 보호하소서
(코러스: 빨갱이, 빨갱이, 빨갱이…)

---

[1] 17세기 아일랜드에서 유행한 정치 풍자시. Lilli Burlero라고도 함. http://www.contemplator.com/ireland/lilli.html 에서 들어볼 수 있다.

앤드루 모션(Andrew Motion)은 그가 쓴 라킨 전기에서 이 "경박하고 신랄한 노래"야말로 라킨이 점점 우익이 되어가고 있다는 확고한 증거라고 말한다. 〈여왕 폐하 즉위 25주년(On Her Majesty's Silver Jubilee)〉(1977)도 같은 증거로 제시되었다.

> 힐리(Healey)[2] 의 노동당 시절이 끝나고
> 윌슨의 비열한 패거리가 물러가니
> 검둥이 떼가 몰려온다
> 네 꼴 한번 좋구나!

물론 라킨은 이런 시를 출판한 적이 없었다. 1988년 『라킨 시 선집(Collected Poems)』을 편집한 앤서니 스웨이트(Anthony Thwaite) 역시 이 시들을 적절치 않다고 판단하여 제외했다. 스웨이트는 편집 후기에 이런 시들을 "친구들에게 보낸 편지 안에 휘갈긴 풍자시, 속요 따위" 범주로 구분한 뒤 다음에 나올 예정인 『서간 선집(Selected Letters)』에 "적당한 위치에 넣을 것"이라고 썼다. (라킨의 평생 친구이던) 스웨이트는 로버트 콩퀘스트(Robert Conquest)나 킹슬리 애이미스(Kingley Amis) 같은 죽마고우들에게 보낸 이런 시들이 친구들끼리 '남몰래' 배꼽을 잡기 위한 용도였음을 간파했던 것이다.

---

[2] 데니스 윈스턴 힐리(Denis Winston Healey), 영국 노동당 출신의 정치가.

스웨이트의 이런 판단이 우리의 곤란함(혹은 라킨의 곤란함)을 덜어준다고 할 수는 없다. 사적인 자리에서 내뱉은 목소리를 공적인 자리에 그대로 옮겨놓으면, 특별히 누구에게 해를 입히지는 않더라도, 몹시 공격적인 어조로 들리게 되는 것은 불을 보듯 뻔하다. 그렇다고 이런 시를 '감정적 필치'의 범주로 분류해 넣어야만 할까? 아니면 어떤 범주에 넣어야 할까? 여기서 간단하지만 오랫동안 계속된 어려운 문제가 제기된다. 즉, 이 시편들이 라킨의 목소리라고 할 수 있을까? 아니면 친구들과 벌일 놀이에 골몰한 그의 분신이 뱉어낸 것일까?

비슷한 경우를 살펴보자. 배리 험프리즈(Barry Humphries)[3]가 마담 에드나 에버리지(Edna Everage) 역으로 나와 장애인과 연금생활자, 그리고 '어둠의 자식들(tinted people)'에 욕설을 퍼부은 사건이다. 심히 비난 받을 행위였지만, 에드너는 성난 목소리가 터져 나올 때마다 "좋은 뜻에서 말해준 것"이라고 받아 넘겼다.

마담 에드나 에버리지는 인종주의자인가, 아니면 그냥 뒤틀린 완고파일 뿐인가? 어느 쪽도 아니다. 에드나는 인종주의와 완고파 모두를 패러디한 족속이다. 어떤 바보라도 단박 알아차릴 수 있는 일이다. 그렇다면 배리 험프리즈는 어떤 인물인가? 괴물은 에드나지 배리가 아니다. 배리가 에드나와 같은 견해를 갖는 모습은 보인 적

---

[3] 호주의 희극배우, 풍자가. 마담 에드나 에버리지라는 역을 창안하여 텔레비전 풍자쇼에 출연했다.

이 없다.

라킨의 경우 그의 여러 페르소나를 제대로 구분하기는 어렵다. 1960년대 영국 사회가 타락했다고 그가 개인적으로 분개했다는 사실은 명백하다. 1969년 그는 킹슬리 에이미스에게 보낸 편지에서 해럴드 윌슨 노동당 정부를 두고 다음과 같이 썼다. "숫자 놀음에, 검둥이 돕기에, 군비 삭감에, 낙태 권장에, 살인자 사면에, 음침한 곳만 찾는 포주 같은 놈들은 꺼져라. 내가 기억하는 한 최악의 정부야." (그래도 그는 좋은 뜻에서 한 얘기라고 발뺌하지 않았다.) 분명히 이 편지는 출판할 의도로 쓴 것이 아니다. 하지만 좀더 엄밀해 생각해보자. 1969년이라면 라킨은 (그리고 에이미스는) 언젠가 이런 편지도 공개적 자리에서 낱낱이 드러날 것임을 충분히 알고 있을 무렵이다. 그러니 그저 출판을 생각하지 않았다고 말하는 것은 옳지 않다. 말하자면 라킨은 이런 글도 공개될 것임을 익히 염두에 두고 있었을 것이다.

다른 가능성도 있을 수 있을까?

이제 내가 소장한 라킨의 육필 시 원고로 돌아가자. 웬만한 독자라면 이 시를 읽고, 마음 한 구석이 찜찜하면서도, 슬며시 웃지 않을 수 없을 것이다. 독자는 한편으로 오싹함도 느끼게 된다. 내 경우를 두고 말하자면, 만일 내가 '검둥이' 대신 '유태인'라는 말을 썼다면, 이 시를 읽고 낄낄거릴 생각은 싹 없어지고 오싹한 느낌만 남을 것이다. 물론 입 밖에 내지 말아야 할 말을 거리낌 없이 내뱉는 불량

학생의 객기가 아직도 내게 남아 있긴 하지만 라킨 자신도 옥스퍼드 올소울스 칼리지 학장이던 존 스패로우(John Sparrow)에게 보낸 편지에서 이렇게 털어놓았다. "우리는 기이한 시대에 살고 있네. 끔찍한 말을 내뱉어서 놀래킬 순 있지만…… 오래가지 못하지.…… 그 대신 조롱의 말을 내뱉게 된다네. 끔찍한 것도 우스꽝스러운 것으로 만들어버리는 구식방법으로 말이지."

필립 라킨이 흑인에게 무람없는 행동을 했으리라 여길 근거가 있는가? 그렇지 않다. 에노크 포웰(Enock Powell)[4]이 그러했듯, 라킨도 권한이 주어졌다면 흑인 이민자들을 국외로 추방하려 했을까? 그렇지 않았으리라고 나는 생각한다. 그런데 현대사회의 향방에 대해 증오를 느끼던 그에게 발언의 기회가 주어졌다면 다혈질의 브리튼 영국주의자(Little Englander)[5]의 목소리를 그대로 내뱉었을까? 분명 그러했을 것이다. 그는 꽉 막힌 무뢰배와 진배없는 발언을 마다하지 않되, 약간의 재치와 말솜씨를 곁들이는 쪽을 택했을 것이다. 그는 뛰어난 어릿광대였다. 그는 '정치적으로 올바른' 태도(이런 용어가 나오기 이전 시대였지만)에 대해서 거친 언사를 써가며 반대했고, 친구들을 대변해서 난폭한 말을 쏟아내는 일을 재미로 삼았다. 실제로 그의 정치적 견해가 어떤 것인가를 찾는 일은 중요하지 않다. 이것이

---

4) 영국의 극우인종주의 정치인.
5) 영국 본토의 이익을 최우선에 두자는 견해.

내 생각이다.

    나는 천박한 비아냥이 라킨의 본성의 일부를 이룬다고 생각한다. 그는 이런 태도를 (아주 날것인) 원자재로 삼아 이따금 연금술사 같은 제련 솜씨를 발휘하며 위대한 시를 생산해냈다. 같은 시대에 나온 시집 『높은 창(High Windows)』의 표제시를 보면 좀더 이해하기 쉬울 것이다. 이 시는 그 첫 연부터 유명하다.

    아이 둘이 보인다
    나는 생각한다. 사내애는 계집애와 붙고 있고, 계집애는
    피임약을 복용했든지 피임 패서리를 입고 있다고.
    나는 안다, 여기가 천국임을.

    편지에 씌어진 뻔뻔하고 거친 비아냥과 비슷하긴 하지만 이 시행은 시인의 사상과 감정을 완전히 다른 방식으로 담고 있다. 시인은 여기서 노처녀처럼 조심스럽고 꼼꼼한 태도를 취했다. "피임약을 먹었다(on the pill)"고 하는 대신 "피임약을 복용했다(taking pills)"로 일부러 바꾸고, 패서리를 "입고 있다"고 함으로써 피임기구가 통스웨터처럼 느껴지도록 의식적으로 선택한 것이다. 이 시에는 애잔함과 곤혹감이 흐른다. 세상 밖에 떨어져 있는 인간의 불안과 고독을 공감하게 만드는 것이다.

    라킨은 진부한 것을 순연한 숭고함과 같은 높이로 만드는 능력

을 발휘한 시인이다. 1974년 발간 당시까지 그의 베스트셀러 시집인 『높은 창』도 이런 능력으로 빚어낸 것이다. 그 이전까지 라킨은 마블 출판사(Marvell Press)에서 두 권의 단행본 시집을[6] 발간했다. 유력 출판사와 인연을 맺은 것은 페이버 앤드 페이버 한 번뿐이었다(『성경 강림절의 결혼식(The Whitsun Weddings)』, 1964). 1973년 6월 라킨은 편집자 찰스 몬티스에게 자신의 시 몇 편을 뽑아 보냈다. 동봉한 편지에서 그는 자신감 없이 말했다. "출판을 문의하는 것은 아니고 그냥 한 번 살펴보시라는 뜻입니다."

    2주 뒤 몬티스는 출판하기로 결정했고, 이 시집을 미국에서 출판할 곳도 수배하기 시작했다. 라킨의 작품은 이전에도 미국에서 출판된 적이 있었지만 결과는 형편없었다. "미국 출판사는 모두 네안데르탈인 같은 돌대가리뿐"이라고 라킨이 생각한 것도 이 때문이었다. 당시 편집자였던 로베르 지루가 시집 출간에 적극적이면서도 〈후손(Posterity)〉이라는 시를 빼버리는 통에 미국 출판사에 대한 라킨의 악감정은 더 심해졌다. 로베르 지루는 '텔 아비브', '마이라의 족속(Myra's folks)'이라는 단어가 나오고 '돈 표식(money sign)'이라는 시구가 반유태인적이라 오해될 수 있다는 이유로, 〈후손〉을 빼버린 것이다. 이로 인해 몇 달 동안 라킨과 출판사의 관계는 막다른 길에

---

[6] 정확한 기록은 아닐 듯하다. 마블 출판사의 정식 단행본은 *The Less Deceived*(1955) 하나뿐이다. 마블 출판사에서 발행하는 잡지 「리슨(Listen)」에 그의 시 두 편이 실린 것을 포함하면 두 번이긴 하다.

봉착했다. 결국 라킨이 농성을 하다시피하면서 〈후손〉은 다시 시집에 포함되었다. 물론 시집이 나온 후에도 떠들썩한 일은 전혀 없었다.

『높은 창』은 1974년 6월 3일 페이버 앤드 페이버 출판사에서 발행되었다. 초판 부수는 6,000부로, 시집으로서는 대단히 많은 부수였다. 그해 9월에 2쇄 7,500부가 증쇄되었고, 이듬해 1월에 다시 6,000부를 더 찍었다. 시인으로 인정을 받는 정도였던 사람이 갑자기 엄청난 찬사와 애착의 대상이 되었다. 시평마다 예외 없이 열렬한 찬사를 보냈지만 라킨은 즐거움보다는 오히려 안도감을 느꼈다. 그와 교우하던 에이미스, 브라운존(Brownjohn), 나이(Nye), 웨인(Wain) 등이 호의적인 평을 실었음은 당연한 일일 테고, 클라이브 제임스(Clive James)가 「인카운트(Encounter)」지에 시집을 극찬하는 시평을 실은 일이 라킨을 흐뭇하게 했다. 앤서니 스웨이트에 보낸 편지에 이런 심정이 잘 드러나 있다. "놀랍군요. 무뚝뚝쟁이 클라이브 제임스가 굳이 시간까지 내서 노처녀처럼 조신한 내 시집을 평하는 글을 쓰다니요. 담백하고 공정한 평문 때문에 더욱 감동했습니다."

이후 라킨은 11년을 더 살면서 몇 편의 완성도 있는 시를 가끔 내놓았지만, 안타깝게도 『높은 창』이 마지막 시집이 되었다. 낭만주의 시인에 어울릴 법한 표현이지만, 등불은 꺼지고 빛은 다시 일어나지 못했던 것이다. 『높은 창』을 발간하고 나서 그는 바버라 핌(Barbara Pym)에게 다시는 더 쓸 수 없으리라고 털어놓은 적이 있다.

"마음속에 있는 것을 짧은 시행으로 압축해서 똑같은 울림을 자아낼 수 있으리라는 것은 이제 달나라에 망고 열매 맺기처럼 거의 기대하기 힘들게 되었습니다."

1984년 계관시인 추천을 받았지만 그는 자신이 이미 '전직 시인'이라고 생각했던 탓에 이를 사양했다. 이때 딱 한 가지 그가 속상해 한 일은 테드 휴즈가 그 자리에 대신 앉게 되었다는 것이다. 라킨은 한때 '이스터 섬에서 보내온 크리스마스 선물'이라고 테드 휴즈를 상찬했지만 이제는 그의 시를 혐오하고 있었다. "테드가 웨스트민스터 사원에 묻히리라고 생각만 해도 항상 거북하다. '후회 있으리니, 언제나 후회 있으리니.' 담배를 피워봐야 몸만 상할 뿐이다."

오늘날 『높은 창』의 초판본은 그리 비싸지 않아서 썩 좋은 상태의 책이라도 80파운드(145달러)면 구입할 수 있다. 그렇지만 저자 서명이 담긴 초판본은 드물다. 라킨이 친구들한테만 헌정사를 써준 책들은 당사자들이 책을 간직하고 있기 때문이다. 그래도 이런 책이 가끔은 그것도 기이한 방식으로 시장에 모습을 나타내기 마련이다. 1983년 나는 다음과 같은 헌사가 쓰여진 『높은 창』을 판매 목록에 올려놓았다. "내게 네트 플레이를 가르쳐준 해럴드[7]에게. 마음을 담아, 필립 드림." 앤서니 스웨이트에 따르면 라킨과 핀터는 크리켓을 열광적으로 즐겼다고 한다. 그의 서한집 중 핀터에게 보낸 편지에는

---

7) 헤럴드 핀터(Harold Pinter). 영국의 희곡작가로 2005년에 노벨문학상을 수상했다.

새벽 6시에 일어나 라디오로 세계 크리켓 결승전 해외 중계를 들었다는 이야기가 나올 정도이다.

나는 이 시집을 전설적 책 사냥꾼 마틴 스톤(Martin Stone)에게서 구입했다. 마틴은 베레모를 즐겨 쓰고 충치를 앓으며 마약에 찌든 로큰롤 스타였지만, 중년 초입에 들어서 숨겨진 희귀본을 발굴하는 탁월한 능력을 자신에게서 발견했다. 해럴드 핀터의 전 부인이자 배우였던 비비엔 머천트(Vivien Marchant)가 핀터와 이혼한 뒤 2년 후 자살했을 때 그녀의 유품 경매가 열렸다. 마틴은 이때 경매장을 찾았다가 이 책을 구입했다.

나는 이 책을 목록 2호(1983년)에 275파운드(500달러) 가격으로 내놓았다. (요즘에는 이보다 열 배는 나갈 것이다.) 목록을 발행한 지 2주가량 되었을 때 해럴드 핀터의 비서에게서 전화가 왔다. '도둑질 당한 책'이 버젓이 매물로 나왔다고 핀터 씨가 분개하고 있다는 전갈이었다. 당장 그 책을 돌려주시오!

"핀터 선생이 화가 나실 만한 사정이라고 충분히 인정합니다. 직접 전화를 돌려주시면 제가 할 바를 찾아보도록 하지요."

핀터 씨는 전화를 받지 않겠다고 했다. 게다가 그 책이 이미 팔렸다는 소식에 분개했다. 속삭이고 중얼거리는 소리가 이쪽에도 들려오는 것으로 미루어, 전화기 옆에서 비서에게 설명을 듣는 모양이었다.

"그 책을 어디서 입수하셨는지, 누가 사갔는지, 핀터 선생님이 알고 싶어 하십니다. 그 책은 핀터 선생님의 재산입니다!"

나는 그 책이 비비엔 머천트의 소유물이었다가(속닥속닥, 다시 속닥속닥, 그리고 침묵), 마틴 스톤이 나에게 판매했으며, 지금은 뉴욕의 희귀본 거래업자 글렌 호로위츠(Glenn Horowitz)에게 팔렸다고 비서에게 설명해주었다. 그리고 두 사람의 전화번호도 일러주었다.

이런 일의 중간에 끼이면 괴롭다. 핀터 씨에게는 내가 교활한 놈으로 비치리라는 것도 이해할 수 있다. 저자의 헌사가 자신에게 바쳐진 것이니 자신의 책이라고 주장할 근거는 충분하다. 비비엔의 수중에 들어간 과정은 또 다른 문제이지만 말이다. 어쨌든 (책의 발간에 기여한 바는 없어도) 자기 앞으로 헌사가 씌어져 증정된 책이 공개시장에 나왔을 때 누구나 황망함을 느낄 것이다.

책을 다시 사들일 요량으로 글렌에게 연락을 취해보니, 이 책을 어떤 개인 고객에게 판매했다는 말과 함께 그 고객이 이 책을 몹시 아끼기 때문에 어떤 대가, 어떤 상황에도 되팔지 않을 것이라는 대답이 왔다.

다시 2주일 쯤 뒤 핀터 씨의 비서에게서 전화가 왔다. 안전부절못하며 대뜸 따져왔다.

"게코스키 씨, 마틴 스톤이라는 분 전화가 닿질 않았어요. 그리고 호로위츠 씨는 고객 한 분이 그 책을 사갔다면서……"

"맞습니다." 도움이 되었으면 하는 기색으로 나는 말을 끊었다. "마틴은 원래 전화를 안 받습니다. 그리고 글렌은 책이 들어오는 대로 파는 사람이고요. 제가 직접 핀터 선생님과 통화해서 그 이후 상황을 설명 드렸으면 합니다만."

핀터 씨가 나와 통화하기를 싫어하는 것이 분명했다. 나는 안부를 전했다. 덧붙여 마틴 스톤의 아파트에 직접 들러서 기다리면 만날 수 있을 것이라고 알려주었다. (마틴은 수시로 집에 들락거리는 사람이다.)

다시 며칠 뒤 또 비서에게서 전화가 걸려왔다. 그는 측은한 목소리로 핀터 씨가 원상회복을 해달라고 펄펄 뛰고 있다고 전했다.

"직접 말씀을 나누는 게 좋겠습니다. 제가 어떻게 원상회복을 하라는 것인지 알 수가 없으니까요. 배상금을 원하시나요? 그러면 할 수 있네요. 안됐지만 책은 돌아올 수 없습니다."

핀터 씨는 나와 통화하느니 차라리 죽음을 선택할 모양이었다.

"선생님께서 나와 통화하지 않으시겠다니 더 이상 나도 할 게 없습니다. 이 말씀을 전해주시는 거죠?"

가련한 여비서는 "예" 하고 모기소리를 냈다. 비서는 차라리 잘되었다는 심정이었으리라.

"핀터 선생께 죄송하다고 전해주십시오. 그렇지만 이제 지겹습니다. 더 이상 들볶지 말아주세요."

"그런 식으로 말씀하시면 곤란하지요, 게코스키 씨!" 비서가 힘을 주어 말했다. (속닥, 속닥, 으르렁대는 소리.) 피차 해결을 보지 못한 문제에 대해 더 이상 대꾸는 오지 않았다.

이런 무례함을 겪을 때면 황망스럽다. 이제껏 나는 유명 희곡 작가들을 최대한 성심성의껏 대접해왔다. 장담하건대 톰 스토퍼드(Tom Stoppard)[8]도 나에 대한 험담을 용납하지 않을 것이다. 그렇지만 한번 제 길을 간 책을 되돌리는 마술은 나도 부릴 수 없다.

이때 이후로 나는 라킨의 문헌을 많이도 취급해왔다. 1984년 때부터의 편지를 묶은 서한집에 보면 "그(릭 게코스키, 바로 나)는 내 책을 엄청난 가격에 팔았다"는 대목이 나온다. 그런데 나는 앞에 말한 것 이외에 저자 서명이 담긴 『높은 창』은 더 취급해본 적이 없다. 차라리 다행이라는 심정이다. 더 취급했다가는 더 심한 곤욕을 치렀을 테니까.

다행히 나는 로이 데이비즈에게서 〈다음 선거에서 이기는 법〉 육필 원고를 구입할 수 있었다. 더 매력적인 문헌이 많았는데도 굳이 이 원고를 되사려 했는지 나도 모르겠다. 확실치는 않지만 이 작은 종잇조각이 내 마음을 자극하는 까닭이 있긴 있는 듯하다. 나를 자극하고 좌절시킨 이 원고를 통해, 마치 상형문자의 해독이 성공했을 때 찾아오는 보상처럼, 가련한 필립 라킨의 마음을 읽는 열쇠가 되기 때문이 아닐까.

불편하지만 인정해야 할 진실이 있다. 〈다음 선거에서 이기는 방법〉은 부적이라기보다는 시금석에 가깝다. 이 종잇장은 그것에

---

[8] 체코 출신으로 영국과 미국에서 활동하는 세계적인 희곡작가, 연출가.

손을 댄 사람들이 어떤 이들이었는지 밝혀준다. 나는 앤드루 모션이 어울리지 않는 진지함을 동원하여 필립 라킨을 비판한 것을 전혀 신용하지 않는다. 그렇지만 나는 내가 시를 안다고 생각하지 않는다. 풍자시에 동의하지 않으면서도 웃음을 터뜨리는 공감력도 없다. 로이가 원고를 넘겨주어서 그저 기쁠 뿐이다. 새로운 주인이 다시 나타나 친구들과 밀담거리로 삼는다 해도 이젠 질투하지 않으련다.

:: 옮기고 나서

이 책의 저자 릭 게코스키는 모든 책벌레들의 우상이다.

그는 옥스퍼드 대학 영문학 박사 출신으로 희귀 초판본 거래업을 평생 직업으로 선택한 이색적인 인물이다. 영국 워릭 대학에서 강사 생활을 하던 그는 초판본 수집에서 황금의 세상을 발견하고 "좁은 방에 갇혀 사는 꽁생원 같은" 교수의 길 대신 "책을 사 모으는 열정으로 가득 찬 유쾌한 세상"으로 뛰쳐나왔다. 시작은 비록 무모했지만, 희귀 초판본을 감별하고 낚아채는 '보물 사냥꾼' 다운 안목을 자랑하며 숱한 거래를 '금전적으로' 성공시킨 끝에 오늘날에는 영국에서 으뜸가는 초판본 거래 전문가로 꼽히고 있다. 본문 틈틈이 그가 밝히고 있듯이, 그의 성공 비결은 자신의 전공 분야를 잘 살린 데에 있다. 그는 자신의 연구 분야이던 19세기에서 20세기 중반까지의 영미문학 거장들의 서명이 들어 있는 초판본과 원고(manuscript)를 주력 분야로 삼았다. 헨리 제임스, 조셉 콘라드, T. S. 엘리엇, 제임스 조이스, D. H. 로렌스, 헤밍웨이, 버지니아 울프, 사무엘 베케트 등 우리의 귀에도 익숙한 대가의 책과 원고가 그의 목록에서 중심 자리를 차지하고 있다.

보통의 책벌레는 책을 읽고 공감하는 독자 노릇으로 족하지만 게코스키는 책을 재료로 학위를 얻고 교수직까지 보장받은 사람이었다. 보통의 책벌레는 지갑을 축내며 책을 사 모으는 일도 힘겹지만, 게코스키는 고가의 책을 사고팔아 거액의 수익도 기록하곤 하는 사업가다. 희귀본 거래라는 '투기'의 세계와 문학 평론이라는 '인문'의 세계가 행복하게 결합한 사례가 바로 여기에 있는 셈이니, 역사상 가장 성공한 책벌레가 아니겠는가.

오늘날 영국에서 그는 '책 세계의 빌 브라이슨'이라는 별칭으로 통하지만, 영문학 평론가로서도 깍듯이 대접 받는다. 2005년 부커 상 심사위원에 선정되었을 때 영국의 언론은 "20세기 중반의 대작에 정통한 게코스키가 심사위원이 되었기 때문에 아마도 진지한 작품이 선정될 것"이라고 예상한 바 있다. 실제로 그는 영국의 현대 문학인들이 수준 높은 작품을 생산하지 못하고 있다고 일침을 가하기도 했다(존 반빌의 『신들은 바다로 떠났다(The Sea)』가 그해 수상작으로 선정된 데에는 게코스키의 영향력이 작용했다는 평이 나돌기도 했다).

저자 스스로 밝히고 있듯이 이 책은 그가 진행한 BBC 라디오 프로그램을 바탕으로 한 것이다. 이 프로그램은 그의 20여 년 희귀본 수집과정에서 생긴 에피소드를 날줄로 하고, 영문학의 황금기라 할 20세기 전반 작가들의 데뷔와 작품 뒷얘기를 씨줄로 엮은 것이다. 여기서 그는 해박한 지식, 번득이는 통찰력, 재기발랄한 수다솜씨를 능수능란하게 구사하여 영국인들의 귀를 사로잡았다.

이 책에서 다루는 책들은 우연치 않게 우리나라에서도 '고전'이나 '추천도서'로 꼽히는 작품들이다. 학교의 독서목록은 딱딱하고 위압적인 풍채를 자랑하지만, 이 책은 한껏 인간적이고 경쾌한 면모로 이야기를 풀고 있다. 그 이유는 물론 이 책이 다루는 주제가 '처음, 첫 책'이기 때문이다.

신참내기 작가와 시인은 출판사 문을 수도 없이 두드려도 번번이 퇴짜를 맞고(윌리엄 골딩의 『파리대왕』은 스물세 번째 출판사를 만나고 나서야 발간될 수 있었다!), 편집자가 요구하는 대로 고치고 또 고쳐도 기약이 없어 『길 위에서』처럼 탈고에서 출간까지 6년의 세월이 걸리기도 한다. 시대를 앞서는 내용 때문에 출판할 곳을 찾지 못하거나(『동물농장』), 외설 시비로 재판을 받고 금서목록에 오르기도 한다(『롤리타』, 『율리시즈』). 우여곡절 끝에 책이 나오긴 하지만, 기껏해야 1,500부, 심지어 500부(『해리포터와 마법사의 돌』)로 발간되는 경우도 부지기수고, 특집 문학지를 헌정 받았지만 작가의 이름을 엉뚱하게 표기당하는 망신(헤밍웨이)도 겪는다.

게코스키는 이런 에피소드를 웃음과 눈물로 전달해준다. 가령 제임스 조이스의 『율리시즈』를 '즐겁게 독파' 하기는 거의 불가능할지 모르지만, 『율리시즈』가 세상에 태어나기까지의 내력은 드라마틱하기 짝이 없다. 문제작 『롤리타』를 읽기 위해서는 처음부터 끝까지 진지함이 필요하겠지만, 저자 나보코프가 나비 그림까지 그려 헌정한 그 유명한 파리 올랭피아 초판본 앞에서 그레이엄 그린과 게코스키가 보드카 한두 잔으로 흥정을 끝내버리는 장면은 한 판의 재담을 구경하는 마음으로 넘기기 충분하다.

책은 또한 가슴 저린 탄식도 안겨준다. 미국판 『돈키호테』라 할 『바보들의 연합』은 출판사의 요구에 따라 2년 동안 고치고 또 고치기를 거듭하다가 결국 좌절한 저자의 자살을 불러온 작품이다. 아들의 유고를 들고 출판사와 평론가의 문전을 전전한 어머니의 힘이 아니었다면 이 저주받은 걸작은 세상에 태어나지 못했을 것이다. 작품의 제목은 천재가 등장하면 세상의 바보들이 연합전선을 펼친다는 조나단 스위프트의 경구에서 따온 것인데, 저자인 존 케네디 툴의 불운한 삶에 정확히 들어맞는다. 그밖에도 천재로 꼽히던 오스카 와일드가 『도리언 그레이의 초상』처럼 비극으로 인생을 마감한 이야기, 헤밍웨이의 데뷔 작품집인 『세 편의 단편과 열 편의 시』의 본문이 55쪽밖에 되지 못한 까닭이 그려져 있다.

누구나 데뷔는 어렵다. 훗날 위대한 작가 반열에 오른 이들도 처음에는 데뷔의 고통에 전전긍긍하던 풋내기였다. 그러니 수십 년의 시간이 흘러 이들의 풋내기 시절 첫 책, 그것도 초판본을 보노라면 제본, 표지, 서체, 광고 문구 등 모든 것이 기념의 대상이 된다. 책 수집가들이 특별히 초판본에 집착하는 이유, 소더비 경매장에 『롤리타』가 나왔을 때 모두들 숨죽여 결과를 지켜본 것도 이런 이유에서일 듯하다.

    당연하겠지만 이 책은 책 수집가들의 세계도 이야기한다. 9,000파운드(1,700만 원)가 넘는 『롤리타』 초판본을 생일선물로 주고받는 대중음악 작사가, 위대한 작가의 유품이라면 원고뿐 아니라 가운까지도 애지중지하는 대학 강사, 200만 달러가 넘는 가격으로 『길 위에서』 원고 뭉치를 손에 넣고서도 스스로 임시 관리자일 뿐이라며 순회 전시를 기획하는 미식축구 구단주 등은 독서문화가 곧 수집의 문화로 정착된 서구 세계의 일면을 엿보게 해주는 것이다.

2007년 11월
차익종

아주 특별한 책들의 이력서

지은이 릭 게코스키
옮긴이 차익종

펴낸이 박종암
펴낸곳 도서출판 르네상스

초판 1쇄 발행 2007년 12월 10일
초판 4쇄 발행 2014년 4월 25일

출판등록 제313-2010-270호
주소 121-842 서울시 마포구 동교로 17안길 11 2층
전화 02-334-2751
팩스 02-338-2672
전자우편 rene411@naver.com

ISBN 978-89-90828-44-6 03010

이 책은 저작권법에 따라 보호받는 저작물이므로 무단 전재와 무단 복제를 금합니다.
이 책 내용의 전부 또는 일부를 사용하시려면 반드시 저작권자와 출판사의 동의를 받아야 합니다.

ON THE ROAD

LAWRENCE

THE HOBBIT
by
J.R.R. Tolkien

GRAHAM GREENE

AFTER TWO YEARS

VLADIMIR NABOKOV

LOLITA

Volume One

THE OLYMPIA PRESS

High Windows

Philip Larkin

POEMS
T. S. ELIOT

SALMAN RUSHDIE

THE SATANIC VERSES

William Golding
Lord of the Flies

the CATCHER in the RYE

BRIDESHEAD REVISITED
A Novel
by
EVELYN WAUGH

NOTE
This edition is issued privately for the author's friends; no copies are for sale. Messrs. Chapman & Hall earnestly request that until their announce the publication of the ordinary edition in the early part of 1945, copies will not be lent outside the circle for which they are intended, and no reference will appear to the book in the Press.

DORIAN · GRAY

D. H. Lawrence's New Novel

SONS AND LOVERS

M R. D. H. LAWRENCE'S new novel covers a wide field: life in a colliery, on a farm, in a manufacturing centre. It is concerned with the contrasted outlook on life of two generations. The title, "Sons and Lovers," indicates the conflicting claims of a young man's mother and sweetheart for predominance.

Author of "The Trespasser."

Confederacy of Dunces
Novel by John Kennedy Toole
word by Walker Percy

ANIMAL FARM
A FAIRY STORY
by
GEORGE ORWELL

THREE STORIES
Up in Michigan
Out of Season
My Old Man

& TEN POEMS
Mitragliatrice
Oklahoma
Oily Weather
Roosevelt
Captives
Champs d'Honneur
Riparto d'Assalto
Montparnasse
Along With Youth
Chapter Heading

ERNEST HEMINGWAY

THE TALE OF PETER RABBIT

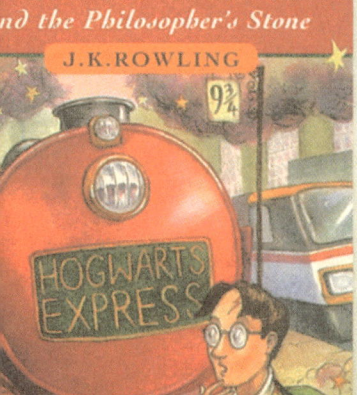

HARRY POTTER
and the Philosopher's Stone
J.K. ROWLING

Sylvia Plath

The Colossus and other poems

ULYSSES

BY

JAMES JOYCE